新编21世纪高等职业教育精品教材
公共基础课系列

大学生就业指导教程

（第二版）

主　编　韩红梅　邹翠兰
副主编　曹洪臣　闫玉霞　布俊峰　于　鹏　亓　静
　　　　薛　莲　李　琴　张爱红　韩莉萍　王　岩
主　审　何玉广

中国人民大学出版社
·北京·

图书在版编目（CIP）数据

大学生就业指导教程/韩红梅，邹翠兰主编. --2版. --北京：中国人民大学出版社，2023.1
新编21世纪高等职业教育精品教材．公共基础课系列
ISBN 978-7-300-30924-8

Ⅰ.①大…　Ⅱ.①韩…②邹…　Ⅲ.①大学生－就业－高等职业教育－教材　Ⅳ.①G647.38

中国版本图书馆CIP数据核字（2022）第152048号

新编21世纪高等职业教育精品教材·公共基础课系列
大学生就业指导教程（第二版）
主　编　韩红梅　邹翠兰
副主编　曹洪臣　闫玉霞　布俊峰　于　鹏　亓　静
　　　　薛　莲　李　琴　张爱红　韩莉萍　王　岩
主　审　何玉广
Daxuesheng Jiuye Zhidao Jiaocheng

出版发行	中国人民大学出版社		
社　址	北京中关村大街31号	**邮政编码**	100080
电　话	010－62511242（总编室）		010－62511770（质管部）
	010－82501766（邮购部）		010－62514148（门市部）
	010－62515195（发行公司）		010－62515275（盗版举报）
网　址	http://www.crup.com.cn		
经　销	新华书店		
印　刷	北京溢漾印刷有限公司	**版　次**	2019年9月第1版
开　本	787 mm×1092 mm　1/16		2023年1月第2版
印　张	16.5	**印　次**	2024年8月第3次印刷
字　数	339 000	**定　价**	49.00元

第二版前言

本书是专门为高职生编写的“大学生就业与创业指导”课程教材。中国特色社会主义发展进入新时代，要求职业教育主动适应供给侧结构性改革需要，加强技术技能积累，努力站在服务国家发展战略最前沿，为建设现代产业体系提供支撑。在我国高等职业教育蓬勃发展的今天，高职生的就业创业状况越来越受到人们的关注。根据高职生就业与创业的比率和质量，我们不断调整高等职业教育的培养模式与内容。就业与创业指导课程，不仅是对高职生毕业时的就业指导，而且是帮助高职生认识自己的社会责任，了解自己的社会价值，学习分析自己的客观条件，提升自己的职业素养，从而最大限度地挖掘潜能、服务社会、贡献社会的一门课程。

一个人的幸福，在很大程度上取决于他在做什么和以什么样的方式做。本书的编写意图，在于指导高职生探寻自己喜欢的工作、寻找自己喜欢的从业方式。无论是职业生涯规划，还是职业素养训练、求职材料制作、签约面试准备、创新创业能力训练，无不是为激发学生内心的愿望、培养学生解决问题的能力设计的。本书在内容的选择上注重实用性，设计上重视可操作性，不仅把国际上最新的心理学理论、生涯理论包含其中，也选取了许多关于就业、创业、职业生涯、职业素养方面的小案例、小故事，以丰富的内容拓宽学生的视野。

本教材以“立德树人”为指导，落实课程思政育人要求，以“为谁培养人、培养什么样的人、怎么培养人”为引领，探索构建知识传授、能力培养、素质养成与价值观引导相融合的新形态教材。

“案例与评析”“课堂活动”“训练与评估”是本书的着力点。理论讲解是为解决问题服务的，“案例与评析”和“课堂活动”是提升能力的手段，“训练与评估”旨在培养学生及时总结的习惯。本书具备以下特点：

1. 教材内容选择以理论知识够用为原则，加大能力训练的内容，同时每一章均设有“训练与评估”，这体现了“项目导向”“任务驱动”“教学做一体”的新型教育教学思想。

2. 教材中的“案例与评析”“思考与练习”“课堂活动”等内容，可以很好地训练学生的创新与创造能力、社会调研能力，同时培养学生的自我管理能力。

3. 在重视就业技能培养的基础上，本教材还加强了对职业素养的指导与训练。例如沟通能力的培养、团队合作能力的培养、自我管理能力的培养、解决问题能力的培养等。

4. 本教材的效果评估项目形式多样，不仅丰富了学习的考核方式，还可以激发学生的学习积极性，训练自我评估的能力。

本教材也是我们教学经验的积累和科研智慧的结晶。真心希望阅读本教材的每一位读者都能有所收获，也恳请各位同行专家、教师、同学提出宝贵意见，以资修改完善。

韩红梅

目 录

第一章 就业形势

知识目标

1. 了解当前就业形势。
2. 了解国家就业政策。
3. 了解初入职场面临的问题。

能力目标

1. 能够查询和分析有关就业信息和数据。
2. 能够转换角色，调整心态。
3. 能够进行专业人才需求调研，并撰写专业人才需求调查报告。

价值目标

1. 立足中国特色社会主义新时代，树立正确的择业观、就业观。
2. 关注国家的发展和经济运行方向，具有社会责任感。

第一节　高校毕业生就业形势

现实生活中，许多大学生对于就业感到迷茫，一个很重要的原因就是不了解国家当前的就业形势和就业政策。如果大学生能认真分析时代发展和变化趋势，积累相关领域的信息、知识和资源，机会来临时就可以及时发现并把握。就业形势，直接影响大学生的就业率和就业质量。大学生应分析当前的就业形势，了解就业前景，根据自身条件和面临的机会与挑战，制定合理的职业目标，做出科学的职业规划，积极适应变化，实现主动就业。

一、我国的高校毕业生就业形势及就业前景

（一）大学生就业形势

随着我国经济结构的调整，以及社会主义市场经济体制改革的深入进行，大学生面临着新的就业形势。党的二十大报告指出：建设现代化产业体系。坚持把发展经济的着力点放在实体经济上，推进新型工业化，加快建设制造强国、质量强国、航天强国、交通强国、网络强国、数字强国。实施产业基础再造工程和重大技术装备攻关工程，支持专精特新企业发展，推动制造业高端化、智能化、绿色化发展。大学生要从宏观上熟悉国家的大政方针，了解当前的就业形势以及社会用人的新理念。把握好这些信息，树立正确的择业观，方有可能成功就业。

近几年，随着高等院校扩招，大学毕业生人数在逐年增加。我国高等教育正在由“精英教育”向“大众教育”转变。全球化发展、知识经济的冲击以及一些不确定因素的影响，使得当前的就业形势呈现以下特点。

1. 毕业生总量持续攀升

近几年来，我国高校毕业生人数逐年增加（见图 1－1）。

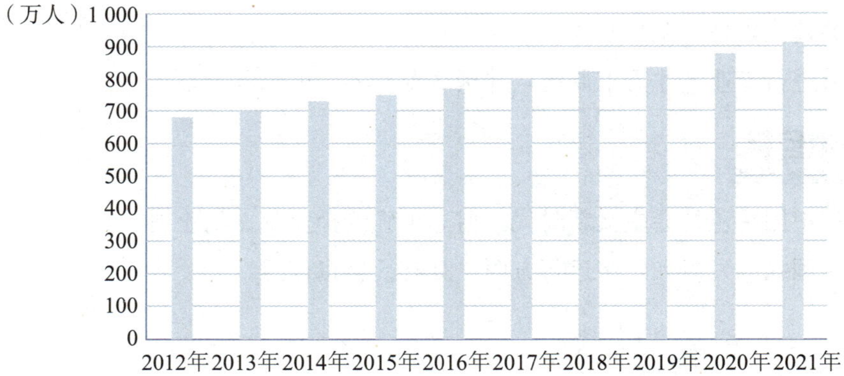

图 1－1　近年高校毕业生人数

数据来源：中商产业研究院.

据人力资源和社会保障部数据显示，2021 年全国高校毕业生人数为 909 万，2020 年为 874 万，2019 年为 834 万。近三年每年增长 30 万人以上。2020 年新冠疫情暴发，给全球经济和我国经济都造成重大影响。在充满挑战的经济大环境下，就业竞争压力也在不断上升。

2. 国家扶持

党和政府对就业工作十分重视。党和国家领导人多次在全国再就业工作会议上强调要把就业和再就业工作作为关系改革发展稳定的大事来抓。此外，近年来我国进一步深化经济体制改革，大力调整经济结构，大量增加基础设施建设，实施西部大开发战略以及科教

兴国战略和可持续发展战略等，都为毕业生提供了自我发展的大好契机，为就业和创业提供了更多的机会。

3. 地域差异明显

北京、上海等经济发达地区用人需求旺盛，总需求量大于当地生源。新一线城市对大学毕业生的吸引力不断增强。2019 届毕业生在长三角地区就业的占比最高（本科：25.8%，高职：22.9%），其次是珠三角地区（本科：21%，高职：20.4%）。结合各地区大学毕业生实际占比和 2019 届在本地区就业毕业生占比综合来看，珠三角地区对人才的吸引力较强，其次是长三角地区，而东北地区、中原地区对人才的吸引力较弱。

从城市分级看，本科毕业生选择在新一线城市就业的比例，从 2015 届的 22%上升到 2019 届的 26%，而在一线城市就业的比例从 2015 届的 26%下降到 2019 届的 20%；高职毕业生选择在新一线城市就业的比例，从 2015 届的 17%上升到 2019 届的 23%，而在一线城市就业的比例，从 2015 届的 19%下降至 2019 届的 15%。在主要的新一线城市中，在杭州就业的 2017—2019 届外省毕业生占比最高，其次为天津、苏州，均超过一线城市中的广州。

4. 就业率稳步升高

近几年来，高校毕业生就业率稳步提升。2018 届毕业生就业率为 91.5%，与往年基本持平（2017 届毕业生就业率 91.9%，2016 届毕业生就业率 91.6%，2015 届毕业生就业率 91.7%），其中高职生就业率达 92%，首次超过本科毕业生。受新冠疫情影响，2019 届、2020 届和 2021 届毕业生就业率有不同程度的波动。但总体而言，在我国经济总体向好的大环境下，毕业生就业率没有发生大的变动。

在国家政策支持和学校大力倡导下，大学生的创业率持续提升（见表 1-1）。

表 1-1　近几年中国大学生创业率

	高职生创业率	本科生创业率
2019 届	3.6% 毕业后三年内创业率 8.1%	2.6%
2018 届	3.6%	1.8%
2017 届	3.8%	1.9%
2016 届	3%	3%

数据来源：麦克思中国大学生就业年度报告.

从表 1-1 看，高职毕业生的创业率明显高于本科毕业生。

近几年关于大学生就业统计数据显示，2015 届大学生全职工作率为 77.4%，2016 届为77.3%，2017届为77.1%，2018届为73.6%。全职工作率越来越低，这就意味着越来越多的大学生在做兼职，或同时做两份及以上的工作。

近几年，越来越多的高职生积极参加升本学习考试。其目的，一是可以多学知识；二是提升学历，增强就业竞争力；三是减缓就业压力。2015年高职生升本率是4.7%，2018年高职生升本率是6.3%，2020年高职生升本率为7.6%，比往年有明显提升。

（二）大学生就业前景

当前国家的就业政策营造出相对宽松的市场就业环境，大学毕业生要主动投身到就业市场中，积极参与就业竞争，做好各种就业准备。大学毕业生具有自身特有的就业优势，也面临新的挑战及机遇。

1. 经济健康快速发展为大学生就业提供广阔的舞台

从国家社会经济的发展趋势来看，大学生就业的前景总体上是非常乐观的，经济增长与产业结构升级将为大学生就业创造广阔的空间。伴随着我国经济结构的调整，社会对大学生的需求将会更大。传统产业行业加速转型升级，众多企业发展需要高素质人才的支撑。

2. 就业政策促进就业的效应进一步发挥

就业政策的持续优化将为大学生从学校到工作岗位的转换创造更好的就业环境。

2020年8月7日，国务院举行政策例行吹风会，解读了最新就业政策：一是“拓渠道”。支持发展各类特色小店，给予创业担保贷款、税收优惠、创业补贴等政策支持；推动非全日制劳动者较为集中的保洁绿化、批发零售、建筑装修等行业提质扩容；推动网络零售、移动出行、线上教育培训、互联网医疗、在线娱乐等行业发展。二是“优环境”。对指定场所和时间内销售农副产品、日常生活用品或从事便民劳务活动符合条件的，无须办理营业执照；取消涉及灵活就业的行政事业性收费，对经批准占道经营的，免征城市道路占用费；鼓励各类业主减免或缓收房租；鼓励有条件的地方，将社区综合服务设施闲置空间等改造为免费的经营场地等。三是“强保障”。在新职业开发方面，动态发布新职业，创造更多直播销售、网约配送、社群健康等新就业形态；在培训方面，开展针对性的创业培训、技能培训，增强劳动者的就业能力；在就业服务方面，拓宽公共就业信息服务范围，鼓励人力资源服务机构提供专业化服务，促进灵活就业供求对接。

3. 高等教育的持续改革逐步提升大学生就业能力

第一，高等教育改革更加关注大学生就业能力的市场内涵。我国经济的市场化、知识化与全球化，使得就业政策与教育政策在围绕“职业路径”进行重组，整合教育与工作的联结机制，提升就业能力，实现充分就业与满意就业的目标。大学已经开始强化对外部市场的反应速度和能力，提高大学的人才培养质量和竞争能力，增强大学的投入和产出的效率，极大地提升大学生的就业能力，以消除大学生在劳动力市场上的结构性失业问题。

第二，大学正在将就业能力的市场内涵转化为教学创新行动。在教学模式创新行动方面，以强化通识教育为目的的通识型教学、以需求驱动的实践基地建设为标志的实践型教学、以强调研究方法为内容的研究型教学、以拓宽国际视野为目标的国际型教学、以培养就业能力与学习能力为内容的能力型教学、以强化学生的参与和投入为目标的参与型教学等新形式不断涌现，大学正试图通过教学创新培养更加适应市场需求的毕业生。

第三，在职业指导服务方面，大学充分利用学校就业中心的信息网络和校友的人脉资源，能够及时有效地将社会招聘信息传递给毕业生，帮助他们了解就业环境；借助讲座、座谈、模拟、案例、演示等手段帮助大学生了解职业市场要求，帮助他们改进展示专业水平的能力；大学正在寻求建立与用人单位之间的伙伴关系，理解社会需求，并将其转换传递给各个具体的教学和研究部门，然后这些部门再基于社会的需求创新课程、创新专业甚至创新大学。通过全方位的职业指导与服务，大学努力增强大学生从学校到工作岗位的“市场能力”。

（三）大学生就业形式多样化

考察高校毕业生就业的产业分布后发现，毕业生就业去向最多的是第三产业，其次为第二产业，最后是第一产业。从趋势上看，在医疗、社会服务、护理等行业就业的毕业生比例上升最快，在矿业、各类制造和加工业就业的毕业生比例呈明显下降趋势，在交通工具制造业、运输业、房地产开发销售及租赁业三大行业就业的毕业生比例呈现先快速增长、后大幅下降的明显波动态势。

近几年，我国居民对医疗、社会服务、护理等方面服务需求的增加，使相关产业得到了较快发展，对人才的需求也相应增加。而随着中低端制造业、采矿业、房地产相关行业的收缩，毕业生的就业比例在下降。未来，毕业生在去产能、去库存相关行业中的就业比例还会进一步下降，在中高端服务业的就业比例还会进一步上升。2020 年，一些领域和职业出现了新商机：医疗、心理咨询、健身、保健、人工智能及数据分析、远程办公及视频处理、快递、外卖、公共事务管理、自媒体短视频、直播及 VR/AR、线上娱乐。总之，与互联网、大数据、人工智能相关的行业，不但不受影响反而还迎来了新的发展。

二、大学生就业面临的挑战

经济发展进入高质量发展阶段，对于就业来说，挑战与机遇并存：一方面，经济增速会导致对就业的拉动作用有所减弱，经济结构调整也会带动就业结构变化，大学生在就业时可能会面临就业机会减少和结构性变化等问题；另一方面，经济结构调整和产业转型升级，特别是新产业、新业态、新模式蓬勃发展，会带来一些新的就业机会，需要劳动者具备与之匹配的技能水平，这对于受教育水平较高、学习能力较强的年轻人而言更加有利。

当前劳动力供给规模有所减小，但总量压力依然很大，仍在 9 亿人左右，还需要为劳动者特别是新进入劳动力市场的青年人提供大量的就业机会，确保其更好地实现就业。

受教育水平的提高改善了青年人口的素质结构，有助于加快实现从劳动力大国向人力资源强国的转变，为产业结构的转型升级及经济社会的总体发展提供人力资源的强大支撑。但受教育年限的延长导致青年人口劳动参与率降低，劳动力市场中青年劳动力的供给减少，进而导致劳动力供求矛盾紧张。

受教育水平提高还可能带来就业期望的提升，尤其是非义务教育阶段的教育成本大幅增长，大大提高了青年人口的人力资本投资，这种投资必然改变劳动者对劳动报酬的预期。另外，人口政策导致家庭结构变化，独生子女一代成长环境相对优越，家庭能够为其提供一定的经济上的保护，导致很多人不急于工作。这种情况随着年龄增长而发生变化，“上有老、下有小”的压力会推动他们进入劳动力市场。

三、用人单位的人才需求规格

企业对大学毕业生除了要求具备专业知识以外，还希望毕业生能够认同企业的文化，有较强的实践动手能力，并且能够熟练地运用外语，有较强的自学能力、适应能力和团队合作能力。一般来说，用人单位对毕业生的素质要求体现在以下几个方面。

（一）优良的思想道德品质

从毕业生就业洽谈会的情况看，现在很多用人单位选拔人才的标准与以往不同，虽然也是要求德才兼备，但更重视学生的品德，毕业生的思想道德素质已经成为用人单位招聘时首要考核的项目，具体来说是要求毕业生诚实守信，敬业爱岗，具有强烈的社会责任感和事业心。

（二）良好的专业素质和扎实的基础知识

大学毕业生经过四年系统的学习，打下了良好的专业基础，积累起宽厚扎实的基础知识，对本专业现状和最新科技成就应有广泛的了解和掌握。要注意平时应不断拓宽知识面，善于将所学的专业与其他相关领域的知识紧密联系起来，解决实际问题，培养较强的创新能力。

（三）注重团队精神与人际交往能力

成功的企业十分强调企业文化的建设，注重员工对企业的归属感与主人翁精神的培养，讲求员工之间的团结合作，注重集体力量的发挥。因此，反映在用人单位对毕业生的要求上，毕业生要有整体意识和整体思维，有较强的团体合作精神，善于处理集体与个人的关系，能在共同目标下恰当地扮演自己的角色，为企业的每一步发展做出贡献。同时也要求毕业生能掌握与人沟通相处的技巧和能力，增强自我约束力，在集体中营造宽松和谐的人际关系。

（四）具备开拓精神和创造能力

科学技术和社会的发展需要不断地开拓创新，特别是进入知识经济时代，知识已取代劳动力成为最重要的经济增长因素，知识的生产和创造将成为人类最重要的活动，人的创造能力具有比以往任何历史时期更为重要的意义。创新意识和创造能力的培养是大学毕业生素质要求的主导因素，也是目前最需要重视和解决的问题。用人单位在招聘毕业生的时候希望大学毕业生具有开拓精神和创造能力，而那些思想保守、创造能力欠佳的毕业生则不受欢迎。

（五）具备较强的实践能力

知识并不能简单地与能力画等号，大学毕业生要在理解、掌握和运用知识的过程中自觉锻炼发展自己的能力。在一定程度上讲，能力比知识更重要，更能反映一个人的素质。用人单位希望高校培养的毕业生有良好的口头表达能力、动手能力和适应能力，也包括参加过与专业相关的社会实践活动，具有与行业接近的工作经验和工作能力，或是学生党员、优秀学生干部。

（六）具有吃苦耐劳的创业精神

有些大学生由于从小被老师和家长照顾得过多，因而怕吃苦，缺乏实干和奋斗精神。许多用人单位十分看重毕业生是否具备吃苦耐劳的创业精神，那些缺乏吃苦精神、娇气十足、坐享其成的人是不受用人单位欢迎的。

小贴士

大学生就业八大趋势

1. 政府从就业市场的主导位置后撤

社会及学校积极参与，毕业生成为就业最终的主体。就业是谁的事情？是政府的，还是学校和毕业生个人的？可以说，就业是大家都十分关注的事情，所以，每年的招聘会一场比一场隆重，大家像赶集一般踊跃参加。不过，今后这样的情况可能会有很大的改变，就业会成为个人的事情，政府和学校参与的力度会有减弱的趋势。

2. 职业生涯规划成为就业指导新模式

现行偏重于“成品包装”的就业指导模式将被“产品设计”式的职业生涯规划和提升就业力的新模式所代替，大学生将更加关注个人发展的持久性，而不是把重点放在可就业性上。中国人民大学唐钧的研究表明，对自己将来的发展做出规划的大学生只占37.7%，还有60%以上的毕业生对自己的发展没有做出规划。就业指导将会从成品包装向产品设计和强调个人发展的目标转变，就业指导工作将走出以包装为重心的时代而进入一个以提升就业能力为主的时代。

3. 就业力培训将会从学校过渡到由学校、社会共同完成

职前教育和生涯管理培训将掀热潮。到目前为止，就业力及人生规划还处在一个启蒙的阶段。在一个需要终生寻求就业的时代，个体越来越倾向于通过对人生的主动设计和主动管理来保证自己生活的高品质。大学生面临的是一个非常复杂的社会、职业及生涯状况，仅靠接受一次或几次培训是解决不了问题的，而且随着行业、社会及职场特点的变化，重新学习和重新培训的任务很重。接受这样的指导，会让自己的人生规划变得更加合理、科学和更具可操作性，也更符合社会的趋势与潮流，从而保证自己的人生规划与社会需求不会发生错位。

4. 事业主导性就业将变成就业的主流思想

现行的先就业后择业的就业思路在短期内可能还会成为主流。不过，这样的思想对学生的适应能力和心理承受能力却是一个严峻的考验，毕竟做一件自己不太喜欢的事情和选择与自己的人生目标不相关的道路起步走，肯定会有相当大的压力。同时，就业的盲动也带来了所谓的创业盲动。许多大学生在毕业后不久，就有改变工作环境的冲动，在一时找不到合适工作的情况下，最自然想到的就是创业。

5. 内外职业生涯的匹配与兼修

职业生涯分内外，内职业生涯指从事一项职业所需具备的知识、能力、经验和内心感受的组合及变化过程；外职业生涯指从事一项职业的工作内容、条件、待遇、职务、地点等因素的组合及变化过程。许多大学生在能力修炼过程中，更偏重于对外职业生涯的了解和关注，他们更关注社会上哪一种职业收入更高，更能获得人们的尊敬。其实，职业生涯早期的主要任务是学习、了解、锻炼，工作重心应放在对自己的认知、了解和提升自己的素质上，最大的收获应是在内心世界与外界环境的碰撞中使内职业生涯发展大于外职业生涯发展。

6. 学习能力和态度将决定一个人的成就

学成毕业是人们对大学生最普遍的认识，但未来社会学习是一个终身延续的概念，学习能力的高下和学习态度是否端正决定了一个人职业生涯成就的高低。要做职场常

青树，最根本的就是要保持旺盛的学习热情。大学所学的知识一两年之后就由新知变成旧知了，而且由于新知识不断涌现，如果不注重在职培训和在职学习，很显然，毕业几年之后，就会成为一个有文化的知识盲了。学习是进步的开始。所以，在选择就业单位时，要更多地关注公司是否注重对员工知识的管理，不要只考虑工资和待遇的高低。

7. 一次就业成为历史

一次就业终生在岗，这是传统大学生的职场观念。但未来社会中，一辈子做一份工作的概率大大降低。劳动力过剩和大学生就业结构失衡的状况会引来职场的剧烈震荡。一方面，一些用工企业会优中选优，从而加快了大学生被淘汰的速度；另一方面，一些大学生因为找不到合适的工作，而不得不暂时性地选择就业，一有机会，便会转职。近年来，深圳等地的一些广告及咨询企业，一直为员工流动太快而大伤脑筋，常常是一年要换几拨人马。员工流动已成为企业最不确定的风险。

8. 就业全国化成为趋势

就业全国化已成为一种趋势。每到周末和周一，往来于珠三角地区各城市之间的交通工具入座率会大幅提高，这是因为家在广州却在深圳或东莞上班的人们会每周往返于两地。

第二节　国家的就业政策

一、国家的就业方针、原则

就业政策是毕业生就业形势的风向标，也是毕业生就业活动的指挥棒。例如，2002年，党中央、国务院确立了“市场导向、政策调控、学校推荐、学生与用人单位双向选择”的高校毕业生就业制度改革方向。毕业生在就业前，务必深入了解国家的就业方针和原则，熟悉就业的主要注意事项、各个环节实施的过程；根据自己的职业倾向，了解有关地区、行业的就业原则和要求，做到知己知彼。

2021年8月，国务院印发了《“十四五”就业促进规划》（以下简称《规划》），《规划》明确了“十四五”时期促进就业的基本原则，即坚持就业导向、政策协同，坚持扩容提质、优化结构，坚持市场主导、政府调控，坚持聚焦重点、守住底线。《规划》提出，到2025年，实现就业形势总体平稳、就业质量稳步提升、结构性就业矛盾有效缓解、创业带动就业动能持续释放、风险应对能力显著增强等目标。

（一）市场机制对就业的影响

1. 市场就业制度概况

解决就业问题，根本出路要靠市场，需要充分发挥市场配置人才资源的基础性作用。随着我国经济改革的不断深化，人才市场体系初步形成，市场管理和配置人才的功能不断完善，市场机制在促进人才合理流动中已开始发挥作用。为了适应这种变化，我国开始实行市场就业制度。市场就业制度是国家出让劳动者就业的承揽权，将劳动力纳入市场，使劳动力市场成为沟通劳动力供需双方的渠道。劳动力供需双方直接见面、互相选择，并以合同方式维系双方关系。劳动者在国家法律许可的范围内，自己开创事业，国家给劳动者提供优惠政策，并创造宽松的经营环境。

近年来，我国的人才市场有了很快发展，人才市场实现计算机储存及检索、建立人才网站，与全国各地人才服务机构相互链接，实现资源共享、信息互动，拓展了服务领域，搭建了更为广阔的人才服务平台，网上找工作已经成为毕业生求职的主要方式。

2. 市场机制下职业流动的特点

在市场配置人力资源的基础作用下，职业流动日趋正常化，其特点也逐渐明显，总体上表现为以下六个方面：

（1）与人力资本投入成反比。受教育和训练的时间长，人力资本投入高的劳动者，一般从事地位高、声望高、收入高的职业，流动的数量少、频率低；而以体力劳动为主的劳动者，因为人力资本投入低、适应工作能力差，流动的数量多、频率高。

（2）与年龄成反比。青年群体中职业流动的数量和频率远远超过中年和老年群体。

（3）区域性差别。一方面，职业流动的方向为从经济不发达地区流向经济发达地区；另一方面，经济不发达地区内职业流动较缓慢，经济发达地区内职业流动的频率远远高于经济不发达地区。

（4）现代社会职业流动与家庭背景的相关因素较少。现代社会开放、公正，以素质、能力为本位，打破了子承父业的传统，竞争能力是职业向上流动的资本。

（5）正常流动与非正常流动。在职业流动中，凡是促进劳动者全面发展、发挥专长，使其最大潜能得到施展的流动属正常流动；以某一方面的偏好或由于个别原因使劳动者从适合自己的岗位流动到不能发挥自己特长的岗位属非正常流动。

（6）自由与控制。在市场经济条件下，劳动就业契约关系的形成有利于职业流动，但契约双方应信守合同，解除契约也需符合规范。

（二）劳动者自主择业

自主择业是大学毕业生就业制度改革的重大举措，也是毕业生就业意愿的充分表达。

在市场经济条件下，劳动力也是一种商品——大学生也是劳动力，因此就业也应该遵守市场规律、价值规律。学校教育能够在一定程度上保证学生的知识素养和技术训练，却不能给学生的就业打包票，更不能给学生找到好工作的必然承诺。大学毕业生需正视自身条件，摆正态度，积极投入人力市场，选择符合自身实际的工作岗位。

小贴士

正确看待当前就业难的问题

面对就业难的现实，受过大学教育的同学们更应该以正确的心态对待：

第一，应该更好地加强自身能力的培养，珍惜实习的机会，不要把学校安排的实习当作走过场，要通过实习积累工作经验，提升实际动手能力。

第二，要消除对就业问题一切不符合实际的幻想，在面临就业问题的时候要能够以正确的态度对待就业的困难和用人单位的要求。

第三，在就业问题上应该脚踏实地，不能好高骛远。须知道，无论在什么岗位上，是金子终究会发光的。

第四，要自尊，远离弄虚作假、失信毁约、贪图安逸等有损大学生整体形象的行为。

学校要本着对学生就业负责的态度，更多地安排能够让学生符合市场经济需要的课程。当然，也不是所有的课程都应该是市场化的课程。例如，语文、思想道德修养等课程是个人和谐发展必需的课程，这样的课程既不能取消，更不能"市场化"。

二、促进就业的政策和措施

就业政策是党和政府在一定的历史阶段为促进经济发展和社会进步，为劳动者创造就业条件、扩大就业机会所制定的行为准则。党的十一届三中全会以来，党和政府为了使毕业生就业工作适应社会主义市场经济体制的要求，保证毕业生具有更多的就业机会和更优越的就业条件，进行了一系列就业制度的改革，制定了适应新形势的就业政策。各类学校毕业生就业政策是党和国家就业政策的一个重要组成部分，对指导毕业生就业工作具有重要意义。

（一）就业政策的根本导向

近年来，中央出台了一系列为毕业生就业保驾护航的政策和措施，目的是缓解毕业生的就业压力，扫清就业道路上的体制障碍。在各种文件的规定中，党中央和国务院多次强调要支持及鼓励毕业生到基层和艰苦地区工作。引导和鼓励毕业生面向基层就业将是未来几年内就业政策的主要基调，也是当前和未来一段时间内毕业生就业工作的重点。

目前的毕业生就业，结构性矛盾比较突出，特别是就业的流向不平衡。一方面毕业生就业面临一些困难和问题；另一方面广大基层特别是西部地区、边远地区和艰苦行业还存在人才匮乏的状况，需要大批人才特别是各类高校毕业生到这些地方建功立业。基层已成为吸纳毕业生的重要渠道，但目前到基层就业的毕业生，真正到县级以下基层单位就业的仍较少。

积极引导和鼓励毕业生面向基层就业，有利于青年人才的健康成长，有利于改善基层人才队伍的结构，有利于促进城乡和区域经济的协调发展，也是当前促进毕业生充分就业的最有效手段之一。

小贴士

鼓励就业措施

国家近年来出台了鼓励高校毕业生到基层、到中西部地区就业的几点措施：对到农村基层和城市社区公益性岗位就业的，给予社会保险补贴和公益性岗位补贴；对到农村基层及城市社区其他社会管理和公共服务岗位就业的，给予薪酬或生活补贴；对到中西部地区和艰苦边远地区县级以下农村基层单位就业并履行一定服务期限的，由政府补偿学费，代偿助学贷款；对有基层工作经历的，在研究生招录和事业单位选聘时优先录取；对参加“选聘高校毕业生到村任职”、“三支一扶”（支教、支农、支医和扶贫）、“大学生志愿服务西部计划”、“农村义务教育阶段学校教师特设岗位计划”等项目的，给予生活补贴，按规定参加社会保险；项目服务期满并考核合格的，报考硕士研究生初试总分加10分，高职（高专）学生可免试入读成人本科；今后相应的自然减员空岗全部聘用参加项目服务期满的高校毕业生。

1. 宏观层面

近年来，我国政府学习、借鉴和吸收了国际上先进的就业理念及政策内容，结合实际制定和实施了积极就业政策。我国的积极就业政策有以下4个特点：强调在解决下岗失业问题上不仅要有生活的保障，更要注重帮助再就业；强调在大力开发就业岗位的同时，更加注重提高劳动者素质；强调在扩展多种渠道促进就业的同时，更加注重推动劳动者自主创业来带动就业；强调结合绿色经济发展，推进绿色就业，努力实现可持续就业。

具体来讲，有以下 8 个方面措施来促进就业工作的开展：

（1）对经济发展施加政策影响，使之有利于扩大就业。大力发展第三产业；鼓励发展就业容量大的个体、私营、外资、股份合作等多元化经济；发展有市场需求的中小企业。

（2）对劳动者自主创业就业予以政策支持，实行免征税费和小额担保贷款的扶持政策，调动劳动者自主创业就业的能动性，鼓励支持劳动者以灵活多样的形式实现就业。

（3）对企业用人给予政策引导，实行社会保险补贴，减免税收和小额信贷政策，使之愿意更多地吸纳就业。

（4）对困难群体加大政策扶持，开发公益性就业岗位安排就业，帮助他们摆脱失业困境。

（5）对市场供求匹配施加影响，强化公共就业服务。

（6）对劳动者提高素质做出安排，形成面向全体劳动者的培训制度。

（7）将治理失业的防线提前，进行预防和调控。

（8）对社会保障制度进一步完善，使之与促进就业形成联动。不管劳动者在哪个地方就业，都有相应的社会保障。

随着形势的不断变化，我国还要进一步充实完善积极就业政策体系，强化其与财政、金融、产业政策的紧密结合，并加强就业政策与教育培训政策、社会保障及其他社会政策的组合配套，形成以就业为导向的综合政策体系。同时，要更好地落实《就业促进法》，推进法制化建设，加强就业服务、职业培训和各项就业工作制度的建设，以形成促进就业的长效机制。

2. 微观方面

2022 年 5 月 5 日，国务院办公厅发布了《关于进一步做好高校毕业生等青年就业创业工作的通知》（国办发〔2022〕13 号），对高校毕业生就业工作具有指导作用。

小贴士

关于进一步做好高校毕业生等青年就业创业工作的通知

各省、自治区、直辖市人民政府，国务院各部委、各直属机构：

高校毕业生等青年就业关系民生福祉、经济发展和国家未来。为贯彻落实党中央、国务院决策部署，做好当前和今后一段时期高校毕业生等青年就业创业工作，经国务院同意，现就有关事项通知如下。

一、多渠道开发就业岗位

（一）扩大企业就业规模。坚持在推动高质量发展中强化就业优先导向，加快建设现代化经济体系，推进制造业转型升级，壮大战略性新兴产业，大力发展现代服务业，提供更多适合高校毕业生的就业岗位。支持中小微企业更多吸纳高校毕业生就业，按规定给予社会保险补贴、创业担保贷款及贴息、税费减免等扶持政策，对吸纳高校毕业生就业达到一定数量且符合相关条件的中小微企业，在安排纾困资金、提供技术改造贷款贴息时予以倾斜；对招用毕业年度高校毕业生并签订1年以上劳动合同的中小微企业，给予一次性吸纳就业补贴，政策实施期限截至2022年12月31日；建立中小微企业专业技术人员职称评定绿色通道和申报兜底机制，健全职业技能等级（岗位）设置，完善职业技能等级认定机制，落实科研项目经费申请、科研成果等申报与国有企事业单位同类人员同等待遇。设置好“红灯”、“绿灯”，促进平台经济健康发展，带动更多就业。稳定扩大国有企业招聘规模，指导企业规范发布招聘信息，推进公开招聘。

（二）拓宽基层就业空间。结合实施区域协调发展、乡村振兴等战略，适应基层治理能力现代化建设需要，统筹用好各方资源，挖掘基层就业社保、医疗卫生、养老服务、社会工作、司法辅助等就业机会。社区专职工作岗位出现空缺要优先招用或拿出一定数量专门招用高校毕业生。继续实施“三支一扶”计划、农村特岗教师计划、大学生志愿服务西部计划等基层服务项目，合理确定招募规模。对到中西部地区、艰苦边远地区、老工业基地县以下基层单位就业的高校毕业生，按规定给予学费补偿和国家助学贷款代偿、高定工资等政策，对其中招聘为事业单位正式工作人员的，可按规定提前转正定级。

（三）支持自主创业和灵活就业。落实大众创业、万众创新相关政策，深化高校创新创业教育改革，健全教育体系和培养机制，汇集优质创新创业培训资源，对高校毕业生开展针对性培训，按规定给予职业培训补贴。支持高校毕业生自主创业，按规定给予一次性创业补贴、创业担保贷款及贴息、税费减免等政策，政府投资开发的创业载体要安排30％左右的场地免费向高校毕业生创业者提供。支持高校毕业生发挥专业所长从事灵活就业，对毕业年度和离校2年内未就业高校毕业生实现灵活就业的，按规定给予社会保险补贴。

（四）稳定公共部门岗位规模。今明两年要继续稳定机关事业单位招录（聘）高校毕业生的规模。深化落实基层法官检察官助理规范便捷招录机制，畅通政法专业高校毕业生进入基层司法机关就业渠道。支持承担国家科技计划（专项、基金等）的高校、科研院所和企业扩大科研助理岗位规模。充分考虑新冠肺炎疫情影响和高校毕业生就业需要，合理安排公共部门招录（聘）和相关职业资格考试时间。受疫情影响严重地区，在2022年12月31日前可实施中小学、幼儿园、中等职业学校教师资格“先上岗、再考证”阶段性措施。

二、强化不断线就业服务

（五）精准开展困难帮扶。要把有劳动能力和就业意愿的脱贫家庭、低保家庭、零就业家庭高校毕业生，以及残疾高校毕业生和长期失业高校毕业生作为就业援助的重点对象，提供“一人一档”、“一人一策”精准服务，为每人至少提供3～5个针对性岗位信息，优先组织参加职业培训和就业见习，及时兑现一次性求职创业补贴，千方百计促进其就业创业。对通过市场渠道确实难以就业的困难高校毕业生，可通过公益性岗位兜底安置。实施“中央专项彩票公益金宏志助航计划”，面向困难高校毕业生开展就业能力培训。实施共青团促进大学生就业行动，面向低收入家庭高校毕业生开展就业结对帮扶。及时将符合条件的高校毕业生纳入临时救助等社会救助范围。实施国家助学贷款延期还款、减免利息等支持举措，延期期间不计复利、不收罚息、不作为逾期记录报送。

（六）优化招聘服务。推进公共就业服务进校园，逐步实现公共就业招聘平台和高校校园网招聘信息共享。建立高校毕业生就业岗位归集机制，广泛收集机关事业单位、各类企业、重大项目等高校毕业生就业岗位需求计划，集中向社会发布并动态更新。构建权威公信的高校毕业生就业服务平台，密集组织线上线下专项招聘服务，扩大国家24365大学生就业服务平台、百日千万网络招聘、“千校万岗”、中小企业网上百日招聘等招聘平台和活动影响力。积极组织服务机构、用人单位进校园招聘。

（七）加强就业指导。健全高校学生生涯规划与就业指导体系，开展就业育人主题教育活动，引导高校毕业生树立正确的职业观、就业观和择业观。注重理论与实践相结合，开展多种形式的模拟实训、职业体验等实践教学，组织高校毕业生走进人力资源市场，参加职业能力测评，接受现场指导。高校要按一定比例配齐配强就业指导教师，就业指导教师可参加相关职称评审。打造一批大学生就业指导名师、优秀职业指导师、优秀就业指导课程和教材。举办全国大学生职业规划大赛，增强大学生生涯规划意识，指导其及早做好就业准备。

（八）落实实名服务。深入实施离校未就业高校毕业生就业创业促进计划，强化教育、人力资源社会保障部门离校前后信息衔接，持续跟进落实实名服务。运用线上失业登记、求职登记小程序、基层摸排等各类渠道，与有就业意愿的离校未就业高校毕业生普遍联系，为每人免费提供1次职业指导、3次岗位推荐、1次职业培训或就业见习机会。

（九）维护就业权益。开展平等就业相关法律法规和政策宣传，坚决防止和纠正性别、年龄、学历等就业歧视，依法打击“黑职介”、虚假招聘、售卖简历等违法犯罪活动，坚决治理付费实习、滥用试用期、拖欠试用期工资等违规行为。督促用人单位与高校毕业生签订劳动（聘用）合同或就业协议书，明确双方的权利义务、违约责任及处理方式，维护高校毕业生合法就业权益。对存在就业歧视、欺诈等问题的用人单位，及时向高校毕业生发布警示提醒。

三、简化优化求职就业手续

（十）稳妥有序推动取消就业报到证。从2023年起，不再发放《全国普通高等学校本专科毕业生就业报到证》和《全国毕业研究生就业报到证》（以下统称就业报到证），取消就业报到证补办、改派手续，不再将就业报到证作为办理高校毕业生招聘录用、落户、档案接收转递等手续的必需材料。

（十一）提供求职就业便利。取消高校毕业生离校前公共就业人才服务机构在就业协议书上签章环节，取消高校毕业生离校后到公共就业人才服务机构办理报到手续。应届高校毕业生可凭普通高等教育学历证书、与用人单位签订的劳动（聘用）合同或就业协议书，在就业地办理落户手续（超大城市按现有规定执行）；可凭普通高等教育学历证书，在原户籍地办理落户手续。教育部门要健全高校毕业生网上签约系统，方便用人单位与高校毕业生网上签约，鼓励受疫情影响地区用人单位与高校毕业生实行网上签约。对延迟离校的应届高校毕业生，相应延长报到入职、档案转递、落户办理时限。

（十二）积极稳妥转递档案。高校要及时将毕业生登记表、成绩单等重要材料归入学生档案，按照有关规定有序转递。到机关、国有企事业单位就业或定向招生就业的，转递至就业单位或定向单位；到非公单位就业的，转递至就业地或户籍地公共就业人才服务机构；暂未就业的，转递至户籍地公共就业人才服务机构。档案涉密的应通过机要通信或派专人转递。公共就业人才服务机构要主动加强与高校的沟通衔接，动态更新机构服务信息，积极推进档案政策宣传服务进校园，及时接收符合转递规定的学生档案。档案管理部门要及时向社会公布服务机构名录和联系方式。

（十三）完善毕业去向登记。从2023年起，教育部门建立高校毕业生毕业去向登记制度，作为高校为毕业生办理离校手续的必要环节。高校要指导毕业生（含结业生）及时完成毕业去向登记，核实信息后及时报省级教育部门备案。实行定向招生就业办法的高校毕业生，省级教育部门和高校要指导其严格按照定向协议就业并登记去向信息。高校毕业生到户籍和档案接收管理部门办理相关手续时，教育部门应根据有关部门需要和毕业生本人授权，提供毕业生离校时相应去向登记信息查询核验服务。

（十四）推进体检结果互认。指导用人单位根据工作岗位实际，合理确定入职体检项目，不得违法违规开展乙肝、孕检等检测。对外科、内科、胸透X线片等基本健康体检项目，高校毕业生近6个月内已在合规医疗机构进行体检的，用人单位应当认可其结果，原则上不得要求其重复体检，法律法规另有规定的从其规定。用人单位或高校毕业生对体检结果有疑问的，经协商可提出复检、补检要求。高校可不再组织毕业体检。

四、着力加强青年就业帮扶

（十五）健全青年就业服务机制。强化户籍地、常住地就业失业管理服务责任，允许到本地就业创业的往届高校毕业生、留学回国毕业生及失业青年进行求职登记、失业登记，提供均等化基本公共就业服务，按规定落实就业创业扶持政策。实施青年就业启航计划，对有就业意愿的失业青年，开展职业素质测评，制定求职就业计划，提供针对性岗位信息，组织志愿服务、创业实践等活动。对长期失业青年，开展实践引导、分类指导、跟踪帮扶，提供就业援助，引导他们自强自立、及早就业创业。

（十六）提升职业技能水平。适应产业转型升级和市场需求，高质量推动产训结合和职业技能培训资源共建共享，扩大青年职业技能培训规模，拓展学徒培训、技能研修、新职业培训等多种模式，举办各类职业技能竞赛活动。鼓励高校毕业生等青年在获得学历证书的同时获得相关职业资格证书或职业技能等级证书，对需要学历学位证书作为报考条件的，允许先参加考试评定，通过考试评定的，待取得相关学历学位证书后再发放职业资格证书或职业技能等级证书。

（十七）扩大就业见习规模。实施百万就业见习岗位募集计划，支持企事业单位、社会组织、政府投资项目、科研项目等设立见习岗位，按规定给予就业见习补贴。鼓励有条件的地方或用人单位为见习人员购买商业医疗保险，提高见习保障水平。离校未就业高校毕业生到基层实习见习基地参加见习或者到企事业单位参加项目研究的，视同基层工作经历，自报到之日起算。实施大学生实习“扬帆计划”，广泛开展各级政务实习、企业实习和职业体验活动。

五、压紧压实工作责任

（十八）加强组织领导。各地区各部门各高校要以习近平新时代中国特色社会主义思想为指导，认真贯彻落实党中央、国务院决策部署，把高校毕业生等青年就业作为就业工作重中之重，作为政府绩效考核和高校绩效考核内容，将帮扶困难高校毕业生就业作为重点，明确目标任务，细化具体举措，强化督促检查。各有关部门要立足职责，密切配合，同向发力，积极拓宽就业渠道，加快政策落实。

（十九）强化工作保障。要根据本地区高校毕业生等青年就业形势和实际需要，统筹安排资金，加强人员保障，确保工作任务和政策服务落实。健全公共就业服务体系，实施提升就业服务质量工程，增强对高校毕业生等青年就业指导服务的针对性有效性。运用政府购买服务机制，支持经营性人力资源服务机构、社会组织等市场力量参与就业服务、职业指导、职业培训等工作。

（二十）做好宣传引导。开展就业政策服务专项宣传，及时提供通俗易懂的政策解读。开展“最美基层高校毕业生”、“基层就业出征仪式”等典型宣传活动，引导高校毕业生等青年将职业选择融入国家发展，在奋斗中实现人生价值。做好舆论引导，及时回应社会关切，稳定就业预期。

（二）国家鼓励创业的优惠政策

随着高校学生自主创业的发展，国家将扩大优惠政策，惠及各类、各级学校毕业生，其内容如下：

（1）应届高校毕业生从事个体经营的，除国家限制的行业（包括建筑业、娱乐业以及广告业、桑拿、按摩、网吧、氧吧等）外，自市场监督管理部门批准其经营之日起1年内免交登记类和管理类的各项行政事业性收费（以下简称“收费”）。

（2）从事个体经营的高校毕业生免交的具体收费项目主要包括：法律、行政法规规定的收费项目，国务院以及财政部、国家发展改革委（含原国家计委、原国家物价局，下同）批准的收费项目；各省、自治区、直辖市人民政府及其财政、价格主管部门批准的涉及个体经营的登记类和管理类收费项目。

（3）从事个体经营的高校毕业生，应当向市场监督、税务、卫生、民政、劳动保障、公安、烟草等部门的相关收费单位出具本人身份证、高校毕业证以及市场监督管理部门批准从事个体经营的有效证件，经收费单位核实无误后按规定免交有关收费。

（4）对从事个体经营的高校毕业生免收上述有关收费而减少的收入，主要由有关部门和单位调减支出项目自行消化，各级财政原则上不予补助。

（5）各省、自治区、直辖市财政、价格主管部门应当通过广播、电视、报刊等新闻媒体，在本行政区域内公布免收费的具体项目，使高校毕业生及时了解和掌握有关收费优惠政策。市场监督、税务、卫生、民政、劳动保障、公安、烟草等部门应当督促本系统内的有关收费单位不折不扣地落实各项收费优惠政策。

（6）各省、自治区、直辖市财政、价格主管部门要在各自的职责范围内加强对从事个体经营的高校毕业生收费优惠政策落实情况的监督检查，凡不按规定落实收费优惠政策的，要依据法律、法规规定予以严肃处理，确保有关收费优惠政策的贯彻落实。

小贴士

法定收费项目

第一，市场监督管理部门收取的个体工商户注册登记费（包括开业登记、变更登记、补换营业执照及营业执照副本费用）、个体工商户管理费、集贸市场管理费、经济合同鉴证费、经济合同示范文本工本费。

第二，税务部门收取的税务登记证工本费。

第三，卫生部门收取的民办医疗机构管理费、卫生监测费、卫生质量检验费、预防性体检费、预防接种劳务费、卫生许可证工本费。

第四，民政部门收取的民办非企业单位登记费（含证书费）。

第五，劳动保障部门收取的劳动合同鉴证费、职业资格证书费。

第六，公安部门收取的特种行业许可证工本费。

第七，烟草部门收取的烟草专卖零售许可证费（含临时的零售许可证费）。

第八，国务院以及财政部、国家发展改革委批准的涉及个体经营的其他登记类和管理类收费项目。

（三）毕业生就业政策总体走向

作为教育改革重要组成部分的毕业生就业制度改革的目标是，探索并建立一种新的就业机制，使其适应社会主义市场经济体制的要求。发展市场经济需要政策方针的不断完善，同样要求与其配套的就业政策在内容上必须加强。

1. 在就业方针政策指导下，国家应加大对毕业生就业宏观调控的力度

例如，鼓励建立提供人才需求信息、就业咨询指导或职业介绍等的社会中介组织，通过发布社会就业率以及国家各行业和各地区的人才需求信息等，指导毕业生做出正确的职业选择，为毕业生就业提供服务。

2. 实行完全自主择业的就业方式

“就业市场化”是毕业生就业不可逆转的趋势。就业市场化，即指由原来单一的计划派遣方式，转向用人单位与毕业生之间“双向选择、供需见面”，使毕业生通过多种方式就业，如录用、聘用、自谋职业等。只有这样，才有利于人力资源配置的市场化。

3. 培育、发展和健全人才劳务市场

只有建立健全人才劳务市场，运用市场机制来调节毕业生的供求关系，才能实现毕业生资源的优化配置。

4. 进一步完善人事代理制度，建立健全社会保障机制

随着国家人事制度改革的不断深化，“自主择业”“双向选择”的用人机制及全员劳动

合同制、全员聘任制的实行，劳动者从“企业人”“单位人”变为“社会人”，这就要求人事代理制度不断完善。只有进一步完善人事代理制度，才能更有效地为这种转变提供社会保障服务。

5. 加强就业政策和就业法规建设

现在，毕业生择业期延长，毕业生就业难现象更加明显，就业市场化与保障国家重点建设单位需要之间的矛盾更加突出了。上述问题的解决要求不断加强和完善国家的就业政策。同时，通过稳定的毕业生就业法规，可明确就业工作的基本原则，明确劳动人事部门的职责、用人单位及毕业生的权利和义务，真正做到就业程序公正、公开、公平。通过条例法规的形式明确就业相关问题，才能更好地规范毕业生就业市场、就业行为，才能做到有法可依。

三、特殊就业保障政策和措施

为了体现公平就业的原则，国家对劳动者中的特殊群体的就业制定了一些特殊的保障措施。

人才市场上最主要的一个就业障碍就是性别歧视。为此，《中华人民共和国劳动法》规定：在就业渠道上，妇女享有与男子平等的就业权利。在录用职工时，除国家规定的不适合妇女的工种或岗位外，不得以性别为由拒绝录用妇女或提高对妇女的录用标准。此外，《中华人民共和国妇女权益保障法》（2022 年修订，2023 年 1 月 1 日起施行）等法律、法规也从不同角度维护了妇女的各种权益。

残疾人劳动就业也是社会普遍关注的就业问题。国家对残疾人就业实行集中与分散相结合的方针，采取优惠政策和扶持保护措施，通过多渠道、多层次、多种形式，使残疾人劳动就业逐步普及、稳定、合理。国家鼓励和扶持残疾人自主择业、自主创业。福利企业是集中安置残疾人就业的重要形式，因此政府给予福利企业税收减免等优惠政策，鼓励发展福利企业，以吸纳更多的残疾人就业。通过法律、法规的完善和扶持，残疾人个体或自愿组织起来从事的个体经营也得到了很大发展。同时，国家通过加强残疾人就业服务，开展职业技术培训，为其实现就业创造条件，采取各种切实措施，安排残疾人就业，扩大残疾人的就业渠道。

小贴士

扶持高校毕业生创业就业普惠政策清单

一、鼓励高校毕业生自主创业

1. 政府投资开发的孵化器等创业载体应安排 30%左右的场地，免费提供给高校毕业生。有条件的地方可对高校毕业生到孵化器创业给予租金补贴。

2. 高校毕业生从事个体经营的，自办理个体工商户登记当月起，在 3 年（36 个月）内按每户每年 12 000 元为限额依次扣减其当年实际应缴纳的增值税、城市维护建设税、教育费附加、地方教育附加和个人所得税。限额标准最高可上浮 20%，各省、自治区、直辖市人民政府可根据本地区实际情况在此幅度内确定具体限额标准。

3. 毕业后创业的大学生可按规定缴纳“五险一金”。高校毕业生自主创业，可申请最高 20 万元创业担保贷款，对符合条件的借款人合伙创业或组织起来共同创业的，贷款额度可适当提高；对 10 万元以下贷款、获得市级以上荣誉称号以及经金融机构评估认定信用良好的大学生创业者，原则上取消反担保。对高校毕业生设立的符合条件的小微企业，最高贷款额度提高至 300 万元。

4. 实施弹性学制，放宽学生修业年限，允许调整学业进程、保留学籍休学创新创业。

5. 对小型微利企业应纳税所得额不超过 100 万元的部分，减按 12.5%计入应纳税所得额，按 20%的税率缴纳企业所得税；对年应纳税所得额超过 100 万元但不超过 300 万元的部分，减按 50%计入应纳税所得额，按 20%的税率缴纳企业所得税。个体工商户应纳税所得不超过 100 万元部分个人所得税减半征收。

6. 对月销售额 15 万元以下的小规模纳税人免征增值税。按月纳税的月销售额不超过 10 万元，以及按季纳税的季度销售额不超过 30 万元的缴纳义务人免征教育费附加、地方教育附加、水利建设基金。增值税小规模纳税人可以在 50%的税额幅度内减征地方“六税两费”［资源税、城市维护建设税、房产税、城镇土地使用税、印花税（不含证券交易印花税）、耕地占用税和教育费附加、地方教育附加］。

7. 对首次创办小微企业或从事个体经营满 1 年以上的离校 2 年内高校毕业生，给予一次性创业补贴，具体办法由省级财政、人社部门制定。

二、鼓励企业吸纳高校毕业生

1. 小微企业当年新招用高校毕业生等符合条件人员人数达到一定比例的，可申请最高不超过 300 万元的创业担保贷款，由财政给予贴息。对小微企业吸纳离校 2 年内未就业高校毕业生就业的，按规定给予社会保险补贴。对离校 2 年内未就业的高校毕业生灵活就业后缴纳的社会保险费，给予一定数额的社会保险补贴，补贴标准原则上不超过其实际缴费的 2/3，补贴期限最长不超过 2 年。

2. 对吸纳离校 2 年内未就业高校毕业生、16～24 岁失业青年参加就业见习的单位，给予一定标准的就业见习补贴，用于见习单位支付见习人员见习期间基本生活费、为见习人员办理人身意外伤害保险，以及对见习人员的指导管理费用。对见习人员见习期满留用率达到50%以上的单位，可适当提高见习补贴标准。对见习期未满与高校毕业生签订劳动合同的，给予见习单位剩余期限见习补贴。

3. 对招用毕业年度高校毕业生，与之签订1年以上劳动合同并为其缴纳社会保险费的小微企业，给予最长不超过1年的社会保险补贴，不包括高校毕业生个人应缴纳部分。

4. 对企业新录用的毕业年度高校毕业生，与企业签订1年以上期限劳动合同，并于签订劳动合同之日起1年内参加由企业依托所属培训机构或政府认定的培训机构开展岗位技能培训的，取得职业资格证书后给予职工个人或企业一定标准的职业培训补贴。

三、鼓励社会支持高校毕业生创新创业

1. 各地区、各高校和科研院所的实验室以及科研仪器、设施等科技创新资源可以面向大学生开放共享，提供低价、优质的专业服务。纳税人提供技术转让、技术开发和与之相关的技术咨询、技术服务免征增值税。

2. 对国家级或省级科技企业孵化器、大学科技园和国家备案众创空间向在孵对象提供孵化服务取得的收入，免征增值税；其自用及提供给在孵对象使用的房产、土地免征房产税和城镇土地使用税。

3. 符合条件的（投资2年以上）创业投资企业、有限合伙制创业投资企业和天使投资个人，采取股权投资方式直接投资于未上市的中小高新技术企业、初创科技型企业的，可按投资额的70%抵扣应纳税所得额；当年不足抵扣的，可以在以后纳税年度结转抵扣。

4. 金融机构向小型企业、微型企业及个体工商户发放小额贷款取得的利息收入，免征增值税。

第三节　初入职场

一、初入职场应转变的观念

（一）树立职业意识

职业意识是人们对职业劳动的认识、评价、情感和态度等的综合反映，是支配和调控全部职业行为及职业活动的调节器。它包括创新意识、竞争意识、协作意识和奉献意识等方面。职业意识是职业道德、职业操守、职业行为等职业要素的总和。职业意识是用法律法规、行业自律、规章制度、企业条文来体现的。职业意识有社会共性的，也有行业或企业相通的，它是每一个人从事其工作的最基本的意识，也是每一个人必须牢记和自我约束的。

在职业意识中，就业意识指人们对自己从事的工作和任职角色的看法，择业意识指人们对自己希望从事的职业所持有的认识和理解。它们相互依赖对方而又互相影响，它们构成的职业意识支配和调控着我们每一个人的职业行为和职业活动，对我们人生目标的实现有着极其重要的作用。职业意识既影响个人的就业和择业方向，又影响整个社会的就业状况。

大学生应该以职业意识为先导，仔细了解责任意识、团队意识、协作意识、服务意识等职业意识。提高竞争力必须建立在强化职业意识的基础上，认识到它是就业和开展工作的前提。大学生要做好职业生涯规划，有针对性地加强自己的优势，为职业生涯的发展奠定基础。

对工作的认识、感情等，极大地影响一个人的生命价值。有些人仅仅把工作看作一种生存的手段，对工作基本没有什么热情，甚至丝毫不在乎工作的成与败。而另外一些人，把工作当成自己生命的一部分，能积极地对待每项任务，有着饱满的激情，用心去感受工作的乐趣，在工作中实现人生的价值。

一个企业就是一个独立的社会经营团队，是由所有员工组成的一个利益共同体，它既由每个员工来维护、创造，又给每个员工带来生活的经济利益与精神生活。维护团队的声誉和利益，不说诋毁团队的话，不做损害团队的事。分清专业与业余的不同，在扮演职业角色时，要克服自己的弱点，约束自己的行为。时代进步、社会发展突飞猛进，新的知识不断出现，只有具备良好的学习心态、意识，不断“充电”、与时俱进，才能让自己跟上时代步伐，才有可能实现人生价值，从而使我们的生命质量得到提高。

案例与评析

经理为什么发火?

五一假期前，公司经理让职场新人小张在假期做一个本地市场同类产品销售情况的调查，节后上班第一天就上交。好不容易盼到长假却要加班赶报告，小张心存埋怨，也没仔细询问报告的用途，以为是为公司新产品上市做参考，就按照以往的程序，上网查了一下相关资料，再依据经理的“喜好”做了些修改，上班第一天就交了上去。

实际上，经理既想了解竞争对手的真实数据，又需要本公司产品的销售情况分析，而小张上交的这份报告里却没有这些。看到经理难看的脸色，小张忍不住为自己辩解：“我以为您是要做明年的销售计划。”“你以为？你怎么不问我？不要总是‘我以为’，有不明白的就问，更不要自己想当然地做！”经理打断了小张的辩解，狠狠地发了一通火。小张当场就被骂哭了。

事后，经理找到小张，为上次的发火表示歉意，并语重心长地对小张说：“如果你没做好，其实改一下就好了。关键是你还要为自己所犯的错误辩解，这才是我发火的重要原因。”

评析

作为一个职场新人，加班避免不了，错误更加避免不了。但这个时候，千万不要想着怎样为自己辩解，应该找出错在哪里，怎样可以弥补。但刚毕业的大学生由于对即将从事的岗位工作和单位知之甚少，甚至一无所知，眼前一团迷雾，心中一片迷茫，深感空有一身学问而无用武之处，对从大学校园到职场的环境变化感到很不适应。

大学毕业生由于多年一直生活在校园里，在社会阅历和工作经验等方面都相对比较缺乏。轻松无忧的校园生活转变为竞争激烈的职场工作，这对每位大学生而言，在心理上的转变和适应的确需要一个过程。面对日益严峻的就业形势，并不是说找到一份工作就注定会有一个“铁饭碗”。如果不能以良好的状态和心理去适应和融入职场，那么随时都会面临失业的可能。学生在学校学习期间，人际关系和生活环境相对比较单纯，基本上每天都是面对自己的老师和同学。学生在学校可以自由支配自己的时间，参加学校组织的各种各样的活动和团体，生活不仅丰富多彩，而且生活节奏较慢、来自外界的压力相对较小。而职场则不然，公司都是以盈利为主，讲求效率，同时也有着严格的规章制度。员工在公司的主要任务就是工作，要为公司的发展而效力。作为公司的员工，一方面要为公司的业务提升而不断地努力工作，承受工作上的压力；另一方面还要应对企业复杂的人际关系，承受心理上的压力。由于同事之间存在利益的关系，这就直接决定了同事之间的合作关系不会像同学那样单纯，总会受到诸如升迁、奖励等多方面外在因素的影响。因此，同事之间不可避免地会存在竞争，会为了各自的利益和目标而“明争暗斗”。所以，新进公司的大学毕业生，要明确同学与同事的区别，正确处理与同事的关系，要学会“在竞争中合作，在合作中竞争”的道理。

刚刚毕业的大学生，缺乏实际工作经验，从学生到职场人员的角色转变也需要时间。进入职场，告别了学生时代，实现了步入社会的第一步。初入职场难免会遇到诸多的问题和困难，大学毕业生不要灰心，要敢于面对。

（二）认识到职场与学校的差异

1. 校园与职场的要求存在差异

在学校，重视的是学生独立学习与独立思考的能力，团队合作能力在学习过程中并不是主要考核指标。在职场中，更重视团队协作。依靠个人能力完成的工作很少，往往需要依靠团队。所以，对一些刚走出校门进入职场的学生来说，团队合作的意识还不够，依旧处在学生的思维模式中，这是职场新人的一大弱势。

在高校，学校对学生的管理相对来讲是宽松的，而且同学之间关系融洽，可以友好相处。但职场中有严格的规章制度来保证生产服务的不中断和无故障，管理者会对员工进行严格的管理和监控，而且不允许时常犯错。大多数同事之间只有工作关系，没有私人交情，要有忍受住寂寞的心理准备。

2. 校园和职场的需求存在差异

学生在学校里的压力通常来自学业，同学之间也会有竞争，但这种竞争不会影响生存。职场中的竞争与压力比学校要激烈得多，首先是职位上有被取而代之的可能，其次还有争取理想职位的竞争。如果你做的工作实际带来的效益比你的工资要高，那么你就有升职加薪的可能；如果你的实际工作带来的效益低于你的工资，那么你可能就会被辞退。

企业通过提供有价值的产品或服务来满足客户的需求，从而获得利润。刚走上职场的年轻人如果理解企业的这个本质，也就能理解为什么你和领导谈话时因要接听客户的电话而中断，领导不会介意；但与客户会面迟到，领导则会大发雷霆；你和客户发生了争执，即使你是对的，领导依然要在客户面前批评你。这些皆是职场特质。

（三）从学生角色向职业角色转变

1. 学生角色

大学生多处在 18～24 岁这一年龄阶段，是人生中增长知识、发展智力、求学成才的关键阶段。大学生的主要任务是努力学习以专业知识为主的多方面知识，培养以专业能力为主的各种能力。因此，大学阶段是一个接受教育、储备知识、培养能力的重要阶段。另外，由于大学生以学习为主，经济上主要依靠家庭，因此，可以这样界定大学生角色：在社会教育环境的保证下和家庭经济的资助下，学习知识，培养能力，全面提高自身素质，努力使自己成长为合格的人才。

2. 职业角色

职业角色的个性表现得非常具体，但是千差万别的职业角色却有其抽象的共性：职业角色扮演具有自己的社会职位和一定职权；有相应的职业规范和一定的基础知识及业务能力；履行一定的义务；经济独立。因此，可以这样定义职业角色：在某一职位上，以特定的身份，依靠自身知识和能力并按照一定的规范具体地展开工作，在行使职权、履行义务、为社会做出贡献的同时取得相应的报酬。

职业人应具备的素养主要有以下几种：

（1）敬业。工作要积极主动，干就要干得好，做就要做得精。一个人对自己的职业不敬，便是对这一职业的亵渎，其结果是会把事情做坏，给社会和个人带来双重损失。敬业就是研究自己从事的职业，勤勉从事。做事为学，谨慎从事，不怕辛苦，不虎头蛇尾，不见异思迁。

（2）服从。接受单位和领导安排的工作。

（3）感恩。感恩单位和同事，感恩身边的所有人，包括竞争对手。

（4）超前意识。自我管理要高标准、严要求，工作标准永远要比上级领导的要求更高，想到领导前边。

（5）注重人品。不管做什么，要先做人，后做事。要时刻牢记：诚信源于人品，人品比能力更重要。

（6）包容。工作中遇到挫折或受到批评，要学会包容和换位思考。

（7）团队意识。学会主动帮助他人，毫无怨言。要与团队成员相互协作，目标统一。一个团体要保持生机和活力，必须使每一个成员能够相互支持和包容。有人说，一个融洽的工作环境就是成功的一半。

（8）竞争意识。要时常主动寻找差距、创新改善、追求卓越，每天实现自我设定的目标。如果不思进取，迟早会被他人所取代。有了职业，我们还必须有进取心，才能使自己的事业发展起来。如果没有进取心，故步自封，工作上不想精益求精，事业就没有发展的希望。我们在开始工作时，应把积累工作经验、提高工作能力作为目标，这是今后扩大自己事业空间的基础。要爱自己的职业，深思研究工作的可改进之处，常保进取的决心。进取心不仅是“成业”的要素，也是“成己”的要素。

3. 学生与职业人的区别

（1）承担的责任不同。大学生以学习、探索为主要任务。大学生在学习方面可以依靠老师，有问题都可以去请教；在生活上有困难可以依靠父母。成为一个职业人以后，应尽快地适应社会。首先必须学会服从领导和管理，迅速适应上级的管理风格。职业人如果在工作中犯了错误，要承担成本和风险的责任，还要承担相应的社会责任。

（2）面对的环境不同。大学生在校园里的生活方式相对单纯。成为职业人后，在竞争激烈的职场上，面临的社会环境是快速的生活节奏、紧张的工作，自由支配的时间较少，有时还要接受不同地域的生活环境和习惯。由于缺乏实际工作经验，大学毕业生开始工作时往往不能得心应手，感觉工作压力显著增加，产生很大的心理负担。

（3）人际关系复杂程度不同。处理好人际关系是每一个大学毕业生走上社会后必须学会的课题。社会上的人际关系相对于学校中的同学、师生关系要复杂得多，大学毕业生初入职场会不适应。另外，不同的环境对人的影响和要求也不同。

（4）面对的文化环境不同。作为学生，学习时间可弹性安排，有较长的节假休息日；教学大纲布置清晰的学习任务；学术上多鼓励师生讨论甚至争论；布置作业或任务往往会规定完成时间；公平对待学生；以知识为导向；学习的过程以抽象性与理论性为主要原则等。参加工作后就不同了，上下班要遵守考勤制度；领导交办的工作任务需要按时完成；不遵守工作纪律，轻者影响考核得分和工资待遇，重者还会受到处分，甚至有解除劳动合同、丢掉工作的风险。

在学校，你的身份是学生，而成为职业人后，你就有了自己的职业角色。也许你觉得自己还没准备好，怕扮演不好自己的角色，这就要不断向同事、前辈学习，但应记住职场里没有人有教导你的义务。

二、初入职场所面临的问题

大学生对社会和职场的认识，容易产生两种极端：一种极端是对社会和职场的复杂缺乏基本的认知和准备，过于天真和无知；另一种极端则是过于悲观，对现实的无奈和失望使他们对自己的人生规划抱有强烈的抵触意识，又因为过于理想化而导致苛刻、偏激、狭隘、封闭。事实上，社会和职场既没有有些人期望的那么美好，也没有另一些人想象的那么糟糕，它复杂而真实，需要我们将片面的、绝对的、理性的、批判式的思维转化为感性的、同情式的理解和认同，用坚强而温和的眼光及胸怀去接纳。大学生需要用一种更现实、更客观、更温情的眼光来看待社会、职场和自我。应该牢记，在书本上、网络上抽象地批判人性，与实际地同真实的人接触的感受是不一样的。

有很多职场新人不能正确认识社会和自我，直接表现为社会适应能力低下和职业角色意识模糊。有的刚毕业的大学生无法胜任工作；有的缺乏主动性，不主动去思考、解决问题，不说他就不知道该干什么；有的是抱着打工心态，“当一天和尚撞一天钟”，时刻准备跳槽；有的太过于强势和主动，总想去改造别人，还想让上司听他的；有的拒绝承担个人责任，习惯上推下卸，敷衍塞责，不能自动自发地努力表现；有的自以为是，清高孤傲，不能委曲求全；有的没有危机和竞争意识，对同事和工作没有兴趣和激情，常常事不关己高高挂起，独善其身，不愿主动地帮助他人。

职场新人面对新环境主要有以下表现。

（一）感觉工作压力大

许多刚参加工作的职场人都有这样的想法：工作压力太大了，想换份稳定又轻松的工作。尤其是一些大学生，从小在父母的百般呵护下长大，没吃过苦，这种想法尤为强烈。在学校习惯了悠闲的读书时光，转而进入职场，工作压力大是很多职场新人的共同感受，面对新的环境、同事、工作，他们感到措手不及，无所适从。

（二）缺乏工作兴趣

初进职场，发现工作中琐碎的事情很多，枯燥无趣成了工作的主旋律。此时，对工作的抱怨悄然而生，甚至影响了个人的情绪与生活。改变工作还是改变自己？或许我们应该尝试去弄清楚现实的情况。

首先，职场新人应该意识到，在试用期，公司往往重点考察员工的个人品质、工作态度和行为模式，行业不同，公司的考察侧重点也不同。当个人基本功与职业素养达到一定水平时，才可能获得较高一级的岗位或者承担重要的工作。近几年，用人单位都反映职场新人的离职率较高，主要是因为职场新人眼高手低、好高骛远。因此，对于职场新人而言，心态尤为重要，要以长远的眼光来看待个人职业生涯的发展。

其次，自己的职业兴趣何在？这个问题应尽早考虑。大学生在校期间应积极参与实习实践，发现个人的兴趣与职业的结合点，以此作为择业的参考。

最后，当发现实在无法培养对目前工作的兴趣，只是出于专业或再就业困难等因素的限制而不得不在现有岗位发展时，一方面应努力完成本职工作，另一方面应在工作之外积极发展或追求个人兴趣，丰富个人生活，为今后有机会选择自己感兴趣的工作创造条件。

（三）感觉理想与现实的落差较大

大学生步入社会，就意味着要从学生角色向职业角色转变。大学生刚参加工作，被人认可的愿望十分强烈，但往往会被领导指派做一些简单的操作性、流程性的工作，甚至是一些打杂跑腿的工作。而大学毕业生，曾经都是学校里的高才生、“天之骄子”，如今却只是一名普通员工，做着简单的工作；进的是名牌大学，学的是热门专业，但却没有获得期望的薪酬和地位。这种期望值的落差，让许多大学毕业生无所适从，无法安心工作，尤其看到本单位的部分领导无论是学历还是能力上都跟自己无法相比的时候，这种心理的落差更大。这种心理的落差将导致大学毕业生心态浮躁，对未来愈加迷茫。

（四）急于求成，遭受挫折后不能承受压力

大学毕业生进入职场，一方面对工作急于求成；另一方面，遭受挫折后，心理负担较大，无法承受工作压力。大学生在校期间学习到的知识非常有限，很多书本知识由于教育的滞后性，已经过时，很多工作知识需要在工作实践中不断学习、补充。因此，大学毕业生参加工作之后，还需要摆正心态，重新去学习，以使自己能胜任现有工作。而且，在工作中的任何错误都有可能造成本单位的经济损失，所以任何小小的失误都可能会招致同事或上级的批评，带来难以承受的压力。对于刚毕业的大学生，这些心理压力如果不能得到有效的释放或者化解，就可能转化成对单位或同事的抱怨，无法使自己在技能上提高，无法融入集体、同他人建立良好的人际关系，最终导致心理失衡的现象更加严重。

（五）“围城”思想严重，盲目感较强

大学毕业生初入职场，心智还不成熟，跟同事交流过程中，往往会受外界影响，总认

为自己所在的岗位、工作环境乃至行业中存在这样或那样的问题，对自己目前的状况和工作不满。这主要是因为他们思考问题时的外向型心理，总是认为所有目前的不如意都是单位和他人的错，而没有反思自我，站在社会或单位的角度考虑这些问题，造成对自己的定位不清楚，目光短浅、眼高手低、互相攀比，当不满情绪积累到一定程度后，稍不如意就一走了之。

（六）无法胜任工作要求

大学毕业生对在大学学习的知识掌握得很好，但在实际工作当中却发现知识远远不够用，感觉达不到单位的要求。现在学校里的教育偏向于理论，但是理论如果不应用于实践则几乎没有用处。大学生就业后最紧要的是尽快熟悉和掌握新知识，以适应工作需求，把在学校中学到的理论转化为实际应用。

（七）抱怨薪水低

如果你对自己所负责的任何工作都能尽力而为，做到问心无愧，并时刻想着怎样才能更好、更快地提升自己，那么偏低的薪水绝不会持续很长时间，因为你很快就会得到提升。如果总是为自己到底能拿多少工资而大伤脑筋，那么就会看不到工资背后的成长机会。事实上，决定我们未来发展的是在工作中得到的技能和经验，而不应计较暂时所得的收入。

（八）不能与人很好地交往

与人交往是每一个人生存的社会需要，不能很好地与人交往就会产生孤独、寂寞、抑郁、焦虑等不良情绪。人的交往能力不是与生俱来的，后天环境熏陶和有意识地培养的程度不同，每个人的交际能力也必然不同。进入一个新的环境，开始的寂寞总是难免的。有的人能够很快地与其他同事打成一片，可也有的人进入职场看到要和这么多不熟悉的人和事打交道，立刻感到手足无措。有的大学毕业生工作能做得很好，但是不善于和其他同事交往，形单影只，无法融入集体生活。

案例与评析

一杯咖啡

一家公司驻上海办事处招聘一位销售助理，广告登出后，前来应聘者有200多人。经过一定考核程序后，最终确定3人进入最后一轮面试。

因为职位只有一个，所以竞争非常激烈，气氛相当紧张。为了缓和一下大家的紧张情绪，主考官问：“你们几位想喝点什么？饮料、咖啡都有。”三人都要了咖啡，工作人员送来了第一杯咖啡。甲说：“哎呀，这杯咖啡既加奶又放糖，我喝咖啡从不加奶放糖。”乙说："我喝加奶不放糖的咖啡。"丙说："那这杯给我吧，我无所谓，什么都行。"

正式面试还没开始，甲和乙两人已经被主考官否定了。

尽管他们三人能力都很强，电脑技能、英语水平等基本条件同样出色，但主考官最后还是录用了丙。

评析

这个求职案例中的甲和乙两人显然犯了一个错误，他们把面试的环境当成了自己平时的生活环境，想让环境适应他们，而不是自己去适应这个环境。在一个现代化企业里，团队合作精神是非常重要的，销售助理的职位必须具备相当的忍耐力和自制力。但是甲和乙连喝咖啡这样的小事都如此挑剔，怎么能无怨无悔地为其他人服务呢？

三、转换角色，调整心态

由低到高，这是自我表现的一种艺术。能屈能伸，能上能下，正是赢在职场的一种策略。

根据社会心理学的角色理论，大学毕业生从学生角色到职业角色的转换，必然伴随着角色冲击、角色学习和角色协调等一系列过程。因此，大学生在开始自己的职业生涯之前，应该学习一些相关的知识，对自我、对社会，尤其是对即将从事的职业进行深入细致的了解和调查分析，找出自身的不足，提高心理承受力，加强角色认知，做好上岗前的各项准备，顺利地实现角色转换。

（一）心理学上的角色转换

1. 社会角色

就像演员在舞台上扮演不同的角色一样，每个人也处在不同的社会地位，从事不同的社会职业（或中心任务），都要有相应的个人行为模式，即扮演不同的社会角色。因此，社会角色就是个人在社会关系体系中处于特定的地位并符合社会要求的一套个人行为模式。

2. 角色转换

通常一个人会经常变换自己的角色，比如说下班回家，就要从职业角色变换为家庭成员角色。这种经常性的由上级到下级、由领导到子女、由学生到老师、由主人到客人的变换即为角色转换。从事职业（或中心任务）的变化、职务的升迁、家庭成员的增减等，都会产生角色转换，角色转换的过程中必然会伴随着不同角色的冲突。

角色冲突是普遍存在的，不过，可以通过角色协调使角色冲突尽可能地降至最低限度。协调角色冲突的有效方法是角色学习，即通过观念培训，提高角色扮演能力，成功转换角色。

（二）学生角色向职业角色转换的两个过程

大学毕业生从学生角色转换到职业角色的过程中必然伴随着角色冲突。只有尽早做好准备，形成职业角色观念，提高职业角色技能，增强角色扮演能力，才能使自己的职业生涯有一个良好的开端。现在不少大学生在思考自我与社会的关系、自我与职业的关系时，将社会化等同为“丧失自我”，并从内心排斥社会化。从中我们也可以看出，从学生向职业人的角色转化，表面上表现为职业化，但深层次的东西其实是对社会和自我的正确认识，是一个社会化的过程。大学生工作适应最突出的障碍就是以自我为中心，不能正确地认识自我，不能正确地认识社会、职业和他人。因此，充分把握好毕业前后两个阶段至关重要。

1. 毕业前夕的角色转换

目前，我国大学毕业生在每年 7 月离校，奔赴工作岗位，但是择业一般从毕业前一年的 11 月份就开始了，前后共有半年多的时间。可以说，这是大学生转换角色的重要阶段，主要表现在以下几个方面：

（1）毕业前夕是择业的黄金季节。大学生通过与用人单位“双向选择”的过程，可以加强对用人单位的了解，确定自己的职业定位，进而通过签订就业协议书来确定自己的角色。

大学生在与用人单位接触的过程中，能够比较全面地了解到用人单位的基本情况，切身体会到社会对自己的认可程度，并依据自身感受调整职业期望值，实事求是地定位自己的职业。这是从学生角色向职业角色转换的第一步，为大学生的职业角色确定了一个基调，对角色的转换将产生深远的影响。

（2）提前奠定良好的心理基础作为知识技能基础。一般来说，在校期间的学习环境、学习条件、时间和精力对知识的学习和技能的训练都是较为理想的。因此，从就业协议书签订到毕业离校这段时间，是有针对性地学习知识、培养能力进而转换角色的最佳时期。在这段时间内，除了按照学校正常教学计划完成课程的学习、实践和毕业论文外，还应该进行如下学习和训练：

第一，学习与未来工作岗位有密切关系的专业知识和专业技能。大学的课程设置总体上偏重于基础知识的学习和基本技能的培养，而不一定涉及特定岗位上所需要的专业知识和技能。同时，通过学习和训练，还可以加深对未来职业岗位的认同，培养职业兴趣。

第二，进行非智力因素技能训练。大学毕业生智力上的差距并不太大，而非智力方面的技能却是影响毕业生择业、就业和创业的重要因素。毕业生要敢于表现自己，克服在公众面前害羞、胆怯等人格心理方面的不良现象，这是给人留下良好印象的前提和关键；还要善于表现自己，主要是要提高书面表达能力和口头表达能力。在与人交往的过程中要诚恳而不谦卑，自尊而不骄傲，不急不躁，以富有感染力的幽默语言来展示自己的魅力。

第三，进行必要的心理准备，特别是“受挫准备”。大学毕业生大都很有才华，但并非都能在自己的工作岗位上成功。过硬的职业技能对职业成功固然重要，充分的心理准备更是不可缺少的，特别是要有“受挫”的心理准备。一般来说，任何事情都不会一帆风顺，如果心理准备不足，就会产生过激情绪，导致能力不能充分发挥，在愤世嫉俗的言行中使自己的才华泯灭。因此，在校期间要充分做好心理上的“受挫准备”，在事业顺利的时候不沾沾自喜，以平常心态对待工作；在屡试屡挫的境地中，不懈追求；在似乎“一文不名”的岗位上奋发向上，一鸣惊人。这是事业成功者的必备素质。

2. 见习、实习期内的角色转换

大学毕业生参加工作后的一年或半年为见习期，之后转为正式员工，有人形象地称这一时期为“磨合期”。初到工作岗位，物质和人文环境与大学相比，都有很大的区别。从大学学习环境到职业环境的变化，往往会加剧角色冲突，为此，大学毕业生应该加强见习、实习期内的角色学习，使角色转换顺利实现。

一般来说，大学毕业生要在较短的时间内获得同事的认可和领导的肯定，应当从以下四个方面提高和锻炼自己：

第一，要善于合理地展现自己的知识和能力。大学毕业生一般会因为具有新知识而受到同事的青睐和尊敬，但也有可能与同事之间产生一定的距离。因此，大学生在同事面前一定要表现得谦虚、随和，在尊重同事丰富经验的同时，适时适度地展现自己的知识和能力。

第二，要树立工作的责任意识。大学毕业生对未来都有美好的期望，都想在事业上大干一场，建功立业。但是多数人在走上工作岗位之初，一般不会被委以重任，而是先从最简单的辅助性工作做起，这也符合人才成长的基本规律。但是，有不少人凭着对工作的新鲜感和学识上的优越感，认为自己是大材小用了，对一些工作不愿意干，甚至开始闹情绪。其实，这是缺乏责任意识的表现。干任何一项工作，都要有足够的热情，更要有丰富的经验和随机应变的能力。这种经验和能力的获得并非一朝一夕之功，它需要在平时的工作中积累和训练。因此，不管任务大小、分工高低，大学毕业生都要以满腔的热情、高度的事业心和责任感认真对待，圆满完成。

第三，要培养实事求是的工作作风。大学毕业生具有较强的自尊心和自立意识，能在工作中独当一面。尽管很多人对待工作的态度是认真谨慎的，但在很多时候，工作中还是难免会出现失误。工作失误并不可怕，可怕的是不能正确地认识失误，不能实事求是地去承认错误。工作中一旦出现失误，就要认真地分析原因，总结经验教训；同时要敢于向领导和同事承认，开展批评与自我批评，并勇于承担责任，以获得领导和同事的理解；另外，要虚心学习、请教，避免类似失误再次发生。

第四，要重视岗前培训。岗前培训对于刚刚走上工作岗位的大学毕业生的角色转换是非常重要和必要的，不仅能让新员工了解单位的基本情况，熟悉规章制度和工作程序，更重要的是让新员工通过岗前培训树立集体主义观念，培养协调能力和奉献精神。从某种意义上讲，岗前培训可以直接反映出新员工的素质高低，因此单位都非常重视，并依此分配岗位。大学毕业生一定要以认真的态度把握好这样一次充实自己、表现自己和提升自己的良机。事实证明，很多大学毕业生就是因为在岗前培训期间显露才华，表现出色，而被委以重任。

大学生在学校所学的专业知识和经验，离社会的实际要求肯定有很大的差距，用人单位真正看重的并不是简单的成绩单，也不是学历学位，而是职业意识和职业素养。专业知识和经验不是阻碍大学生角色转化的最大难题，从小学到大学毕业，十几年的学习经历让我们积累了丰富的学习经验，参加工作后的岗位专业知识一定能轻松搞定，工作经验也一样能扎实积累。但是，职业态度、职业意识、职业道德、职业行为、职业技能等职业素养才是我们大学生的“软肋”，这些方面的欠缺在职业适应阶段都会表现出来。

从职业素养的角度而言，动态地看，职业化就是个性的发展要适应共性的要求，将外在要求内化为自我修养，按照职业要求改造自我的过程；静态地看，职业化就是训练有素的行为规范。

从外在呈现来看，职业化表现在职业资质、职业态度、职业意识、职业道德、职业行为、职业技能等方面，要充分符合工作的需要，其中知识、技能、态度尤为重要；而从内在来看，所有看得见的表现都是由看不见的价值观决定的，因此，职业化是内力的外显。如果将这两者结合起来看，职业化给人的观感是：第一层次看穿衣戴帽；第二层次看待人接物；第三层次则是看价值观。

职业适应性的形成与发展是个体社会化的一项基本任务，是每个准备走上工作岗位、进入社会生活领域的青年必须解决好的一个重要问题。职业适应性的具体内容包括正确的职业价值观，自觉的择业意识，对相关职业要求和自己职业适合性的全面了解，比较成熟的职业理想，对相应职业角色在意识与行为两方面接纳的程度，以及在此基础上形成的正确的自我期待等。当代大学生是社会发展的生力军，但从年龄特征上看，仍然处在由不成熟向成熟发展的过渡阶段。由于学校生活的相对封闭性，大学生的职业适应能力大多处于萌芽阶段。然而，从当前人才市场和就业模式的要求看，大学生的职业适应水平已成为各项基本素质中的一项核心内容，不仅在某种程度上决定了大学生就业的成功率，而且对大学生就业后的发展前景也具有十分重要的影响。

小案例

实力与学历

一位计算机专业博士研究生，毕业后找工作，结果好多家公司都不录用他。思前想后，他决定收起所有证明，以一种“最低身份”去求职。

不久，他被一家公司录用为程序输入员，这对他来说简直是“高射炮打蚊子”，但他仍干得一丝不苟。

不久，老板发现他能看出程序中的错误，非一般的程序输入员可比。这时他亮出学士学位证，老板给他换了一个与其专业对口的岗位。过了一段时间，老板发现他时常能提出许多独到的有价值的建议，远比一般的大学生要高明。这时，他又亮出了硕士学位证，于是老板又提升了他。

又过了一段时间，老板觉得他还是与别人不一样，就对他“质询”。此时他才拿出博士学位证，老板对他的水平有了全面认识，毫不犹豫地重用了他。

训练与评估

1. 做一项专业人才需求调查，以小组为单位，撰写不少于800字的《________专业人才需求调查报告》。

2. 在课堂上分享各小组调查结果，可用PPT等形式，从调查方式、对象、内容、结果、材料整理、效果展示、分工合作等方面进行交流。

好书荐读

书名：《杰克·韦尔奇自传》

作者：[美] 杰克·韦尔奇，约翰·拜恩

译者：曹彦博，孙立明，丁浩

出版社：中信出版社

内容简介：

1999年，杰克·韦尔奇的这部自传一问世，就吸引了世界的目光，并以700万美元的天价创下了当时美国传记出版收入之最。如今，20多年过去了，该书中文版的销量也早已突破百万大关，成为企业家传记类图书中少有的几部必读经典畅销书之一。

这是唯一一部韦尔奇注入毕生心血、亲笔写就的个人传记。在这本书中，韦尔奇首次透露了他的青年岁月、成长历程、管理秘诀，以及如何开创了一种独特的管理模式帮助庞大多元的商业帝国摆脱庞大体制的痼疾，走上灵活主动的道路。他用自己特有的韦氏语言，把人生体悟、职业经历、管理经验巧妙地结合在一起，造就了一部富有智慧、独具韵味而又发人深思的管理传奇。

影视荐赏

片名：《黄大年》

导演：成科

剧情简介：该片通过科学家黄大年不忘初心、至诚报国的感人事迹，讴歌了以黄大年为代表的科技工作者赤诚爱国的情怀和忘我奋斗的科研精神。

《黄大年》用电影艺术的多种表现手段，讲述了时代楷模黄大年不忘初心，把爱国之情、报国之志融入祖国科技事业的感人事迹，展现了以黄大年为代表的新时代科技工作者的光辉形象。影片真实再现了黄大年归国后惜时不惜命的工作状态，讲述了黄大年科技报国、无怨无悔的精彩人生，带领团队取得的科研成就为实现中华民族伟大复兴的中国梦贡献了智慧和力量，生动诠释出“大地之子”的家国情怀，用光影和镜头的变化展现黄大年不平凡的人生足迹，表达对英雄的敬意，震撼着观众的心灵。梦想因执着的信仰而变得崇高，人生的价值只有融入家国与时代，才能迸发出蓬勃的伟力。电影《黄大年》点亮了一盏英雄的明灯，用爱国之志去抒写壮阔的时代华章。

2020年，电影《黄大年》入选“2021年全民国防教育万映计划重点推介影片”。

第二章

职业生涯规划

知识目标

1. 了解职业生涯规划的意义。
2. 掌握职业生涯规划的步骤。
3. 掌握自我探索的方法。
4. 掌握探索工作世界的方法。

能力目标

1. 能够进行自我探索。
2. 能够进行工作世界探索。
3. 能够制定并管理职业生涯规划。

价值目标

1. 勇担使命，树立实现中华民族伟大复兴中国梦的远大理想。
2. 坚定在为社会和国家做贡献中实现人生价值的信心。
3. 培养自我认知能力。
4. 培养社会责任感。
5. 培养自我管理能力和执行力。

第一节　认识职业生涯规划

知彼知己，百战不殆；不知彼而知己，一胜一负；不知彼不知己，每战必殆。

——《孙子兵法·谋攻》

古人说："凡事预则立，不预则废"，"一年之计在于春，一日之计在于晨"。无论是一年还是一天，要想有所成就，必先做计划。可见计划的重要性。父母"望子成龙"，老师、亲朋都盼望我们能拥有一份自己的事业，而我们则想找到自己喜欢的工作，实现自己的人生理想。那么，如何才能在自己的人生旅途上有所建树，实现自身价值，为社会贡献力量呢？职业生涯规划会指导我们过上快乐、成功和充实的生活。

小故事

哈佛大学有一个非常著名的关于目标对人生影响的跟踪调查，调查对象是一群智力、学历、所处环境都差不多的年轻人。调查结果显示：3%的人有清晰的长期目标，10%的人有清晰的短期目标，60%的人有模糊目标，27%的人无目标。25 年后的调查表明：

属于 3%的人们，25 年来他们朝着一个方向不懈努力，几乎都成为社会各界的成功人士，其中不乏行业领袖、社会精英。

属于 10%的人们，他们的短期目标不断地得到实现，成为各个领域中的专业人士。

属于 60%的人们，他们安稳地生活与工作，但都没有什么特别的成就。

属于 27%的人们，他们过得很不如意，并且常常抱怨他人，抱怨社会，抱怨这个"不肯给他们机会"的世界。

通过这个故事，你可以思考一下你属于哪一种类型的人、你要成为哪一类人。

一、职业生涯规划的概念

生涯，是指从事某种活动或职业的生活。它是一个动态的历程，不只发生在人生的某个阶段，而是伴随人的一生。因为遗传、家庭、经历、所处社会环境等的不同，每个人的生涯也会不同。

职业生涯，是指一个人一生的工作经历，是职业、职位的变动及工作理想实现的整个过程。

从历史的角度看，"职业生涯"这一概念还很年轻。几十年前，它对人们的影响还不大。近几十年来，社会经济发生巨大变化，创造出各种工作机会，社会提供了很多可供选择的岗位。人们需要审视自己的个性特点，调查工作世界，选择最佳的就业机会。其实，职业生涯不仅仅是一份职业或一项工作，它还是个人通过从事工作所创造出来的有目的的、延续不断的生活模式。更确切地说，生涯在本质上是一个持续一生的过程，它受到个人内在和外在力量的影响。

职业生涯规划，是在对个人职业生涯的主客观条件进行测定、分析、总结研究的基础上，确定最佳的职业发展方向，并为实现这一目标做出行之有效的设计与安排。用通俗的话说，就是给自己确定一个合适的目标，并想办法实现它。

思考与练习

在职业生涯规划中，有人提倡：

在职业生涯早期，对自己锻炼最大的工作是最好的工作；

在职业生涯中期，最好的工作是收入最多的工作；

在职业生涯后期，自己人生价值能获得最大程度的实现的工作是最好的工作。

你赞成吗？

美国职业规划大师康纳德·舒伯认为，一个完美的人生，未必仅仅依赖于职业角色的完美，更多的非职业角色使人生有更多实现的可能。职业生涯规划不应该简单地等同于找工作，或者仅仅与工作相关。舒伯的生涯彩虹图如图 2－1 所示。规划的目的是使我们对学习的目的有清楚的认识，并且对将来所要从事的工作富有热忱。规划的时间越早，你就越容易集中所有的能量和资源去实现目标，成功的可能性就会更大。

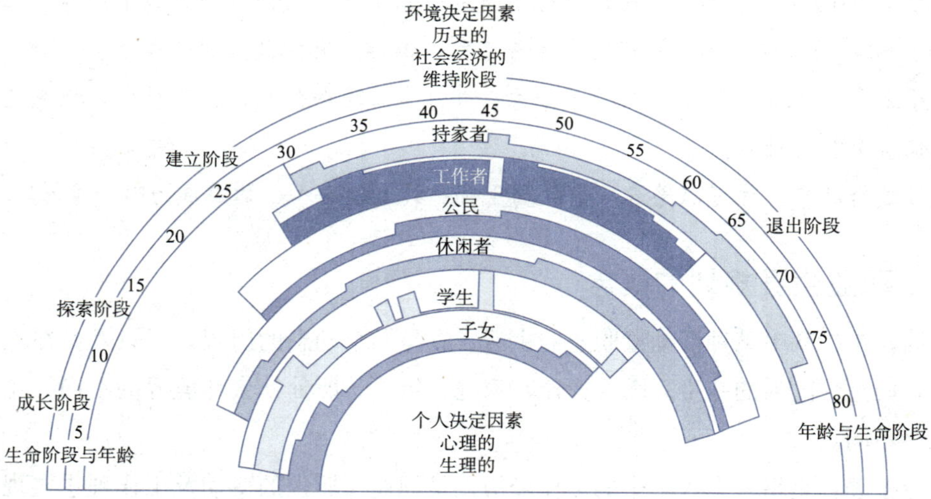

图 2－1　舒伯的生涯彩虹图

二、职业生涯规划的意义

职业生涯规划对于大学生实现自己的人生价值、获得一生的幸福都具有特别重要的意义，具体表现在以下几个方面。

（一）激发自我实现，培养积极向上的人生观

自我实现，就是一个人自身价值的充分发挥。它可能是“事业有成”“功成名就”，也可能是“兢兢业业”“默默无闻”。职业生涯规划是用科学的方法来客观、全面地认识自我，了解社会对人才的需要，根据自己的实际情况，确定自己的发展方向与目标，用积极

的态度去实现自己的人生理想。

（二）树立职业生涯规划意识，提高生涯规划能力

制定职业生涯规划时，通过对自己的兴趣爱好、性格特征、专业特长、价值追求等做充分、全面的分析，可以帮助自己进行正确评估，准确地为自己定位，明白自己更适合什么样的工作、自己将来有可能在哪些方面获得成功。清晰的职业生涯规划，能提升自己的自主意识和责任意识，为今后的事业发展做全面、长远的打算。

（三）树立明确的职业目标和职业理想

职业生涯规划有助于大学生通过对自己职业生涯中的主观条件进行分析总结，以及对外部职业世界的了解，树立明确的职业发展目标与职业理想。大学生通过评估个人目标与现实状况，学会运用科学的方法，采取切实可行的步骤和措施，不断增强自己的职业竞争力，实现自己的职业目标与理想。

（四）增强就业核心竞争力

好工作不是依靠运气得来的，对大学毕业生而言，它是多种因素共同作用的结果。影响大学生求职的因素包括学校培养质量、专业与社会需求和来自大学生的主观因素，如个人综合素质、就业观念、性格志趣、价值追求、家庭背景，以及学校就业指导工作是否到位等。对于大学生而言，职业生涯规划就像一座灯塔，指引着自己在追求人生目标的道路上前进。当你在前进道路上遇到困难、坚持不住而想放弃时，职业生涯规划会使你产生源源不断的动力，支持你坚定地走下去，到达成功的终点。

案例与评析

杜拉拉升职记

杜拉拉从最初树立进世界500强外资企业工作这个职业梦想开始，到一次次迎接高难度工作的挑战并顺利过关，她的出发点其实特别简单：仅仅是因为想学更多的东西，完成好“分内”的工作。而她从销售助理转而担任总部行政主管，最终成为中国总部的人力资源总监，只因她“不想一辈子当秘书，我还有自己的职业理想”。这些看似无意识的行为正好完成了一个职业生涯规划的过程，使她最终走向了成功。

评析

如果每个人能够读懂杜拉拉所运用的这些职场升职“计策”，能够更主动、更早一些做好自己的职业生涯规划，相信大家的职业发展必定也能像杜拉拉一样出色，甚至比

杜拉拉更加精彩亮丽。杜拉拉的故事告诉我们，能正确进行职业生涯规划的人往往比缺乏职业生涯规划的人更容易获得成功。

三、职业生涯规划的分类

按时间的长短划分，职业生涯规划可分为人生规划、长期规划、中期规划、短期规划四种类型，见表 2－1。

表 2－1　职业生涯规划的分类

类型	定义及任务
人生规划	整个职业生涯规划，可长达 40 年左右，设定整个人生的发展目标。
长期规划	5～10 年的规划，主要设定较长远的目标。
中期规划	一般为 3～5 年的目标与任务。
短期规划	3 年内的规划，主要是确定近期目标，规划近期完成的任务。

四、职业生涯规划的步骤

课堂活动

旅游计划

1. 将一张世界地图挂在黑板上。

2. 请同学参照世界地图，为自己制订一份详细可行的旅游计划。

3. 同学们每 3 人为一个小组讨论：

——你的旅游计划的具体内容是什么？

——你制订这个计划经过了哪几个步骤？

——你将如何落实这个旅游计划？

——这个过程与职业生涯规划有哪些相似之处？

小组总结，并在全班讨论交流。

其实，职业生涯规划并不难，它和制订一份旅游计划有很多相似之处。如目标的制定、实现的过程，都与个人的兴趣爱好和自身条件等相关，对目标和过程的选择没有绝对的好坏之分。俗话说，条条大路通罗马。不同的路有不同的风景，所以在旅游行程的选择上，没有哪条路是绝对好的，只有对某人某时比较合适的路。对个人的职业生涯发展来说，也是如此。对目的地信息的了解，可以让你对行程更有把握。无论对信息有多么细致的了解，也要有对风险和意外的心理准备。你能否如愿以偿，这在很大程度上取决于你是计划的推动者还是依赖别人或环境。

要进行完整而有效的职业生涯规划，有以下 5 个步骤，即自我探索、环境分析、确立目标、方案制定与实施以及反馈评估。

（一）自我探索

自我探索的内容主要是探索与个人相关的所有因素，包括兴趣、性格、价值观、能力等，即“知己”的过程。在这个过程中，要弄清楚自己喜欢做什么、适合做什么、看重什么、能够做什么。自我探索是职业生涯规划的第一步，它是职业生涯规划的基础，也是能否获得可行的规划方案的前提。

（二）环境分析

环境分析包括对社会环境、政治环境、经济环境、组织环境，以及自己与环境的关系、环境对自己的有利条件与不利条件等方面的了解，以求相应地调整自己，适应环境的要求。外部环境分析即“知彼”的过程，“知彼”更重于“知己”。

（三）确立目标

确立目标是职业生涯规划的核心。因为制订个人职业生涯规划就是为了实现某种职业目标，进而获得自己的理想生活。确立的职业目标，可以是人生规划，也可以是长期目标、中期目标或短期目标。通常，我们应根据对社会宏观环境和个人情况的分析，确立自己的人生目标和长期目标，然后再进行目标分解，将目标分解为符合自身情况的中期目标或短期目标。

（四）方案制定与实施

职业生涯规划是为实现职业生涯目标而制订的行动计划。方案制定与实施是职业生涯规划的关键。在我们已经确立了职业生涯目标后，就要制定相应的行动方案来予以执行。如果没有切实可行的执行方案，没有严格有效的执行措施，再美好的目标也只是镜中花、水中月。

（五）反馈评估

反馈评估就是根据主客观条件的变化，及时对规划的目标和行动方案做出调整，从而保证方案不偏离自己确立的目标方向。反馈评估是一个再认识、再发现的过程。

上述 5 个步骤可用图 2－2 表示。

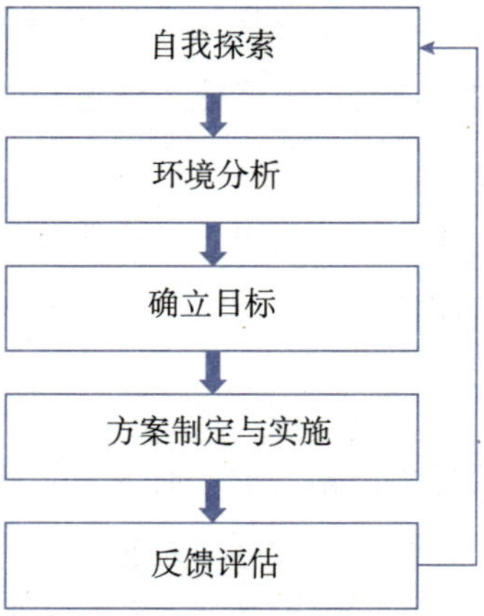

图 2－2　职业生涯规划的步骤

思考与练习

小王的职业生涯规划

小王刚进入大学的时候就发现大学生就业形势严峻，特别是看到很多师兄师姐求职的结果不如意，他对前途产生了迷茫感。为了使自己的大学生活过得有意义，毕业时能得到一份满意的工作，他经常与学校就业办联系，寻求老师的帮助。就业办的职业规划辅导老师让他做一份详细的职业规划，他总觉得没有什么意义。自己对自己最了解，为什么还要做一份规划呢？就这样，小王一直到大学毕业时也没有进行职业规划，虽然他有自己的奋斗目标，但目标却经常发生变化。看到很多有职业规划的同学纷纷找到了工作，而他仍然无所适从。

最后，小王只好求助于职业顾问。在与职业顾问交流的过程中，小王发现很多三十多岁的白领也来补做职业规划，有的甚至已经到了一定的职业高度，却遇到了职业瓶颈，深受当初没有职业规划之苦。小王这才真实地感受到职业规划对人生的重要性，于是在职业顾问的帮助下，小王详细地做了职业生涯规划，并找到了适合自己的工作岗位。

思考：

1. 小王的奋斗目标为什么会变来变去？

2. 小王的职业生涯规划故事对你有何启示？

小故事

新生活是从选定方向开始的

比塞尔是西撒哈拉沙漠中的一个小村庄，它位于一块 1.5 平方千米的绿洲旁，可是在肯·莱文 1926 年发现它之前，这儿的人没有一个走出过大沙漠。肯·莱文作为英国皇家学院的院士，当然不相信这种说法。他用手语向这儿的人询问原因，结果每个人的回答都是一样：从这儿无论向哪个方向走，最后都还是要转到这个地方来。为了证明这种说法的真伪，他做了一次实验，从比塞尔向北走，结果三天半就走了出来。

比塞尔人为什么走不出来呢？肯·莱文非常纳闷，他便雇了一个比塞尔人，让他带路，看看到底为何。他们带了半个月的水，牵上两匹骆驼，肯·莱文收起指南针等设备，只拄着一根木棍跟在后面。10 天过去了，他们走了很远的路程，第 11 天的早晨，一块绿洲出现在眼前。他们果然又回到了比塞尔。这一次他终于明白了，比塞尔人之所以走不出沙漠，是因为他们根本不认识北斗星。

在一望无际的沙漠里，一个人如果凭着感觉往前走，他会走出许许多多、大小不一的圆圈，最后的足迹十有八九是一把卷尺的形状。比塞尔村处在浩瀚的沙漠中间，附近根本没有参照物，若不认识北斗星又没有指南针，想走出沙漠确实是不可能的。

肯·莱文在离开比塞尔时，带了一个叫阿古特尔的青年，这个青年就是上次和他合作实验的人，他告诉这个青年，只要白天休息，夜晚朝北面那颗最亮的星走，就能走出沙漠。阿古特尔跟着肯·莱文，三天之后果然来到了沙漠的边缘。

现在比塞尔已是西撒哈拉沙漠中的一颗明珠，每年都有数以万计的旅游者来到这儿，阿古特尔作为比塞尔的开拓者，他的铜像被竖在小城中央，铜像的底座上刻着一行字：新生活是从选定方向开始的。

课堂活动

回顾你的人生轨迹

0～11 岁

影响我的事件和人物是：________________________________

我最大的成绩是：________________________________

我的低谷是：________________________________

我的经验和教训是：________________________________

12～16 岁

影响我的事件和人物是：________________________________

我最大的成绩是：________________________________

我的低谷是：________________________________

我的经验和教训是：________________________________

17～19 岁

影响我的事件和人物是：________________________________

我最大的成绩是：________________________________

我的低谷是：____

我的经验和教训是：____________________________________

19～22 岁

影响我的事件和人物是：__________________________________

我最大的成绩是：______________________________________

我的低谷是：____

我的经验和教训是：____________________________________

描绘你的人生蓝图

用你喜欢的方式，例如语言、图画或其他你想到的方式，描绘并向大家展示你的人生蓝图（包括生活、工作、休闲等状态）。

大家先分小组讨论，再分享各小组代表的人生轨迹和人生蓝图，并进行评估。

第二节　自我探索

知人者智，自知者明。

——老子

中国有句古话："人贵有自知之明"，在古希腊一座神庙的石柱上也刻着一句箴言："认识你自己"。这些都说明了认知自我的重要性。

自我探索就是认知自我的一个过程，是进行职业生涯规划的前提和基础。

一、兴趣探索

在实际生活中，兴趣与职业往往交织在一起。虽然我们将兴趣划分为职业兴趣和非职业兴趣，但这二者之间往往很难区分，几乎每一种兴趣都可以与某种职业联系起来。例如，逛商场、购物的兴趣可以演变为采购或着装指导的工作；饲养小动物的兴趣可以与动物饲养人员、宠物医生、野生动物保护专家挂钩。有很多人也的确将自己的业余爱好变成了自己的职业。例如，有的人因为喜欢收集文物而成为文物所的研究人员，也有的人因为喜好旅游而成立野外探险俱乐部并成为旅游器材经销商。这样的例子，比比皆是。

兴趣是指一个人力求认识某种事物或从事某种活动的心理倾向。它表现为人们对某件事物、某项活动的选择性态度和积极的情绪反应。

思考与练习

想一想，你的兴趣可以和哪些职业相联系？这些兴趣有可能与你的专业相结合吗？

如果你自己做这个练习感到有困难，你可以就这个问题请教一下你的同学、老师、父母、有相同爱好的朋友，以及与你同专业的前辈，等等。集思广益，或许会对你有所启发。

（一）兴趣与幸福感的关系

美国心理学教授米哈利发现，当人们专心致志地从事某种活动，甚至忘我地完全沉浸在这种活动中的时候，会感到最为愉快和满足。这个时候，人们好像被一股潮流往前推，一切都平稳而自然地发生了。在这种状态下，人们没有考虑到做这样的事情可能会带来什么样的回报，或担心自己的表现如何，而只是整个人都忘情地投入其中，享受从事这种活动本身带来的快乐。而且，这种活动通常对人们的体力或智力有一定的挑战，同时，人们也在最大限度地使用自己的技能。可见，无论学什么、做什么，兴趣都是最好的老师。

（二）兴趣与职业发展的关系

人的满足感、幸福感往往来源于从事某种活动，而不是无所事事或单纯的享乐游玩。做自己喜欢的事，才能获得快乐。人的兴趣有很多，每种兴趣都可以转化为职业兴趣吗？每种兴趣都可以找到与之相联系的职业和专业吗？

在寻找自己的理想职业时，可以将生活中的兴趣与职业选择进行对接，思考一切的可能性。例如，爬山的兴趣可以匹配登山或户外运动的工作；玩游戏的兴趣可以匹配游戏设计方面的工作等。

当然，由于受到兴趣的广泛性和现实情况的影响，并不是所有的兴趣都应该或能够在自己的职业中得到满足。兴趣也可以通过兼职、志愿活动、参加社团、业余爱好等多种方式来实现。兴趣和工作满意度、职业稳定性和职业成就感之间存在着明显的关联，因此在选择职业的时候，有必要将兴趣作为一项重要的因素考虑进去。兴趣或职业兴趣在人的职业选择和整个职业生涯发展中虽然不具有决定作用，但做到工作和个人兴趣的适度统一是十分必要的。

1. 兴趣是职业生涯选择的重要依据

“兴趣是最好的老师。”一个人如果做他感兴趣的事，他的主动性将会得到充分发挥。即使十分疲倦和辛劳，他也总是兴致勃勃、心情愉快；即使困难重重，他也绝不灰心丧气，而会想办法去克服它，百折不挠。爱迪生就是一个好例子。爱迪生几乎每天都在他的实验室辛苦工作长达 18 个小时，但他丝毫不以此为苦。“我一生中从未做过一天工作，”

他宣称，“我每天其乐无穷。”难怪他会取得这么大的成就。事实上，如果人们从事自己无限热爱的工作，就很有可能成就大事。到现在还没有发现有人在他不感兴趣的领域能够取得巨大的成就。

2. 兴趣可以提高工作效率，充分发挥才能

职业兴趣能开发人的工作能力，激发人去探索和创新。有资料显示，如果一个人对某一项工作感兴趣，他就能够发挥全部才能的80%～90%，并且能较长时间保持高效率而不感到疲劳，而对工作缺乏兴趣的人，只能发挥其全部才能的20%～30%，且容易疲劳、厌倦。

3. 兴趣是保证职业稳定性和工作满意度的重要因素

孔子说：“知之者不如好之者，好之者不如乐之者。”如果我们所从事的事情是自己喜欢的工作，那我们的工作和生活会愉快得多，多半也会对这样的工作更有激情，更有可能在这样的工作中获得满足感。

兴趣与能力也有密切的关系。人们倾向于在自己感兴趣的事情上投入更多的时间，在这些事情上往往得以培养更强的能力。由于有较强的能力，人们在从事自己喜欢的事情时就会感到得心应手，因此增添了兴趣，从而形成良性循环。但需要注意的是，兴趣并不等同于能力，兴趣测评的分数也不代表能力的高低。因此，进行职业兴趣的探索时，不要考虑自己是否有能力做好某事，而只需考虑对活动的好恶。

（三）霍兰德职业兴趣理论

约翰·霍兰德（John Holland）是美国约翰斯·霍普金斯大学心理学教授、著名的职业指导专家，他于1959年提出了具有广泛社会影响的职业兴趣理论。他认为人的人格类型、兴趣与职业密切相关：某一类型的职业通常会吸引具有相同人格特质的人，而具有相同人格特质的人对许多生活事件的反应模式也是相似的，他们创造了具有某一特色的生活环境，也包括工作环境。在这种思想的基础上，霍兰德归纳了人的6种人格类型。这种分类是职业上的反映，因此也可以理解为职业兴趣类型。另外，霍兰德还对职业环境类型按与人格类型相同的模式进行研究和分析，对职业环境的类型采用了与人格类型相同的名称。霍兰德职业兴趣理论包括以下内容。

1. 职业兴趣类型

职业选择是人格的一种表现，某一类型的职业通常会吸引具有相同人格特质的人，这种人格特质反映在职业上就是职业兴趣。大多数人的职业兴趣可以归纳为6种类型，即现实型（Realistic Type，简称R）、研究型（Investigative Type，简称I）、艺术型（Artistic Type，简称A）、社会型（Social Type，简称S）、企业型（Enterprising Type，简称E）和常规型（Conventional Type，简称C）。

个人的职业兴趣往往是多方面的，很少只集中在某一种类型上。大家可能或多或少地具备所有 6 种兴趣，只是偏好程度不同。因此，为了比较全面地描绘个人的职业兴趣，通常用最强的 3 种兴趣类型的字母代码来表示一个人的兴趣，这个代码就称为“霍兰德代码”。这 3 个字母间的顺序表示了兴趣强弱程度的不同。例如，SAI 和 AIS 的人具有相似的兴趣，但他们对同一型事物的兴趣强弱程度是不同的。

2. 6 种职业兴趣类型之间的关系

霍兰德提出了六角形模型（见图 2－3）来解释 6 种职业兴趣类型之间的关系：在六角形模型中，任何两种类型之间的距离越近，其职业环境及人格特质的相似程度就越高。例如，企业型和社会型在六角形模型中是相邻的类型，它们的相似性也最高，因为这两种类型的人都比其他类型的人更喜欢与人打交道，只是他们打交道的方式不同而已。而常规型和艺术型处于对角线的位置上，它们就缺少一致性而具有相反的特质，常规型的人喜欢循规蹈矩，而艺术型的人追求自由与个性化。六角形模型可以帮助我们对于个人兴趣类型与职业环境类型之间的适配性进行评估。

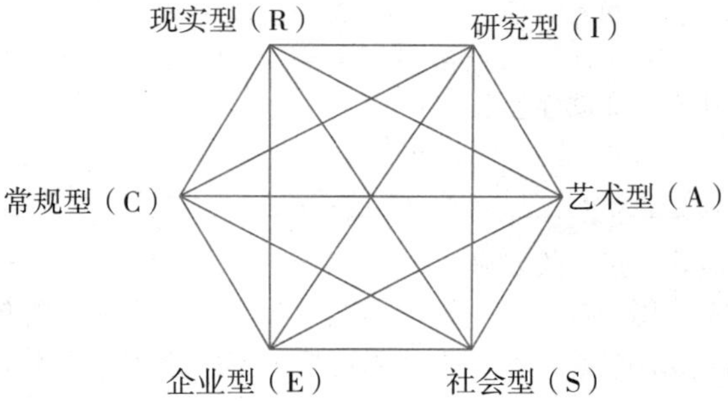

图 2－3　霍兰德的六角形模型

3. 个人与环境的适配

霍兰德提出：个人兴趣类型和职业环境之间的适配将增加个人的工作满意度、职业稳定性和职业成就感。因此，占主导地位的兴趣类型可以为个人选择职业和工作环境提供方向。个人可以使用霍兰德兴趣类型来了解自己的兴趣，并根据它来探索及理解工作世界。通过自我探索活动或测评工具得出自己的兴趣代码后，就可以对照找出与之相匹配的职业，从而了解可能有哪些适合自己的工作领域。

当倡导在职业选择上寻求个人兴趣与职业环境之间的适配时，“完全的”适配只是不断接近的一个理想目标，现实中做不到百分之百的适配，但不必因此而放弃对个人兴趣的重视。自身的职业至少应当在一定程度上体现兴趣，可以是百分之九十，也可以是百分之四十，而其余的部分可以在生活中的其他方面通过其他活动（如业余爱好、志愿活动、辅修专业等）来实现。霍兰德兴趣类型表见表 2－2。

表 2-2　霍兰德兴趣类型表

兴趣类型	喜欢的活动	重视	职业环境要求	典型职业
现实型 R (Realistic)	用手、工具、机器制造或修理东西，愿意从事实务性的工作、体力活动，喜欢户外活动或操作机器，而不喜欢在办公室工作	具体实际的事物，诚实，有常识	使用手工或机械技能对物体、工具、机器等进行操作，与“事物”工作的能力比与“人”打交道的能力更为重要	园艺师、木匠、汽车修理工、工程师、军官、兽医、足球教练员
研究型 I (Investigative)	喜欢探索和理解事物，学习研究那些需要分析、思考的抽象问题，喜欢阅读和讨论有关科学性的论题，喜欢独立工作，对未知问题的挑战充满兴趣	知识，学习，成就，独立	分析研究问题、运用复杂和抽象的思考创造性地解决问题的能力，谨慎缜密，能运用智慧独立地工作，一定的写作能力	实验室工作人员、生物学家、化学家、心理学家、工程设计师、大学教授
艺术型 A (Artistic)	喜欢自我表达，喜欢文学、音乐、艺术和表演等具有创造性、变化性的工作，重视作品的原创性和创意	有创意的想法，自我表达，自由，美	创造力，对情感的表现能力，以非传统的方式来表现自己，相对自由、开放	作家、美术编辑、音乐家、摄影师、厨师、漫画家、导演、室内装潢设计师
社会型 S (Social)	喜欢与人合作，热情关心他人的幸福，愿意帮助别人、为他人提供服务	服务社会与他人，公正，理解，平等，理想	人际交往能力，教导、医治、帮助他人等方面的技能，对他人表现出精神上的关爱，愿意担负社会责任	教师、社会工作者、心理咨询师、护士
企业型 E (Enterprising)	喜欢领导和支配别人，通过领导、劝说他人或推销自己的观念、产品而实现个人或组织的目标，希望成就一番事业	经济和社会地位上的成功，忠诚，冒险精神，责任	说服他人或支配他人的能力，敢于承担风险，目标导向	律师、经销商、市场部经理、电视制片人、保险代理
常规型 C (Conventional)	喜欢固定的、有秩序的工作或活动，希望确切地知道工作的要求和标准，愿意在一个大的机构中处于从属地位，对文字、数据和事物进行细致有序的系统处理以达到特定的标准	准确，有条理，节俭，盈利	文书技巧，组织能力，听取并遵从指示的能力，能够按时完成工作并达到严格的标准，有组织，有计划	文字编辑、会计师、银行家、办事员、税务员、计算机操作员

课堂活动

兴趣岛旅游

恭喜你！你获得了一次免费度假旅游的机会，有机会去下列6个岛屿中的一个。请你认真阅读各个岛屿的介绍，按照后面的要求做出选择。

R：自然原始的岛屿

这是个自然生态优良的绿色之岛。岛上不仅保留有热带雨林等原始生态系统，而且建立了相当规模的植物园、动物园、水族馆。岛民以手工制造见长，他们自己种植花果、栽培蔬菜、修缮房屋、打造器物、制作工具。

I岛：深思冥想的岛屿

这个岛平畴绿野，人少僻静，适合夜观星象。岛上有天文馆、科技博物馆、图书馆。岛民们最喜欢待在自己的小房子里，天天钻研学问，沉思冥想，探究真知。哲学家、科学家和心理学家们在这里开会，讨论学术、交流思想。

A岛：美丽浪漫的岛屿

这个岛上有美术馆、音乐厅，弥漫着浓厚的艺术文化气息。岛民们保留着传统的舞蹈、音乐与绘画。许多文艺界人士都喜欢来到这里寻求灵感。

S岛：友善亲切的岛屿

这个岛的岛民们都性情温和，乐于助人，人际关系十分友善。大家互助合作，重视教育后代。每个社区都能自成一个密切互动的服务网络，处处充满着人文关怀气息。

E岛：显赫富庶的岛屿

该岛经济高度发展，有高级饭店、俱乐部、高尔夫球场。岛民性格热情豪爽，善于企业经营和贸易活动。岛上往来者多是企业家、经理人、政治家、律师等，他们在岛上享受着高品质生活。

C岛：现代、秩序井然的岛屿

岛上耸立着各种现代建筑，标志着这是一个进步的、都市形态的岛屿。岛上的户政管理、地政管理及金融管理都十分完善。岛民们个性冷静、保守，处事有条不紊，善于组织规划。

完成下列任务：

（1）不要考虑其他因素，仅凭自己的兴趣，按顺序挑出你最想前往的3个岛屿。

（2）按第一选择，相同岛屿的人聚集在一起。

（3）同岛成员一起给小岛起名、设计标志、设计广告语。

这6个岛屿实际上代表着霍兰德提出的6种职业兴趣类型。通过这个体验活动，积极思考，初步判断自己的兴趣类型，树立职业兴趣探索的意识。

对自己职业兴趣类型进行判断并不是件很容易的事，需要有认真的态度和积极的行动及对相关理论知识的了解。

二、职业性格探索

职业性格探索，是为了回答在职业生涯规划中“我适合做什么工作”的问题。适合自己的，才是最好的。

（一）性格

性格是指一个人对客观现实的稳定态度和与之相适应的习惯化的行为方式所表现出来的人格特征。性格有三层含义：第一，性格反映了一个人对现实世界的态度；第二，性格反映了一个人的行为方式；第三，性格是比较稳定的心理特征。职业性格是一个人对职业的稳定态度和在职业活动中习惯化的行为方式所表现出来的个性心理特征。它对个人的职业生涯规划有重要意义。

性格一旦形成便比较稳定，但不是一成不变的，而是具有可塑性的。性格不同于气质，性格更多地体现了人格的社会属性，个体之间的人格差异的核心是性格的差异。我们每个人都有自己独特的个性，也就是说，每个人的心理特征不同，看问题和处理事情的风格、方式也不同。

性格的形成是一个长期的、复杂的过程，不但受遗传因素的影响，还受一个人生活环境和生活经历的影响。关于性格，心理学家们有多种定义，但其中有两个基本概念是一致的：特性以及行为的特征性模式。具体而言，是一个人在生活中对他人、对自己、对外在环境所表现出来的一致性的应变方式。

尽管心理学家对性格的研究和分类有不同的方法，但是总体来说，生活中每个人的性格都是综合的。当某一种性格倾向表现得比较突出时，就集中表现出某一方面的性格特征。性格具有恒常性，即在相近的情形下，人的态度和行为有一致性。性格也是可以改变的，人可以在一定程度上修正和重新塑造自己的性格。

（二）性格与职业选择

性格是个体人格中具有核心意义的部分，与职业息息相关。由于性格的不同，每个人在对不同环境的认知过程中，也表现出不同的个性化风格。从事与自己的性格不匹配的工作，个人的才能发挥就会受到阻碍，会让个人觉得整个工作状态都“不对劲”。因此在职业选择中，个人应尽可能充分考虑自己的个性特征与职业要求是否相适应，这样在工作中才能够满足自身的需求，发挥自身特有的能力，体验到更多的快乐和愉悦。

课堂活动

左右手

请同学们拿出一张白纸，在纸上写下自己的名字。

请换一只手，再次在纸上写下自己的名字。

两次签名有什么不同的感受？请用几个词来形容一下。

当用自己常用的那只手签名时，人们通常会感到“得心应手”，几乎不假思索，也不用费什么力气，对自己能够做好这件事也很有自信。而当用另一只手签名时，人们就感到不习惯、别扭、费劲，写下的名字也歪歪扭扭。

做其他事情时也是如此，每个人都有自己擅长的一面，也有自己不擅长的一面（就如“惯用手”之分），但它们没有好坏或对错之分。如果能够找到一个适合的环境，在其中发挥自己的长处和优势，那么人们往往会很自信，并容易取得好结果。相反，如果人们被要求做不擅长的事情，那么多半会感到不舒服、不自在，并且可能干不好这件事情。

如果个人能认识到自己性格上的“惯用手”，并了解与之相匹配适应的环境和职业，就能帮助自己选择适合自己的职业，并且会更容易成为有效率的工作者。

性格无所谓好坏，每一类性格都有与之相适应的职业范围。职业心理学的研究表明，不同的职业需要具有不同性格的从业者，某一类职业工作能够体现出某一类共同的职业性格。例如，情感型的人，感情丰富，喜怒哀乐溢于言表，不喜欢单调的生活，爱刺激，爱感情用事，对新事物很有兴趣，这类人适合的职业包括演员、导游、护理人员等；思考型的人，善于思考，逻辑思维发达，有比较成熟的观点，生活、工作有规律，时间观念强，重视调查研究的精确性，但有时思想僵化，缺乏灵活性，这类人适合的职业包括工程师、教师、财务人员和数据处理人员等。

（三）性格探索方法

在实际工作中不难发现，有的人工作利索干练，总是在要求期限前完成工作，而有的人经常拖拖拉拉，需要不断提醒和催促才能完成工作；有的人富有创意，但经常丢三落四，而有些人凡事都要制订详细的计划和流程才开始工作。每个人都是不同的个体，具有不同的职业性格及相应的工作方式，也就是说每个人都有其优势和劣势。了解了自己的职业性格，就能制订出最适合自己的循序渐进的职业生涯规划，从而最大限度地发挥自己的性格优势，获得最大的职业满足和更多的职业发展机遇。

1. 性格类型理论

迈尔斯-布里格斯类型指标（Myers-Briggs Type Indicator，MBTI）的理论基础来源于瑞典心理学家荣格（Carl Jung）有关知觉、判断和人格态度的观点，由布里格斯（Katharine C. Briggs）和她的女儿迈尔斯（Isabel Briggs Myers）研究发展成为心理测评工具。

该指标根据 4 个维度将人的性格分为 16 种类型。它的用途非常广泛，被用于自我探索、职业发展、人才选拔、团队建设、管理培训与婚姻咨询、教育咨询及多元文化培训中。

2. MBTI 中的四个维度

MBTI 衡量的是个人的类型偏好，或称作倾向。所谓偏好，“是一种天生的倾向性，是一种特定的行为和思考方式”。这些偏好并无优劣之分，却形成了人与人之间的不同。它们各自识别了一些人类正常和有价值的行为，也可能成为误解和偏见的来源。MBTI 用四个维度偏好二分法来评估一个人的类型偏好，每个维度偏好二分法均由两极组成。

能量倾向维度：外倾（E），内倾（I）

获取信息方式：感觉（S），直觉（N）

处理信息方式：思考（T），情感（F）

采取行动方式：判断（J），知觉（P）

在 MBTI 测评结果中，一个人在每个维度上只能是一种偏好，如果一个人是内倾的就不可能是外倾的，是知觉型的就不会是判断型的。但是，这并不代表一个人是内倾的就没有丝毫外倾的特征，这就好像右利手的人不代表他的左手是完全没有用处的，有很多时候需要左右手配合。性格也是如此，一个人如果是内倾，就意味着在绝大多数情况下其自然反应是内倾的，但是也有外倾的时候。在特别的情境下，甚至可能主要表现为外倾。所以，测评结果的类型所指并不是“非此即彼”，而是“主要”表现。

在下面的维度介绍中，会通过一系列体验活动来帮助大家理解和判断自己的偏好（这里指的是天生的偏好）。事实上，环境的限制往往导致个人不能按照自己的天性所喜好的那样生活。因此，在判断自己更偏向于哪一方面的时候，要注意区分到底是出于天性的倾向还是出于别人的期望。

3. MBTI 性格探索

（1）能量倾向维度（E-I 维度，见表 2－3）：你从何处获得活力？

外倾型（E）的人注重外在世界，因注意外在事情而获得活力；内倾型（I）的人注重内心世界，因反省、感觉和意念而获得活力。

表 2-3　能量倾向维度

能量倾向维度 （E-I 维度）	外倾型（Extroversion） 注意力和能量主要指向外部世界的人和事，从与人交往和行动中得到活力。 ·关注外部环境 ·喜欢用谈话的方式进行沟通 ·通过谈话形成自己的意见 ·用实际操作或讨论的方式能学得更好 ·兴趣广泛 ·好与人交往，善于表达 ·先行动，后思考 ·在工作和人际关系中都很积极主动
	内倾型（Introversion） 注意力和能量集中于自己的内心世界，从对思想、回忆和情感的反思中获得活力。 ·关注自己的内心世界 ·更愿意用书面方式沟通 ·通过思考形成自己的意见 ·用思考、在头脑中"练习"的方式学得更好 ·兴趣专注 ·安静而显得内向 ·先思考，后行动 ·当情境或事件对他们具有重要意义时会采取主动

课堂活动

你从何处获得活力?

获得的途径：E＝外倾型　　I＝内倾型

1. 哪一种方式能够让你感到自己充满活力?

A. 与其他人交往互动　　B. 一个人独处

2. 你愿意将能量投向哪里?

A. 外部世界，与人交往，处理各种事务　　B. 沉醉于内心世界，独自沉思默想

3. 你更喜欢哪种消磨时间的方式?

A. 众人环绕　　B. 独自一人消遣

4. 下面哪种方式让你感觉更舒服?

A. 先采取行动，再考虑遇到的情况　　B. 在行动之前对事情加以通盘考虑

5. 你更喜欢哪种?

A. 成为一个公众人物　　B. 做自己

讨论：

同学们根据自己对问题的选项分成两大组，并相互说说对对方的印象。

通过讨论，你觉得哪些同学可能是外倾型，哪些同学可能是内倾型？为什么？

外倾型的人习惯于外界活动，愿意与人打交道；而内倾型的人则多安静、保守，喜欢独处或一对一的人际交往。外倾型的人需要通过参加外界活动或与不同的人打交道来积蓄能量；而内倾型的人只有独处时能量才会更足。

在工作中，和人打交道的事情往往让外倾型的人更有活力，安静独处的时间会令内倾型的人更好地发挥才能。讨论问题时，外倾型的人通常首先发言，而且观点很多，因为他们听、说、想会同时进行；内倾型的人则一般在深思熟虑后才发表意见、深入探讨，他们更习惯先听、后想、再说。内倾型的人通常不在第一时间发表意见，往往给人留下没有什么想法的印象，这会让一些内倾型的人感到自己缺乏表现的能力，进而缺乏自信。其实，这只是不同性格的不同行为方式而已。这也提醒讨论的组织者，适当地给发言者多留些时间，也许会让讨论更有收获。

需要提醒的是，MBTI中所谈的外倾、内倾是以能量朝向角度来区分的。内倾型的人并不是不能说，只是他们谈话的内容更多朝向内而已；内倾型的人不愿意和不同的人打交道，但不代表他们的人际关系能力差。所以，在进行内倾、外倾探索时，应当注意区别这些不同。

（2）获取信息方式（S-N维度，见表2-4）：你如何获取信息？

表2-4 获取信息方式

获取信息方式 （S-N维度）	感觉型（Sensing） 用自己的五官来获取信息；喜欢收集实实在在的、确实已出现的信息；对于周围发生的事观察入微，特别关注现实。 · 着眼于当前的实际情况 · 现实、具体 · 关注真实的、实际存在的事物 · 观察敏锐，并能记住细节 · 通过仔细周详的推理一步步得出结论 · 通过实际运用来理解抽象的思维和理论 · 相信自己的经验
	直觉型（Intuition） 通过想象、无意识等超越感觉的方式来获取信息；喜欢看事件的全貌，关注事件的关联，特别善于看到新的可能性。 · 着眼于未来的可能 · 富于想象力和创造性 · 关注数据所代表的模式和意义 · 当细节与某一模式相关时才能记得 · 靠直觉很快得出结论 · 在应用理论前能对其进行澄清 · 相信自己的灵感

感觉型（S）的人使用五官收集资料，强调事实，注重实际和具体的观点，关注细节；直觉型（N）的人注重事情的可能性与关联性，关注整体。

课堂活动

你会如何描述？

获取信息方式：S=感觉型　　N=直觉型

小王：什么时间了？

小张：很晚了。

小王（颇有些吃惊）：我问的是“时间”！

小张（坚持）：快到该下班的时间了。

小王（变得不耐烦了）：喂！请告诉我现在的“时间”。

小张（同样不耐烦的）：5点刚过。

小王（气急败坏）：我问的是具体时间：几点几分几秒？

小张：你怎么这么挑剔啊！

小王决定自己去办公室看时间！

你会如何回答小王？

感觉和直觉是人们获取信息的两种方式。感觉型的人倾向于用五官来获取精确的信息；直觉型的人则习惯通过所谓的第六感来获取信息，他们更注重事情的含义、象征意义和潜在意义。

感觉型和直觉型的人之间可能会造成生活、工作上的冲突。显然，小王是感觉型的人，而小张是直觉型的人。大家看了这个对话可能觉得有点夸张，但是这确实是感觉型和直觉型的人冲突的一个小缩影。感觉型的人忠于事实，他们需要具体、明确的信息，而不是模糊的答案，但是直觉型的人往往给出的是无数个花样百出的答案，而没有一个是足够“具体、明确的”。

感觉型的人在观察世界、收集信息时，忠实于原貌，更重视信息的真实性和实用性，喜欢生活中可以触摸的、有质感的一面。对环境中看得见、摸得着的部分更感兴趣，所以感觉型的人处理应用性的工作，可能会得心应手；而直觉型的人富于想象力和创造力，可能会在理论性的工作或研发工作中如鱼得水。

感觉型的人更关注事情的细节和事实，如应用性的工作；而直觉型的人更喜欢新的问题和可能性。如对于理论性的工作，感觉型的人可能会觉得直觉型的人太爱幻想、不切实际；而直觉型的人则会认为感觉型的人太保守、抵触革新。其实二者在工作中各有所长，可以很好地配合：感觉型的人注重细节和现实，适合做实施执行的工作；直觉型的人因为较注重远景和全貌，适合做策划的工作。

（3）处理信息方式（T-F维度，见表2-5）：你是如何做决定的？

思考型（T）的人根据客观事实，依据分析来做决定，注重公平原则；情感型（F）

表 2-5　处理信息方式

处理信息方式（T-F 维度）	思考型（Thinking） 通过分析某一行动或选择的逻辑后果来做出决定。会将自己从情境中分离出来，对事件的正反两方面进行客观的分析；从分析和确认事件中的错误并解决问题中获得活力；目标是找到一个能应用于所有相似情境的标准或原则。 · 好分析的 · 运用因果推理 · 以逻辑的方式解决问题 · 求一个合乎真理的客观标准 · 爱讲理 · 可能显得不近人情 · 公平意味着每个人都能得到平等的待遇
	情感型（Feeling） 喜欢考虑对自己和他人来说什么是重要的。会在头脑中将自己放在情境所牵涉的所有人的位置上并试图理解别人的感受，然后在此基础上根据自己的价值判断做出决定；从对他人表示赞同和支持中获得活力；目标是创造和谐的氛围。 · 善于体贴他人、感同身受 · 受个人价值观的引导 · 衡量决定对他人产生的后果和影响 · 寻求和谐的气氛和积极的人际交往 · 富于同情心 · 可能会显得心肠太软 · 公平意味着每个人都被作为独立的个体来对待

的人做决定时，从个人观点出发，重视个人价值、喜好和原则。

课堂活动

你该如何决定？

处理信息方式：T＝思考型　　F＝情感型

某所学校规定，学生夜不归宿三次就会被处分。假如你是这所学校主管学生工作的老师，有一名学生已经两次被发现夜不归宿，你和他认真地谈了一次话，警告他如果再有第三次将会被处分。现在，这名学生在即将毕业的时候被发现第三次夜不归宿。

你会怎么办？为什么？

请同学们说说自己的决定和想法。

上面“课堂活动”给出的案例，有三种做法。

A. 处分他。我已经和他谈过了事情的严重性，但他一犯再犯，制度就是制度，一定要处分，否则以后再出现类似的事情没法管了，这样做对其他学生也是一种公平。

B. 不处分，找他谈谈。问问他再次夜不归宿的原因是什么。考虑到他马上就要毕业了，这时候处分他，对他前途的影响比较大。所以和他谈谈事情的严重性，并告诉他以后不要再出现类似的事情，最后还是决定不处分他。

C. 找他谈谈，再处分他。虽然他马上就毕业了，现在处分他对他影响很大，但是如果这次不给他教训，让他有了侥幸心理，下次他遇到类似的事情还可能会犯错，这容易让他养成对自己行为不负责任的习惯，不利于他的成长。所以人宁可痛一时，强于痛一辈子。但在处分他之前我会好好和他谈谈，希望他能够吸取教训。

上面的三种做法中，我们可以看到：A 和 C 的结果相同，但思考的角度有很大区别。A 做法更看重制度，追求制度上的公平；C 做法则从人的成长和价值角度出发。而 B 做法是从对学生产生的影响出发来考虑问题的。虽然结果不尽相同，但不难看出 A 通常是思考型的人的做法，B 和 C 是情感型的人的做法。

做决策时，思考型的人以事为主，情感型的人以人为主。在工作中，情感型的人看重所做事情的价值是否符合自己的价值观，愿意追求心灵层面的东西，他们更喜欢和谐的工作环境，并乐意为人服务；思考型的人讲究逻辑性，他们更喜欢分析、解决问题，尤其愿意和概念、数字或具体事物打交道，他们的乐趣是找到客观的标准和原则。

（4）采取行动方式（J-P 维度，见表 2－6）：你如何与外界打交道？

表 2－6　采取行动方式

采取行动方式（J-P 维度）	判断型（Judging） 喜欢将事情管理得井井有条，过一种有计划的、井然有序的生活；喜欢做出决定，完成后继续下面的工作；生活通常会比较有规划、有秩序；按计划和日程安排办事对他们来说很重要；从完成任务中获得能量。 · 有计划的 · 喜欢组织管理自己的生活 · 有系统，有计划 · 按部就班 · 爱制订短期和长期计划 · 喜欢把事情落实敲定 · 力图避免最后一分钟才做决定或完成任务的压力
	知觉型（Perceiving） 喜欢以一种灵活、自发的方式生活，更愿意去体验和理解生活而不是去控制它；详细的计划或最后的决定会使他们感到被束缚；愿意对新的信息和选择保持开放，直到最后一分钟；足智多谋，善于调节自己适应当前场合的需要，并从中获得能量。 · 自发的 · 灵活 · 随意 · 开放 · 适应，改变方向 · 不喜欢把事情确定下来，以留有改变的余地 · 最后一分钟的压力会使他们获得活力

判断型（J）的人凡事喜欢计划，喜欢有条理的生活，实践计划时，以目标为本；知觉型（P）的人凡事喜欢随性而动，不介意突发事件，喜欢弹性生活，注重过程而非目标。

课堂活动

你会去吗?

采取行动方式：J＝判断型　　P＝知觉型

如果现在是周五下午，你在本周日上午要参加大学英语四级考试。这是你最后一次机会参加这个考试了，而你感觉自己还没准备好，因此打算在今晚和周六好好复习一下。但是，你忽然接到电话，一个好朋友从外地来到你所在的城市。你们已经很久没见面了，他约你今晚见面，因为他周六早上就要离开。

你会去吗？为什么？

上面的“课堂活动”会有以下两种典型回答：

A. 当然去。好朋友难得一见，当然更重要了。英语考试还有周六一天时间可以复习，而且这种考试临时抱佛脚复习也不见得有多大用处。

B. 不会去。即使复习好了也不会去，因为那样就找不到考试的感觉了。朋友虽然很重要，但以后还有机会见面，可是考试就这最后一次机会了。

判断型的人通过思考去组织、计划和控制自己的生活。判断型的人乐于制订和执行计划，他们乐于追求井井有条的生活。判断型人的房间、办公室都会收拾得整齐有序。而知觉型的人倾向于用感觉和直觉的方式去对事物做决定，他们的态度通常是灵活的、开放的。知觉型的人痛恨计划，喜欢自发地、随意地处理问题，他们希望所做的事情最好不要有完成期限。知觉型的人愿意保持开放的思想，他们的注意力常常从一件事情很快地转移到其他事情上，他们最感兴趣的是最初解决问题的时候以及创造新思路的阶段。他们喜欢在具有挑战性的问题上寻找灵感。但在此以后，他们往往兴趣减少，缺少完成事情的自制力。

在工作中，知觉型的人可能会因为接受太多的事情而难以完成，但往往很灵活，容易抓住机会。对于他们来说，面对新的环境和情境，理解它远比管理它要有趣。而判断型的人常拘泥于计划和秩序，如果计划被打乱他会非常烦躁。在判断型人眼中，有系统的工作和秩序是最重要的。

课堂活动

完成了 MBTI 4 个维度的体验活动后，你是否已经能初步判断出自己在每个维度上的偏好?

请在下面的横线上写下自己的MBTI类型。

能量倾向维度：________________

获取信息方式：________________

处理信息方式：________________

采取行动方式：________________

请对照表2-7，看一看你所属性格类型的描述和你了解的自己有多少相符。当然，仅凭前面的“课堂活动”，往往很难一下就准确地判断自己的MBTI类型。所以，除了完成前面的“课堂活动”以更好地理解MBTI类型外，你最好做一些正式的MBTI测评，再结合你在“课堂活动”中的反应及自己在日常生活中的性格表现，来准确判断自己属于哪个类型。

表2-7　MBTI16种性格类型

ISTJ	ISFJ	INFJ	INTJ
沉静，认真；贯彻始终、受人信赖而取得成功。讲求实际，注重事实，能够合情合理地去决定应做的事情，而且坚定不移地把它完成，不会因外界事物而分散精力。不论在工作中、家庭中或者生活中，以做事有次序、有条理为乐。重视传统和忠诚。	沉静，友善，有责任感和谨慎。能坚定不移地承担责任。做事贯彻始终、不辞辛劳和准确无误。忠诚，替人着想，细心；往往记着他所重视的人的种种微小事情，关心别人的感受。努力创造一个有秩序、和谐的工作和家庭环境。	探索意念、人际关系和物质拥有欲的意义和它们之间的关系。希望了解什么可以激发人们的推动力，对别人有洞察力。尽责，能够履行他们坚持的价值观念。有一个清晰的理念以谋取大众的最佳利益。能够有条理地、果断地去实践他们的理念。	有具创意的头脑、有很大的冲劲去实践他们的理念和达到目标。能够很快地掌握事情发展的规律，从而想出长远的发展方向。一旦作出承诺，便会有条理地开展工作，直到完成为止。有怀疑精神，独立自主；无论为自己或为他人，都有高水准的工作表现。
ISTP	ISFP	INFP	INTP
容忍、有弹性；是冷静的观察者，但当有问题出现时，便迅速行动，找出可行的解决方法。能够分析哪些东西可以使事情进行顺利，又能够从大量资料中找出实际问题的重心。很重视事件的前因后果，能够以理性的原则把事实组织起来，重视效率。	沉静、友善、敏感和仁慈。欣赏目前和周遭所发生的事情。喜欢有自己的空间，做事时能把握自己的时间。忠于自己所重视的人。不喜欢争论和冲突，不会强迫别人接受自己的意见或价值观。	理想主义者，忠于自己的价值观及自己所重视的人。外在的生活与内在价值观配合。有好奇心，很快看到事情的可能与否，能够加速对理念的实践。试图了解别人、协助别人发展潜能。适应力强，有弹性；如果和他们的价值观没有抵触，往往能包容他人。	对任何感兴趣的事物，都要探索一个合理的解释。喜欢理论和抽象的事情，喜欢理念思维多于社交活动。沉静，满足，有弹性，适应力强。在感兴趣的范畴内，有非凡的能力去专注而深入地解决问题。有怀疑精神，有时喜欢批评，常常善于分析。

续表

ESTP	ESFP	ENFP	ENTP
有弹性，容忍；讲求实际，专注即时的效益。对理论和概念上的解释感到不耐烦，希望以积极的行动去解决问题。专注于“此时此地”，喜欢主动与别人交往。喜欢物质享受的生活方式。能够通过实践达到最佳的学习效果。	外向，友善，包容。热爱生命、热爱人，爱物质享受。喜欢与别人共事。在工作上，能用常识并注意现实的情况，使工作富有趣味性。富于灵活性，易接受新朋友和适应新环境。与别人一起学习新技能可以达到最佳的学习效果。	热情而热心，富于想象，认为生活中充满很多可能性。能够很快地找出事件和资料之间的关联性，而且有信心地依照他们所看到的模式去做。很需要别人的肯定，又乐于欣赏和支持别人。富于弹性，信赖自己的临场表现和流畅的语言能力。	思维敏捷，机灵，能激励他人，富有警觉性，勇于发言。能随机应变地去应付新的和富于挑战性的问题。善于引出在概念上可能发生的问题，然后很有策略地加以分析。善于洞察别人。对日常例行事务感到厌倦，甚少以相同方法处理同一类事情，能够灵活地处理接二连三的新事物。
ESTJ	ESFJ	ENFJ	ENTJ
讲求实际，注重现实，注重事实。果断，很快做出实际可行的决定。能够安排计划和组织人员以完成工作，尽可能以最有效率的方法达到目的。能够注意日常例行工作的细节。有一套清晰的逻辑标准，会有系统地跟着去做，也想别人跟着去做。会以强硬态度去执行计划。	有爱心，尽责，合作。渴望有和谐的环境，而且有决心营造这样的环境。喜欢与别人共事以能准确地、准时地完成工作。忠诚，即使在细微的事情上也如此。能够注意别人在日常生活中的需要而努力满足他们。渴望别人赞赏他们和欣赏他们所作的贡献。	温情，有同情心，反应敏捷和有责任感。高度关注别人的情绪、需要和动机。能够看到每个人的潜质，要帮助别人发挥自己的潜能。能够积极地协助个人和组织的成长。忠诚，对赞美和批评都能做出很快的回应。社交活跃，在一组人当中能够惠及别人，有启发人的领导才能。	坦率，果断，乐于作为领导者。很容易看到不合逻辑和缺乏效率的程序和政策，从而开展和实施一个能够顾及全面的制度去解决一些组织上的问题。喜欢有长远的计划、有一套制定的目标。往往是博学多闻的，喜欢追求知识，又能把知识传给别人。能够有力地提出自己的主张。

三、价值观探索

（一）价值观

价值观就是我们在生活和工作中所看重的原则、标准或品质。它指向我们一生中最重要的东西，因此，它也是一套自我激励机制。

职业价值观是个人追求的与工作有关的目标，是个人在从事满足自己内在需求的活动时追求的工作特质或属性。它是个体价值观在职业问题上的反映。

价值观有时会与兴趣相混淆。在生涯决策中，无论是价值观还是兴趣，都是自我认知的重要组成部分。影响价值观形成的因素很多，包括家庭价值观、社会价值观、民族与文化传统、受教育经历等。有效的职业生涯决策与个人对自己的价值观认知的清晰程度相关。我们对自己的价值观越清楚，生涯规划的过程就越容易。

（二）马斯洛的需求层次

美国心理学家亚伯拉罕·马斯洛提出，人有5个层次的需求：生理需求、安全需求、归属和爱的需求、尊重需求、自我实现需求，如图2-4所示。只有当低层次的需求得到满足后，个人才会关注并致力于下一层次的需求。我们所做的事情，就是为了满足这些需求，在我们的生活中，就体现为我们的价值观。

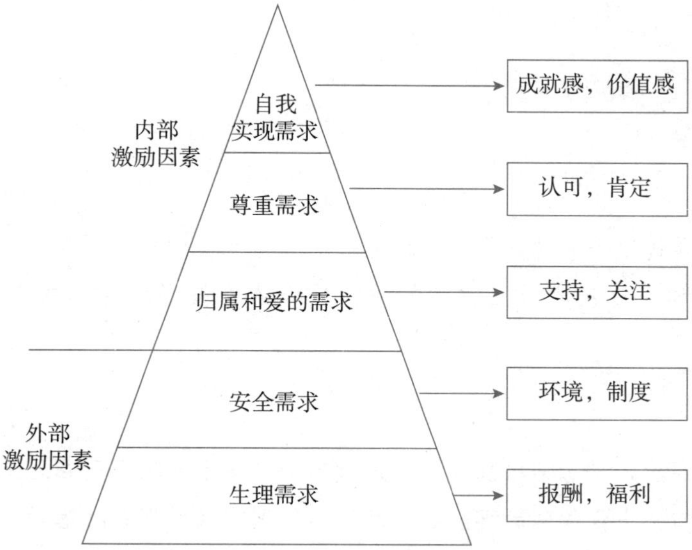

图2-4　马斯洛的需求层次与对应的价值观

课堂活动

价值观澄清

（1）参照以下职业价值观关键词，挑选出五种对你来说最重要的价值，分别写在五张小纸条上。如果你认为重要的价值观在下面没有列出，也可以另写。

职业价值观关键词：

人际关系（归属感）、团队合作、物质保障（高收入）、稳定、安全、创造性、多样性（变化性）、乐趣、自由独立、被认可、受尊重、能帮助他人、能发挥自己的才能、成就感、成功、地位、名誉、有学习的机会、权力、挑战性、冒险性、竞争、工作环境、工作地点、工作与生活的平衡、健康、家庭、朋友、亲情、信仰、幸福、和谐、平等。

（2）给每一条对你来说很重要的价值观下定义，并在纸上写下来，即要达到什么样的水平你才能满意。每个人对同一种价值观的理解可能并不相同，比如，对“物质保障”的理解，有的人可能认为是月薪至少3 000元；也有人可以接受2 000元月薪的工作，但一定要有医疗保险。

（3）如果你不得不放弃其中的一条，你会放弃哪一条？将写有你准备放弃的价值观的纸条与其他人交换。

（4）保留刚才别人给你的纸条，放在一边。现在，如果你不得不继续放弃剩下四条中的一条，你会放弃哪一条？再次与另一个人交换。

（5）继续下去，直到最后一条。这是否是你无论如何也不愿放弃的？

我的五种重要价值观及其定义（按重要程度排序）：

a.

b.

c.

d.

e.

（6）讨论：通过这个活动，你对自己的价值观有什么样的了解和想法？你的价值观会对你的职业选择和人生产生什么样的影响？他人的价值观会对你的生活产生什么样的影响？

思考与练习

从前有一只猴子，拿着一把豆子，行走时不小心掉了一颗豆子在地上，它便将手中的豆子放在地上，回头去找掉落的那一颗。结果非但没有找到那颗掉落的豆子，而且放在地上的豆子也被鸟儿吃了。

请思考：

（1）如果你是猴子，你会怎么做？

（2）你是否曾经为了追求某种事物而放弃了更重要的事物？

（3）如果你想得到的事物无法得到，你会怎么办？

四、技能探索

“你有什么样的能力”是每一个人在求职时都要面对的问题，不管这个问题是不是直截了当地表达出来。能力是用人单位最关心的问题，也是我们最需要证明的。怎样发现、培养和表现自己的能力，从而在劳动力市场中拥有竞争力，是非常关键的。

课堂活动

夸夸我自己

请在五分钟之内，尽可能多地写下自己所拥有的能力。与你的同伴分享，看看谁写得多。大家写的一样吗？有什么不同？

（一）能力的分类

当一个人的能力和工作的要求相匹配时，最容易发挥自己的潜能，并且获得满足感。能力按照获得的方式（先天具有与后天培养），可分为能力倾向和技能两种。

能力倾向是上天赋予每个人的特殊才能。它是与生俱来的，不过也有可能因为未被开发而荒废。因此，能力倾向是一种潜能，此潜能进行训练后，容易使人获得某种知识或技能。

技能是指经过后天学习和练习培养而形成的能力，如阅读能力、人际交往能力、表达能力等。一个人在成长过程中，从什么也不会做的小婴儿到一个生活自理，能看、听、说、行走、阅读、写字的成年人，都已经学会了无数的技能。

与能力相关的还有一个重要概念，就是自我效能感。所谓自我效能感，是指一个人对自己的能力，以及运用该能力将得到何种结果所持的信心或把握程度。一般来说，成功经验会增强自我效能，反复的失败则会降低自我效能。

关于人的天赋，传统的智力理论通常以语言能力和数理逻辑能力为整体评判的标准，也就是人们常说的IQ。1983年，美国哈佛大学教授、发展心理学家加德纳提出了多元智能论。他认为，智能是多元的，是由同样重要的多种能力而不是一两种核心能力构成的，而且各种能力不是以整合的形式存在，而是以相对独立的形式表现出来的（见图2－5）。多元智能中的各种智能内涵是：

（1）语言智能：指人对语言的掌握和灵活运用的能力，表现为用词语思考，用语言和词语的多种不同方式来表达复杂意义。

（2）逻辑智能：指人对逻辑结果关系的理解、推理、思维表达能力，突出特征为用逻辑方法解决问题，有对数字和抽象模式的理解力，认识解决问题的应用推理。

（3）空间智能：指人对色彩、形状、空间位置的正确感受和表达能力，突出特征为对视觉世界有准确的感知，产生思维图像，有三维空间的思维能力，能辨别感知空间物体之间的联系。

（4）音乐智能：指人的感受、辨别、记忆、表达音乐的能力，突出特征为对环境中的非言语声音，包括韵律和曲调、节奏、音高、音质的敏感。

（5）运动智能：指人的身体的协调、平衡能力和运动的力量、速度、灵活性等，突出特征为利用身体交流和解决问题，熟练地进行物体操作以及需要良好动作技能的活动。

（6）人际智能：指对他人的表情、说话、手势动作的敏感程度以及对此作出有效反应的能力，表现为个人能觉察体验他人的情绪情感并作出适当的反应。

（7）内省智能：指个体认识、洞察和反省自身的能力，突出特征为对自己的感觉和情绪敏感，了解自己的优缺点，用自己的知识来引导决策，设定目标。

（8）自然智能：指的是观察自然的各种形态、对物体进行辨认和分类、能够洞察自然或人造系统的能力。

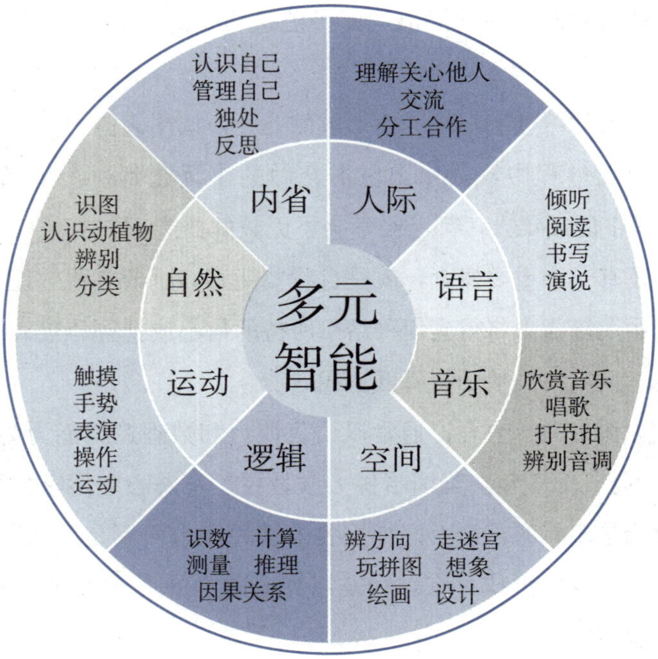

图 2-5　多元智能

加德纳认为，多元不是一种固定的数字概念，而是开放性的概念。个体到底有多少种智能是可以商榷和改变的。

每种智能在个人的智力结构中处于同等重要的地位，每个人都同时拥有这八种智能，但它们在每个人身上以不同的方式、不同的程度组合，从而使得每个人的智力各具特点。

（二）技能的分类

技能，是求职者的“硬通货”。在职业市场上，职业人以技能换取薪酬。一个能够清晰地向潜在的雇主描述自己技能的人，最有可能获得一个正好发挥自己能力的职位。

技能可分为不可迁移技能和可迁移技能两种类型。

1. 不可迁移技能

不可迁移技能是指那些需要通过教育或者培训才能获得的特别的知识或能力，也就是我们所学的科目、所懂的知识。它们与我们的专业学习或工作内容直接相关。正因为如此，许多大学生由于不喜欢自己的专业，在找工作时陷入两难境地：一方面不愿意从事自己所学专业的工作；另一方面担心自己改行与专业出身的人相比缺乏竞争力。其实，专业知识技能并非只有通过正式的专业教育才能获得。课外培训、听讲座、自学、资格认证考试等，都可以帮助我们获得专业知识技能。实际上，越是大公司，越看重个人的综合素质，也就是可迁移技能。

2. 可迁移技能

可迁移技能就是在任何工作岗位上都用得上的能力，它可以从生活中的方方面面得到发展，可以迁移应用于不同的工作之中，比如组织、说服、设计、考察、分析、决策等。它包括自我管理能力、沟通能力、团队合作能力、创造力、解决问题能力等。

可迁移技能也是个人最能持续运用和最能够依靠的技能。比如当今时代越来越强调“终身学习”，学习能力比拿到某个专业的硕士学位（知识技能）更重要。与知识技能相比，可迁移技能无所谓更新换代，而且无论你的需求和工作有什么样的变化，它都可以得到应用。所以，它的重要性不容忽视。大学生在校期间，一定要在学好专业知识的基础上，加强对可迁移技能的培养。

课堂活动

撰写“成就故事”

请写出生活中令你有成就感的一件事，然后对其进行分析，看看你在其中使用了哪些技能（尤其是可迁移技能）。

这个“成就故事”不一定是工作或学习上的，也可以是课外活动或家庭生活中发生的，比如同学聚会、一次难忘的旅行等。它不必是惊天动地的大事，只需要符合以下两个标准：

（1）你喜欢做这件事时体验到的感受。

（2）你为完成它所带来的结果感到自豪。

如果同时你还获得了他人的认可和表扬，那就更好了。

撰写的“成就故事”应当包含以下要素：

（1）你想实现的目标，即你要完成的事情。

（2）你面临的障碍、限制或困难。

（3）你的具体行动步骤，即你是如何一步步克服障碍实现目标的。

（4）对结果的描述，即你取得了什么成就（最好用某种方法衡量或以数据说明）。

要求：在小组中分享你的“成就故事”，并请大家一起提炼你拥有的能力。

第三节 工作世界探索

一、工作世界现状

（一）专业与职业

课堂活动

头脑风暴——拓展职业范围的思考

请同学们用头脑风暴法列举出与手机相关的尽可能多的职业。

请将你所有联想到的职业都写在黑板上。

讨论：你从这个活动中得到了什么启发？

这个活动说明，同一个专业可以从事多种职业。因此，大学生在探索工作世界时，应了解和自己专业相关的职业。学习专业知识的目的是帮助我们更好地发展自己，绝不是限制我们的发展。我们应当用更广阔的眼光来看待工作：

（1）对大多数人来说，适合的职业有数种。

（2）没有哪一种工作能完全满足一个人所有的需要。

（3）各个行业领域和各个经济收入阶层的人，都热爱自己的工作。

（4）工作世界时常发生变化，甚至是急剧变化。

所以在工作世界中，每个人都可以找到属于自己的那份工作，只是需要做好心理准备，变化是其中必然要面对的。面对工作世界，你要学会如何应对工作的变动，而不要去回避它。

工作形式有很多种，最常见的就是全职工作。我们在求职时，都是希望能够找到一份全职工作，因为其具有相对的保障和稳定性。兼职是近年来增长很快的工作形式之一。兼职工作虽然收入不一定高，也不够稳定，但是能很好地增长社会经验。自由职业是目前社会中比较受追捧的一种工作形式，选择这种工作形式的人，通常具有良好的心理安全感、自我管理能力和自信心。创业也是一种工作形式，其风险最高，具有高风险、高回报的性质。

社会的进步和发展提供给个人的机会越来越多，大学生在进行职业生涯规划时要注意这些可能性，给自己更大的选择空间。例如，若创业是你的最终理想，但在刚毕业时时机尚未成熟，可以从其他的工作形式开始，有了各方面的积累后再创业。若一时难以找到心仪的全职工作，不妨从兼职开始培养自己所欠缺的经验和能力，然后去争取全职工作。只有在看到更多的可能性时，才会有更多办法走上自己的理想道路，并将经历过程看作锻炼和提升的机会。

小贴士

在做职业研究时应该考虑的问题

该职业的工作内容和责任是什么？

需要什么样的申请资格？如大学专业、技能、工作经验。

你在这个领域获得在岗培训的可能性有多大？

这个领域经典的职业轨迹是什么？

这个行业的就业前景如何？

这个行业的平均起薪是多少？

这个行业最典型的雇主是谁？

这个行业的专业协会有哪些？

这个行业的工作环境如何？

是否经常出差？

是否要求到外地去工作？

（二）职业分类

1. 形成自己的职业清单

自我探索可以帮助我们初步形成一个职业探索范围。自我探索中的兴趣、价值观探索，每一部分都有相应的合适职业出现。此外，每个人还有自己心中理想的职业，可以通过头脑风暴法把它们列出来。结合你的能力和价值观，再次在职业清单中进行筛选，这样就获得了你的职业清单。通常5～10个职业调查是比较适中的。在信息探索过程中，要抛开自己固有的想法，保持开放的心态，这样就容易获得可观的信息。

2.《中华人民共和国职业分类大典》

1999年5月颁布的《中华人民共和国职业分类大典》是我国第一部对职业进行科学分类的权威性文献，分别于2015年和2022年进行了两次修订。2022年新版大典将我国目前的社会职业分为1 639个，归纳为8个大类，具体确定了各个职业的名称。其中8个大类具体为：

（1）国家机关、党群组织、企业、事业单位负责人。

（2）专业技术人员。

（3）办事人员和有关人员。

（4）社会生产服务和生活服务人员。

（5）农、林、牧、渔业生产及辅助人员。

（6）生产、运输设备操作人员及有关人员。

（7）军人。

（8）不便分类的其他从业人员。

二、新型的工作方式

工作是一种既创造经济价值也为他人提供服务的活动。那么工作是从哪儿来的呢？《反思工作》一书的作者经济学家萨·莱维坦（Sar Levitan）认为，工作产生于公众对商品和服务的渴望。实际上工作已日益成为消费者的产物。当我们对汽车、儿童照看等产品和服务的需求增加时，这些产品和服务的供给者就会采取必要的步骤增加其产品和服务的供给量。传统的工作方式是全职工作，因此组织通常通过延长员工的工作小时数和天数来增加工作量，或者是雇用更多的员工从而创造更多的工作机会。然而为了控制劳动力的成本，组织已经开始运用新策略来满足公众增加的需求。这就创造了新的工作方式，不同于以往的全职工作方式。

（一）弹性工作制

所谓弹性工作制，就是允许员工自由确定自己的工作计划，以帮助员工履行家庭职责、处理紧急事务等。“弹性”的方式很多，如将一周压缩成 4 天，每天工作 10 小时；或是将上班时间提早，下班时间也同时提早；或是某些天的工作时间较长，而有些天只工作半天。弹性工作制在不同的组织中有不同的表现形式，能揭示出该组织文化中的一些特点。

（二）兼职/多重职业

兼职工作可以几种形式存在，包括同时承担两份或以上的兼职工作，或在从事一份全职工作的基础上再承担一份兼职工作，甚至可以从事一份以上的全职工作。兼职职业常常来自服务行业、娱乐业、公共管理和教师行业。兼职工作是一个人增加收入、学习从事一门新工作，或照顾家庭成员的最好选择。然而，兼职可能也同时是人们承受经济压力、就业质量不高的象征。

（三）自由职业

自由职业是一种自我雇佣的工作方式。自由职业者依靠自身提供产品或服务以获得消费者。这种方式以其自由、开放而著称，自由职业者可以自主安排自己的工作时间和工作方式。当然，自由职业对从事的个体也存在较高要求，如需要的是主动的工作者，能够在没有外界压力的情况下及时完成工作，需要具备出众的专业能力，也需要拥有良好的人际关系与资源，从而能够取得业务。

小案例

自由职业者的不自由

不必奔波去上班，无限自歇时间，不必打扮得整洁光鲜——自由职业听起来就像是一个美好如梦的工作。不过，做一名在家工作的自由职业者其实比上班更加令人筋疲力尽。自由职业者不得不应对家庭生活中各种杂七杂八的事情，有些人花在家庭事务上的时间之多使他们自己的事业变得糟糕。虽然如今科技的发展使在家办公比以往更加容易，但是在家工作的自由职业者却要面对更大的压力。美国纽约伦斯勒理工学院的蒂姆·戈尔登（Tim Golden）教授对一家大型电脑公司的300多名职员进行了研究，研究对象包括在家工作的职员和全职的职员。参与调查的员工被要求评估他们的家庭冲突水平以及他们工作与生活平衡度水平。有4/5的被调查者表示当他们不能达到工作和生活的完美平衡时，他们会感到有压力，而在家工作会使这种压力更大。报告中提到，工作和家庭之间的冲突越多，人们就会越感到疲惫。因此对于那些在家工作的自由职业者来说，时常离开家，参与一些其他活动，能够缓解压力，帮助他们给自己“充电”，恢复精力。

在我国也进行过对自由职业者的调研。在工作状态方面，多达63%的受访对象认为，自由职业者“忙的时候忙死，闲的时候闲死”。也正是在这种不确定的工作环境下，自由职业者普遍感觉精神压力比一般从业者要大。当被问及“自由职业者是否真自由”时，33%的受访对象认为精神压力很大，20%的受访对象认为物质压力很大，只有三成的受访对象认为“比较自由”。有人说自由职业者工作越成功，就越失败，因为再也离不开工作了，一天不工作就没有收入。

调查显示，不稳定的收入来源让自由职业者时刻存在不安全感。如问自由职业者“最让您担心的问题”时，约有52.56%的受访对象说收入不固定最让人担忧，另有21.79%的人最担心职业前途渺茫。“吃了今天的，不知道明天的在哪里”的生存压力问题折磨着他们。

（四）远程办公

远程办公是一种正在发展的工作形式，它是指在远离办公室或雇主工作场所的地方工作。居家办公是远程办公最普遍的方式。随着技术发展，尤其是互联网的快速发展，在电子邮件、视频会议等普及的前提下，远程办公越来越受组织欢迎。组织欢迎远程办公，因为它减少了对昂贵的办公地点的需要，并能使员工享受更令人满意的生活方式和高效率。当然远程办公对组织而言也存在一定的问题，主要是离开办公室的员工能否像在办公室里一样认真投入工作。相应地，这种新工作方式对个人来说也是个挑战，它要求个人具有自我激励和独立工作的能力、避免注意力分散的能力、有效运用技术的能力。同时，远程办公对个人来说，存在缺乏团队的支持和面对面的交流等问题，容易让人感到孤独和缺乏归属感。

（五）自主创业

创业即自己经营企业，是近年来国家鼓励和提倡的大学生就业的新途径。创业是一种风险较大的就业方式，对个人能力、素质、资源等都具有较高要求，因此大学生在决定创业前应该经过慎重思考。科技创业是大学生创业成功的常见模式。

三、探索工作世界的方法

职业探索有很多方法，如上网搜索、实地实习等。不同的方法所获取信息的翔实度、深度有所不同，探索者的投入程度也不同。按照探索者与信息互动的深浅程度可以把这些方法分为查阅法、观察法、访谈法、体验法四大类。这四类探索方法在信息获取上是一个范围逐渐缩小、了解逐渐加深的过程。

（一）查阅法

查阅法是指通过浏览和查看各类媒体资讯来进行职业探索获取信息的方法。这些媒体包括书面出版物（报纸、杂志、书籍等）、视听媒体（电视、广播等）以及互联网络。

1. 书面出版物

在很多书面资料中都能发现关于职业的信息。书面的资料包括报纸、杂志、专著、论文等。比如一些传记类的书籍就能够让大学生对相关的职业有大致的认识。记者、政治领袖、物理学家、文学家、数学家、精神分析师、律师、外交官、企业家等都是传记中经常会出现的人物。从小说里常常可以了解到关于职业的信息，近年来出版了很多职场小说，更是对相关职业进行了细致的解读。需要注意的是，小说有虚构和夸张的成分，职业信息很可能带上了虚构的色彩而显得不真实，需要注意辨别。报纸、杂志上常常出现的关于行业职业趋势和相关情况的报道也可及时更新我们对职业的认知。

2. 视听媒体

视听媒体上也有很多关于职业的信息。和书面出版物相比，电视这样的视听媒介中得到的信息往往更为丰富和生动，也更为快速。最近几年出现了许多求职类电视节目，如“职来职往”“非你莫属”等，是大学生了解职业信息和职场的有效途径。然而不能忽视的是，除了新闻类节目之外，视听媒体中的影视剧、节目等常常具有夸张和娱乐的成分，展示的信息并不完全真实。比如侦探和警察是电视剧中很受青睐的角色，这些角色中强调的更多是危险、动作、英勇等冒险刺激的成分，而忽略工作的常规方面，比如辛苦地调查和书写报告等。所以我们可以把视听媒体当成一种信息来源，但却不能仅仅依靠这种方法来收集职业信息。

3. 互联网络

尽管报纸、杂志与电视仍然是提供职业信息的重要载体，但更方便、更快捷、更为大学生所喜爱和广泛使用的查阅方式还是网络搜索。在网络搜索时，大学生可以注意以下几类资源：

(1) 搜索网站。百度（www. baidu. com）等是大家熟悉的搜索引擎，但却不是所有人都知道搜索也有很多技巧。大学生应该多学习搜索引擎的使用技巧，以便提高搜索的准确性。

豆瓣网（www. douban. com）提供图书的推荐和评论，可以搜索到很多相关的图书。其中“豆列”图书提供了个人整理的某类目下类似图书的集合，能够帮助大学生迅速发现有价值的书籍资源。

(2) 相关领域的专业网站。几乎所有的职业领域都能在互联网上找到它们的一席之地。找到这些网站可以依靠搜索引擎，也可依赖于平日的积累。列举两个网站：

经理人网（http：//www. sino-manager. com)，号称“中国管理第一门户”，有关于人力资源、市场营销等领域的职业信息。

慧聪网（http：//www. hc360. com)，有大量与销售、谈判、创业有关的信息。

(3) 求职招聘网站。关注求职招聘类网站，如智联招聘网（www. zhaopin. com）等，在其中可以查阅到非常有价值的、通常会被忽略的一类帮助职业探索的资讯：招聘信息。

企业在招聘网站上发布的招聘信息是企业对所需要的人才资质的明确描述，从教育背景、通用技能到个人品质都会涉及，因此对有志于从事该职业的大学生来说具有重要的参考价值。企业还常常会在招聘广告中阐述该职位的工作任务，对尚未涉足职场的大学生而言，这无疑是一种便捷地了解职业信息的方式。不仅如此，大学生还可以通过对不同企业发布的同类招聘信息进行比较分析，了解社会对该职业通用技能的要求，指导自己的能力培养与求职择业。

查阅法是一种最为常用、方便、快捷、信息量大、成本低的职业探索手段。但查阅法也存在不足，因为这种方式得到的信息是间接的，可能了解得不够深入，也可能与现实感受有差距，这就需要用其他的方式将探索更进一步。

(二) 观察法

观察法是到相关职业现场短时间地观察、了解。通过观察，可以了解职位相应工作的性质、内容，职业环境及氛围，获得实实在在的职业感受。

大学生经常有机会去各种类型的企业参观，这种参观就是利用观察法收集职业信息的机会。参观的优点是能得到切身的感受，但此类参观通常局限于流程，缺乏对职业的直接感受。如果有机会对相关职业的工作者进行一段时间的直接观察，会更有收获。通过观察工作者的实际工作情况，可以获得关于该职业的第一手信息，从而评估自己对职业的适合程度。这可以让大学生对工作内容、工作职责等重要信息有直观的了解。当然，直接观察的效果要视各自观察具体事物的能力而定，但不可否认这是一种了解信息的好途径。需要注意的是，观察的方式所了解到的信息仍然有限，一方面由于并非具体参与，很可能只看到表面而不能了解本质的情况，易被营造的氛围迷惑；另一方面观察到的只是某一天或某个时段的情况，也许并不能够代表职业的整体状况。因此，做决定时仍需要结合其他探索方法。

另一种运用观察法探索职业的方式是提前参加招聘会。一般来说，大学生在大四正式找工作之前都不会接触到招聘会。然而招聘会不仅提供工作机会，也提供了有效的职业探索途径。大学生在大二、大三时提前参加招聘会，可以直接感受招聘的氛围，建立起职业生涯规划的紧迫感；同时，招聘会上大量企业的招聘信息也可以给大学生提供本专业的需求情况、对个人素质要求的信息，明确个人未来能力培养方向。大学生可以制作简历进行投递，即使没有得到真正意义上的工作，但经历了制作简历、投递简历以及与用人单位初次接洽的过程，对以后真正就业也会是一次实战模拟。

（三）访谈法

访谈法，也称职业生涯人物访谈，是指与自己未来希望从事的职位上的人进行访谈。职业生涯人物访谈几乎是性价比最高的一种职业探索方式，可以通过很短的时间了解到相关职业翔实而深入的信息，是大学生应该重点掌握的职业探索方法。

1. 职业生涯人物访谈的流程

（1）明确访谈对象类型。职业生涯人物访谈的第一步是明确自己究竟要访谈什么类型的人。在明确访谈对象时，职业类型和组织类型一样重要。比如国有企业、外资企业和民营企业的同样岗位可能具有较大的差别。选择的访谈对象越贴近自己的职业目标，得到的信息就越有参考价值。

（2）找到访谈对象。找到正确的访谈对象被大学生认为是很困难的一件事，但仔细想来有很多方法。比如院系老师的推荐，师兄师姐、父母及他们的朋友，各种职业 QQ 群，各种专业论坛、博客等，还有微博、微信，只要能提供交流的地方，都是很好地找到访谈对象的平台。

思考与练习

职业生涯人物怎么找？

职业生涯规划课上，老师给大家布置了一个作业：职业生涯人物访谈。公关管理学院二年级的王丹犯难了。老师强调说，职业生涯人物访谈要找自己未来想从事职业的工作者。王丹对公关这个领域比较感兴趣，很想了解一下实际工作中是什么样子。但是她才大二，认识的师兄师姐大都还没毕业，辗转打听也没发现已经毕业的师兄师姐中有在这个行业的。怎么办呢？

王丹是个点子很多的女生。她平时喜欢刷微博，微博除了能和朋友交流，也能让她和一些平时觉得距离很遥远的名人有机会互动，她的一条评论还得到了她很喜欢的名人的回复。她觉得微博把人与人的距离缩短了。于是她想，能不能借用微博这个工具呢？

王丹进入微博，在“找人”的搜索栏里输入“公关”两个字。让她高兴的是，出来了一大堆搜索结果。除了微博名称里带有“公关”两个字的，还有在他们的“简介”或“标签”中提到了公关的。也就是说，搜索结果中大多数都是这个领域的从业者！这不是得来全不费工夫吗？王丹感到非常兴奋。接下来，她开始浏览每个人的简介，把觉得合适的记录下来，再仔细地去看这些人的微博。最终，她确定了四个可以联系的对象。让她高兴的是，有三个人都给她回复了，两个人答应接受她的访谈。这比她设想的比例可高多了。当然，她也发现了一个小窍门，接受访谈的成功率和粉丝数量有关，粉丝数量少的博主更有可能接受访谈。最终，王丹顺利完成了作业，提交了一份让她自己满意的访谈报告。

思考：

（1）王丹尝试使用微博作为寻找职业生涯人物的方式，为什么能够成功？

（2）要想提高微博寻人的成功率，应该注意哪些问题？

（3）你还能想到哪些寻找职业生涯人物的方式？尝试一下吧。

（3）确定访谈对象。确定人远远比找到人难，因为找到的很多都是陌生人，所以如何运用技巧让对方答应接受访谈是能力的体现。一般来说，人都是友善的，愿意帮助积极进取的年轻人，尤其是访谈中想请教的内容曾经是他的遗憾时，他更乐意帮助。所以，感谢是第一要素，共情是关键因素，赞美是促进因素，掌握好这三点，再辅之以较短时间（如15 分钟等）的约定是很容易确定访谈对象的。

（4）准备好访谈提纲。当拿到访谈对象提供的 15 分钟或 1 个小时的时间时，要体现这些时间的价值，尤其是让对方感到有价值是很难的，不能在闲聊中浪费时间，否则对方也会不满意。所以制定一个访谈提纲很重要，具体内容可以参照下文里的访谈内容介绍。访谈一定不要超过所约定的时间，除非访谈对象愿意并主动提出延长时间。

（5）正式进行访谈。正式访谈时，准时是第一要求，包括准时开始与准时结束。在访谈中如果访谈对象明确表示不愿意或不耐烦，那一定要及时结束。回去总结比无效地僵持强，与其在不愉快中拖延到结束，还不如主动离开以少占用对方的时间。所以在正式访谈前的预演很重要，如果可能，最好能找个同伴一起演练。

（6）汇报与感谢。无论以什么样的心情和状态结束访谈，事后都应该将访谈的记录和个人心得提交给访谈对象，这既是对访谈对象的价值肯定，也是有礼貌的体现，还能进一步取得对方的建议与评价。在这一步中，表示感谢和写下自己的心得都非常重要。

在访谈结束后，最好发一份电子邮件或一条手机短信，表示感谢。

2. 访谈内容

职业生涯人物访谈的过程中，除了对访谈对象的工作单位、岗位、职务等个人基本信息的了解外，主要还应了解职业信息、访谈对象的经历及对职业的理解。前者是基本信息，而后者可以问出访谈对象的个人心得和建议。

职业信息主要包括如下内容：

（1）工作内容。每天会做些什么工作？工作职责主要是什么？你是否有兴趣？

（2）成长路径。在工作中如何从最低层做到最高层？提升一级的大概时间是多长？

（3）发展趋势。技术、文化、全球化是否会对本职位有影响？可发展到哪些相关的领域？

（4）工作环境。工作地点、着装要求、压力水平、督导方式、服务对象、工作时间、出差时间等。

（5）教育培训。这一职业需要具有怎样的教育背景？哪些地方提供这种教育、培训的机会？和现在所学的专业相关吗？

（6）应有技能。大学生必须拥有哪些技能？这一职业有没有特殊要求？

（7）资格证书。是否需要某种资格证书？如何获得？各个省份的情况是否相同？

（8）入职途径。如何获得职位？哪种方式更容易进入这个目标职业？要花多长时间？

（9）薪水福利。薪水是多少？有什么福利？和其他公司有何差别？薪水福利的变化趋势如何？

（10）生活方式。这一职业将如何影响家庭角色、婚姻和休闲？

（11）近期的准备。需要在大学里完成的任务。

需要注意的是，这些内容是关于职业信息的全面概述，在制定访谈提纲时要根据具体访谈对象和时间转化为通俗易懂的语言，切忌直接照搬。

职业生涯人物访谈最好组队进行，方便提问和记录。个人访谈最好能够录音或录像。如果不能，也要记得把重点放在访谈本身，不要因为记录而失去了对访谈整体方向的把握，访谈完成之后要立即回忆整理。整理录音或记录文字是必须要做的事情，除非访谈对象以文字内容作答。

善用职业生涯人物访谈，可以帮助大学生了解职业世界，明确职业目标。但职业生涯人物访谈毕竟是第二手资料，多少也会受到访谈对象主观性的影响。为了避免这个问题，访谈对象最好在这个职位上已经工作了至少三年，访谈的人数最好不少于三个，如果既能与成绩卓然者谈，也能与默默无闻者谈，得到的信息会更全面客观。还应该明确，访谈的目的是收集供职业生涯决策的信息，而不是利用访谈对象来找工作，以免引起双方的尴尬。

在正式进行访谈前，还可以为自己准备一个“30 秒广告”，因为在访谈过程中，对方可能会问到你的一些情况，比如你的职业兴趣和目标等。这样有助于访谈的深入进行，能够取得较高的效率。

小贴士

访谈中可能提出的问题

1. 在这个工作岗位上，每天都做些什么？
2. 你是如何找到这份工作的？
3. 你如何看待该工作领域将来的变化趋势？
4. 本职业需要什么样的人？
5. 就你的工作而言，你喜欢什么，不喜欢什么？
6. 什么样的初级工作有益于学到更多的知识？
7. 什么样的个人品质或能力对本工作的成功是最重要的？
8. 对于一个即将进入该工作领域的人，你愿意提出特别的建议吗？
9. 有哪些方法能帮助你深入了解该工作领域？

（四）体验法

体验法是所有方法中投入程度最高、收获信息的质量最高的一种职业探索方式。体验法是到职业场所进行一定时间的工作或实习，亲身参与到相关执业活动当中。体验法是一种能够比较全面地了解职业的方法，可以更深入、更真实地对职业的工作任务、工作要求、工作环境及个人的适应情况进行了解、判断，可以了解工作的程序、报酬、奖罚、管理及升迁发展的信息，还可以通过与工作人员的实际接触，感受职业对人的影响。

实际接触包括实习和工作这两种方式。毋庸置疑，体验法中所获得的职业信息是最全面而又有深度的。然而，体验法的成本也是最高的。体验法通常有工作和实习两种方式。实习的成本相对低一些，不需要付出多大的代价。但是如果毕业之后选择了工作但又发现不合适，那么重新进入新的行业和职业的成本就更高。因此在大学阶段，要尽可能地争取实习的机会，为毕业时的选择做准备。

不同的职业探索方法有各自的优缺点，大学生只有结合其探索职业的特点和个人资源，综合运用各种方法，才能做到对职业进行有效探索，为职业决策和未来职业发展打下良好的基础。

小案例

李佳音的访谈经历

李佳音是国际贸易专业大学三年级的学生。她的英语已通过了专业八级，口语也不错，在一些国际会议中担任过志愿翻译。她根据自己的霍兰德职业兴趣类型，从相关测评和资料列举的职业中选出了个人感兴趣的职业，通过信息收集、职业生涯人物访谈，对英语人才的需求和英语翻译进行了解。

李佳音对某外贸公司翻译王先生进行了职业生涯人物访谈。她是通过学校英语老师约到王先生的。访谈前她与王先生进行了简单的电话沟通，说明了访谈目的，约好了时间。

通过访谈，李佳音感到英语翻译这一职业在未来几年的发展中既有希望，也有挑战。触动她的有两点：一是自己的专业不对口，以前担心是否具有竞争力。现在认识到，好的翻译是综合型人才，需要和其他专业相结合才能成为优秀的翻译者。这样自己无形间就具有了英语专业学生不具有的优势，心里踏实了很多。二是王先生谈到优秀翻译工作者要具有三个条件，即语言功底扎实、知识面广、做事态度认真，这让李佳音提醒自己不要忽视自我管理技能。

课堂活动

职业生涯人物访谈

（1）2～3人一小组，自由结合，拟订访谈计划，联系访谈人物，成功进行访谈。

（2）访谈形式最好是面对面，也可采用电话、视频等其他形式。做好访谈录音等记录。

（3）制作汇报PPT，向全班同学进行访谈汇报。

第四节　决策与行动

经过自我探索和对工作世界的探索，大学生需要综合两方面的信息，进行初步的职业抉择，为自己的职业生涯设立目标，确定大体的发展方向。

决策是一件不容易的事情。小到选一双什么样的鞋，大到选择职业或伴侣，都不乏为之茫然失措的人。不少人都缺乏为自己做决策的信心，他们担心自己会犯错，会后悔，因此在面对选择时左右为难。也有的人干脆就设法拖延了事。他们没有意识到，当他们这样做的时候，实际上已经做出了一个决定，那就是不做决定。如何做出有利于自身长远发展的职业决策，这似乎已经成了一个难题。

小故事

毛毛虫找苹果

毛毛虫都喜欢吃苹果，有四只毛毛虫长大了，各自去森林里找苹果吃。

第一只毛毛虫跋山涉水，终于来到一棵苹果树下。它根本就不知道这是一棵苹果树，也不知树上长满了红红的可口的苹果。当它看到其他的毛毛虫往上爬时，稀里糊涂地就跟着往上爬。没有目的，不知终点，更不知自己到底想要哪一种苹果，也没想过怎么样去摘苹果。它的最后结局呢？也许找到了一个大苹果，幸福地生活着；也可能在树叶中迷了路，过着悲惨的生活。不过可以确定的是，大部分的毛毛虫都是这样活着的，没想过什么是生命的意义，为什么而活着。

第二只毛毛虫也爬到了苹果树下。它知道这是一棵苹果树，也确定它的“虫”生目标就是找到一个大苹果，问题是它并不知道大苹果会长在什么地方，但它猜想：大苹果应该长在大枝叶上吧！于是它就慢慢地往上爬，遇到分枝的时候，就选择较粗的树枝继续爬。于是它就按这个标准一直往上爬，最后终于找到了一个大苹果。这只毛毛虫刚想扑上去大吃一顿，但是放眼一看，它发现这个大苹果是这棵树上最小的一个，上面还有许多更大的苹果。更令它泄气的是，要是它上一次选择另外一个分枝，它就能得到一个大得多的苹果。

第三只毛毛虫也到了一棵苹果树下。这只毛毛虫知道自己想要的就是大苹果，并且研制了一副望远镜。还没有开始爬时它就先利用望远镜搜寻了一番，找到了一个很大的苹果。同时，它发现当从下往上爬时，会遇到很多分枝，有各种不同的爬法；但若从上往下爬时，却只有一种爬法。它很细心地从苹果的位置，由上往下反推至目前所处的位置，记下这条确定的路径。于是，它开始往上爬了，当遇到分枝时，它一点也不慌张，因为它知道该往哪条路走，而不必跟着一大堆毛毛虫去挤破头。比如说，它的目标是一个名叫“教授”的苹果，那应该爬“深造”这条路；如果目标是“老板”，那应该爬“创业”这条分枝。最后，这只毛毛虫应该会有一个很好的结局，因为它已经有自己的计划。但是真实的情况是，因为毛毛虫的爬行相当缓慢，当它抵达时，苹果不是被别的毛毛虫捷足先登，就是苹果已熟透而烂掉了。

第四只毛毛虫可不是一只普通的虫，做事有自己的规划。它知道自己要什么苹果，也知道苹果将怎样长大。因此当它用望远镜观察苹果时，它的目标并不是一个大苹果，而是一朵含苞待放的苹果花。它计算着自己的行程，估计当它到达的时候，这朵花正好长成一个成熟的大苹果，它就能得到自己满意的苹果。结果它如愿以偿，得到了一个又大又甜的苹果，从此过上了幸福快乐的日子。

一、职业生涯决策的风格

决策风格是指职业生涯决策主体在进行职业生涯决策过程中倾向的决策策略，属于决策的主观性影响因素。相同条件下，决策主体的不同决策策略倾向将对结果产生很大的影响。因此，明确职业生涯决策风格将对决策者的决策过程有一定的指导作用。

美国职业生涯专家斯科特（Scott）和布鲁斯（Bruce）认为决策风格是在后天的学习经验中逐渐形成的，并将决策风格划分为五种类型：理智型、直觉型、依赖型、回避型和自发型。

（一）理智型

以周全的探求，对选择做出逻辑性评估为特征。理智型的决策者具备深思熟虑、分析、逻辑的特性。这类决策者会评估决策的长期效用并以事实为基础做出决策。理智型决策风格是比较受推崇的决策方式，强调综合全面地收集信息、理智地思考和冷静地分析判断，是其他决策风格的个体需要培养的一种良好的思考习惯。但理智型的决策风格也并不是理想的、完美的决策方式，即使采用系统的、逻辑的方式，也会出现因为害怕承担决策的后果而不能整合自己和他人重要观点的困扰。

（二）直觉型

以依赖直觉和感觉为特征，比较关注内心的感受。直觉型的决策风格以自我判断为导向，在信息有限时能够快速做出决策，当发现错误时能迅速改变决策。由于以个人直觉而不是理性分析为基础，这类决策发生错误的可能性较大，因此，易造成决策的不确定性，使直觉型决策者丧失信心。

（三）依赖型

以寻求他人的指导和建议为特征。依赖型的决策者往往不能够承担自己做决策的责任，允许他人参与决策并共同分享决策成果，会受到他人的正面评价，但也可能因为简单地模仿他人的行为导致负面的效应。依赖型的决策者需要理解生活中重要他人对自己的影响程度。

（四）回避型

以试图回避做出决策为特征。回避型的决策风格是一种拖延、不果断的方式。面对决策问题会产生焦虑的决策者，往往因为害怕做出错误决策而采取这样的反应，这往往是由于决策者不能够承担做决策的责任，而倾向于不考虑未来的方向，不去做准备，不知道自己的目标，也不思考，更不寻求帮助。所以，这类决策者需要意识到自身的决策风格及其可能造成的危害，努力调整，增强职业生涯规划的意识和动机，这样才能从根本上得到帮助。

（五）自发型

以渴望即刻、尽快完成决策为特征。自发型的个体往往不能够容忍决策的不确定性以及由此带来的焦虑情绪，是一种具有强烈即时性，并对快速做决策的过程有兴趣的决策风格。自发型决策者常会基于一时的冲动，在缺乏深思熟虑的情况下做出决策，此类决策者通常会给人果断或过于冲动的感觉。

心理测试

桃园摘桃

路边有一片桃园，假如你可以进入桃园摘桃子，但只许前进不许后退，只有一次机会，要摘一个最大的桃，你会怎么办？

A. 对视野内的桃子进行比较，形成了一个大概的标准，再根据这个标准选择最大的桃子。

B. “我感觉这个大！”就摘这个了。

C. “去问桃园的人，让他告诉我什么样的最大！”或者问旁边的人什么样的最大。

D. 先别管了，走到最后再说吧。

E. 稍微比较，迅速摘一个。

结果说明：

A. 理智型。强调全面地收集信息、理智地思考和冷静地分析判断。

B. 直觉型。以自我判断为导向，在信息有限时能够快速做出决策，发现错误时能迅速改变决策。

C. 依赖型。倾向采用他人建议，往往不能承担自己做决策的责任。

D. 回避型。拖延，不果断，倾向于不考虑未来的方向，不知道自己的目标，不思考，也不寻求帮助。

E. 自发型。不能容忍决策的不确定性以及由此带来的焦虑情绪，具有强烈的即时性，对快速做决策的过程有兴趣。

二、职业生涯决策的基本方法

职业生涯规划与决策的具体方法较多，而且我们在进行职业生涯规划与决策时也可以创造出一些新的适合自己的独特方法。不管依据何种理论、何种方法进行职业生涯规划与决策，都强调对自己的认识，强调对自身的能力、兴趣、价值观的认识，也强调对外部环境的分析与判断，据此有效指导后续的职业生涯规划活动。目前较为常用的方法有以下几种。

（一）CASVE 循环分析法

无论是解决个人职业规划问题还是解决团体问题，CASVE 循环分析法都是非常有用的。大学生在进行重大决策时，为了降低风险，尽可能充分地考虑决策所涉及的多方面因素，可以使用 CASVE 循环分析法。它包括五个阶段：沟通（Communication）、分析（Analysis）、综合（Synthesis）、评估（Valuing）和执行（Execution），如图 2－6 所示。它可以在整个职业生涯问题解决和决策制定过程中使用，决策主体需要根据影响因素的变化，适当调整自己的决策结果。

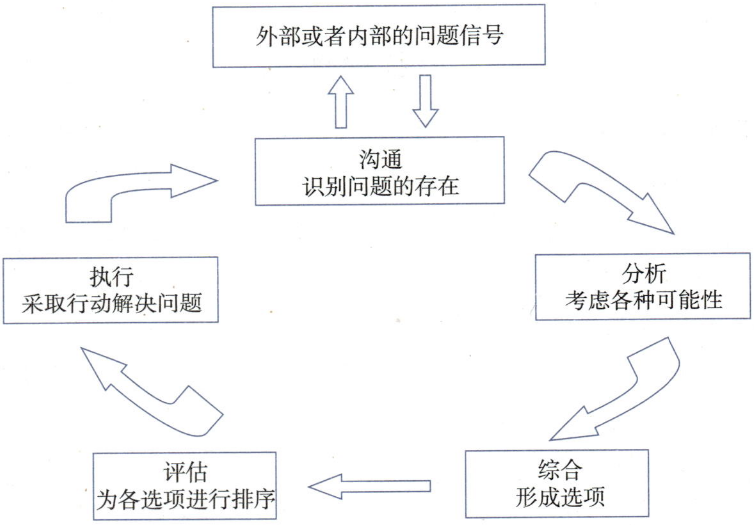

图 2－6　CASVE 循环分析法示意图

1. 沟通

在这个阶段，我们收到了关于职业理想与现实之间存在差距的信息。这些信息可能通过内部或外部交流途径传达给我们。内部沟通包括情绪信号，例如不满、厌烦、焦虑和失望，还有身体信号，如昏昏欲睡、头痛、胃部疾病等。外部沟通包括父母对你的职业规划的询问，同事、朋友对你的职业评价，或者是杂志上评论你的专业正在逐渐过时的文章。这是意识到自己需要做出选择的阶段。在这个阶段，我们通过各种感官和思考充分接触问题，发觉存在的差距已不容忽视。

2. 分析

在这个阶段，问题解决者需要花时间去思考、观察、研究，从而更充分了解差距，了解自己有效地做出反应的能力。好的职业生涯决策者阻止用冲动行事来减小在沟通阶段所体验的压力或痛苦，因为他们知道，这是无效的，甚至可能会令问题恶化。他们需要弄清楚：要解决这个问题我需要了解自己的哪些方面、了解环境的哪些方面？我需要做些什么才能解决问题？为什么我有这样的感受？家庭会怎么看待我的选择？等等。

这是了解我自己和我的各种选择的阶段。在这一阶段，职业生涯问题解决者通常会改善自我认知，不断了解职业世界和家庭需要。简单地说，在分析阶段，职业生涯决策者应尽可能了解造成在第一阶段发现的差距的原因。分析阶段还需要把各种因素和相关知识联系起来，例如，把自我认知和职业选择联系起来，把家庭和个人生活的需要融入职业选择中。

3. 综合

这一阶段主要是综合和加工上一阶段提供的信息，从而制定消除差距的行动方案。其核心任务是，确定我可以做什么来解决问题。这是一个先扩大再缩小选择清单的过程。首先，尽可能多地找到消除差距的方法，发散地思考每一种办法，甚至采用“头脑风暴”进行创造思维。然后，缩小有效方法的数量，通常缩减到 3 至 5 个选项，因为我们头脑中最有效的记忆和工作容量就是这个数目。

4. 评估

评估阶段主要是从可行性和满意度两个方面来评估信息，并按照评估结果对选择进行排序，从而选择一个职业、工作或相关专业技能。

第一步是评估每一种选择对生涯决策者和他人的影响。例如，如果选择了服兵役，这一选择将会给自己、父母等带来什么影响？每一种选择都要从对自己和对他人的代价和益处两方面进行评价，并综合物质上和精神上的因素。

第二步是对综合阶段得出的选项进行排序。能够最好地消除差距的选项排在第一位，次好的排在第二位，依此类推。此时，职业规划决策者会选出一个最佳选项，并且做出承诺去实施这一选择。

5. 执行

这是实施选择的阶段，根据自己最终的选择制订计划，把思考转换为行动。很多人都觉得在执行阶段制订行动计划是令人兴奋的和有价值的，因为他们终于可以开始采取积极行动去解决问题了。

CASVE 循环是一个不断重复的过程，在执行阶段之后，生涯决策者又回到沟通阶段，以确定已经做出的选择是不是最好的，是否能最有效地消除理想与现实间的差距。

（二）SWOT 分析法

SWOT 分析法，又称为态势分析法或优劣势分析法（见表 2 - 8），用来确定企业自身的竞争优势（Strengths）、竞争劣势（Weaknesses）、机会（Opportunities）和威胁（Threats），从而将企业的战略与企业内部资源、外部环境有机地结合起来。它是基于内外部竞争环境和竞争条件下的态势分析，就是将与研究对象密切相关的各种主要内部优势（S）、劣势（W）和外部的机会（O）及威胁（T）等，通过调查列举出来，并依照矩阵形式排列，然后用系统分析的思想，把各种因素相互匹配起来加以分析，从中得出一系列结论，而结论通常带有一定的决策性。运用这种方法，可以对研究对象所处的情境进行全面、系统、准确的研究，从而根据研究结果制定相应的发展战略、计划以及对策等。S、W 是内部因素，O、T 是外部因素。在职业生涯规划决策中，如能对自己做一个细致的 SWOT 分析，你会清楚地知道自己的优势和弱点在哪里，并会仔细评估出自己所感兴趣的职业道路的机会和威胁。

表 2-8　SWOT 分析法

内部个人因素	内部优势、优点（Strengths）： 你可以控制并且可以利用的内在积极因素 你最优秀的品质 你的能力体现 你曾经学习了什么 你曾做过什么 你最成功的方面是什么 ……	你的弱势、缺点（Weaknesses）： 你可控制并努力改善的内在消极因素 你的性格有什么弱点 经验或者经历上还有哪些缺陷 最失败的是什么 ……
外在环境因素	发展机会（Opportunities）： 你不可控制，但可利用的外部积极因素 社会环境对你的发展目标的支持 地理位置优越 专业发展带来的机会 就业机会增加 ……	阻碍威胁（Threats）： 你不可以控制，但可以弱化的外部消极因素 名校毕业的竞争者 同专业的大学生带来的竞争 ……
真实的自我：		
总体鉴定（评估你制定的职业发展目标）：		

一般来说，在进行 SWOT 决策分析时，应遵循以下四个步骤。

1. 评估自己的长处和短处

每个人都有自己的价值观、性格、兴趣和能力。在分工非常细的环境中，每个人都擅长某一领域而不是样样精通。有些人不喜欢整天坐在办公桌旁，而有些人则一想到不得不与陌生人打交道，心里就发怵。通过列表，你可以找出自己不是很喜欢做的事情和你的弱势。要看到，找出你的短处与发现你的长处同等重要，因为你可以基于自己的长处和短处做两种选择：一是努力去改正错误，提高技能；二是放弃那些不擅长的、技能要求高的职业。

2. 分析自己的职业机会和威胁

不同行业（包括行业内的不同企业）都面临着不同的外部机会和威胁，所以找出这些外界因素对帮助我们成功找到一份适合自己的工作非常重要，因为这些机会和威胁会影响到第一份工作和今后的职业发展。例如，某公司处于常受外界不利因素影响的行业里，自然这家公司能提供的职业机会将是很少的，且可能没有职位升迁的机会。相反，充满了许多积极外界因素的行业将为求职者提供广阔的职业前景。要列出自己感兴趣的一两个行业，然后认真地评估这些行业所面临的机会和威胁。

3. 通过分析结果列出 SWOT 矩阵

决策主体通过与他人相比较，再考察自己周围的职业环境，认清自身的优势和劣势以及周围职业环境的机会和威胁后，就可以构建出自身的 SWOT 矩阵。从这个矩阵中，大学生可以清楚地认识到自己的不足和外在威胁，从而为自己提供现实依据。

4. 列出职业生涯决策

通过 SWOT 分析，根据结果制定相应的职业发展战略、计划及对策，是该技术应用的主旨。在明确了自身的 SWOT 矩阵后，大学生还需要针对个人具体情况给出综合分析过程，得出可选择的职业发展对策。

训练与评估

1. 评价你自身的职业生涯决策风格。
2. 根据本章学习的内容，选择一种决策方法，对自己进行职业生涯决策分析。

好书荐读

书名：《就业宝典：根据性格选择职业》

作者：［美］保罗·D. 蒂戈尔，巴巴拉·巴伦-蒂戈尔

译者：李楠等

出版社：中信出版社

内容简介：

美国心理学家基于精神分析学家荣格的性格理论，将人的性格划分为 16 种类型。性格类型提示人如何处理信息，如何做出决定，如何与周围的世界交流……

这本书可以帮助读者发现自己的性格类型，用事实和案例分析与之类型相同的人，并介绍了获得满意的工作所必须具有的最关键的要素，还阐述了一些具体的求职策略。

影视荐赏

综艺节目：《非你莫属》

节目简介：

《非你莫属》兼具专业性和娱乐性，为受众树立健康积极的求职观，引导正确价值观，并在节目中制造最大限度的良性精彩冲突。一流企业高管组团现场招聘，具有不凡背景及奋斗经历的他们，将对应聘者进行最犀利的评判和最严格的挑选。每期 12 名企业高管现场招聘，对 4 位应聘者进行挑选。应聘者敢于挑战，敢于展示，拥有自己的特长，同时每个人都希望能从事自己喜欢的工作。节目中的 2 名国内资深职场人士及心理专家，将用专业知识给应聘者真实的就业指导意见和职场忠告。

第三章

求职准备

知识目标

1. 掌握就业信息的收集方法和筛选技巧。
2. 掌握制作简历和自荐信的方法。
3. 了解笔试内容，掌握笔试技巧。
4. 熟练掌握面试的内容和技巧。

能力目标

1. 能够收集和筛选就业信息。
2. 能够制作简历和自荐信。
3. 能够从容应对笔试和面试。

价值目标

1. 学会正确理解和处理尊重客观规律和发挥主观能动性的关系。
2. 培养爱岗敬业和诚实守信的职业道德意识。
3. 培养较好的信息处理能力和较强的文字表达能力。
4. 培养积极乐观的心理素质。

第一节　收集就业信息

卡耐基说“机会总是偏爱有准备的人”。求职是人生方向的重大选择，若想如愿以偿找到满意的工作，从就业信息的获得、简历和求职信的撰写到笔试和面试的应对等，每一步都要经过精心设计和准备。

就业信息有哪些特点？我们通过什么渠道可以收集到求职信息？我们又如何筛选出对自己有用的信息呢？

小案例

优秀毕业生为何“难”找工作？

小郭是安徽一所高校的应届毕业生，在校期间她表现优秀，拿过奖学金，当过班干部，也参加过许多社会实践，可是临近毕业了，还没有找到一份满意的工作。看着同学们的工作都早早落实了，小郭心里非常着急。其实小郭很早就主动出击找工作了，面试过几家单位，但实际情况和招聘信息上说的大相径庭，于是她就放弃了。看着就业市场五花八门的求职信息，不同的岗位，不同的地域，她无从选择，感觉迷茫和不知所措。小郭感叹，工作好找，但找到自己满意的很难。她在不断的选择和纠结中，浪费了不少时间和精力，错过了最佳的择业时间。同学们，你们思考一下，小郭为什么很优秀却找不到满意的工作呢？

在市场经济条件下，伴随着高校扩招和就业体制的改革，就业形势日趋严峻，求职也越来越趋向于大学生的自主行为。大学生如果想找到自己满意的工作，就必须主动出击，寻找求职途径。

一、就业信息

就业信息是指所有能够为毕业生提供就业岗位和就业机会的信息。求职不是碰运气，在发达的信息社会，就业信息纷繁芜杂，谁掌握了就业信息，谁就把握了就业的先机。因此，科学地选择求职途径，筛选出适合自己的有效信息至关重要。

（一）就业信息的内容

就业信息是择业者事先不知，然后经过某种渠道得知并经整理加工后能被择业者所接受的有价值的消息。它包括以下几个方面的内容：

（1）就业政策。国家、地区、相关部门及学校对毕业生就业的一些政策、规定是毕业生求职择业的前提和基础。

（2）就业形势。一般包括国内外经济发展的总体状况及趋势、本届毕业生就业市场总体形势、所选行业及领域的发展情况。

（3）招聘单位信息。单位名称、性质，工作地点、环境，企业文化，发展前景，用人制度等。

(4) 招聘岗位信息。工作职责，任职资格要求（专业、学历、外语水平、计算机水平、专业知识与技能）等。

(5) 应聘流程和联络方式。

(二) 就业信息的特征

就业信息作为就业的重要参考依据，有其自身的特性。了解这些特征，可以帮助大学生更好地收集信息、利用信息。

1. 真实性

就业信息首先必须是真实的，才能对其加以利用。虚假的或不准确的就业信息会使毕业生浪费大量的时间和精力，贻误了求职择业的最佳时机。因此，面对扑面而来的就业信息，大学毕业生一定要冷静思考，多方获取，认真比较，增强判断就业信息真实性的能力。

2. 时效性

时效性是信息本身很重要的特征之一，就业信息常常在规定时段内有效，过时则自动失效。因此，毕业生在得到有价值的信息后，应尽可能在第一时间对信息做出积极反应，避免重要信息失去价值。

3. 全面性

毕业生必须保证自己所获得的信息的全面性，既要保证自己所关注的行业和地区经济形势等大的背景信息的翔实，又要保证自己所关注的企业的各种信息尽可能全面。

(三) 收集就业信息的重要性

当今社会，信息就等于机遇，信息量越大，选择面越宽；信息质量越高，把握越大；了解信息越及时，越有主动权；信息越全面明确，求职盲目性越小。在现代社会，就业不仅取决于知识、能力、综合素质、社会需求等因素，也取决于个体所获得就业信息的量与质，以及个体收集、处理、应用就业信息的能力。就业信息是择业的基础、决策的前提，是调整生涯目标的参考。

二、大学生收集就业信息的渠道

收集就业信息的渠道很多，大学生应该依据自身的情况和所处的环境，有效地利用各种获得就业信息的渠道，为自己的就业服务。

(一) 勤跑学校毕业生就业指导中心

基于历年的工作实践，学校毕业生就业指导中心同国家和地方各主管部门及社会各界保持着广泛而密切的联系，获得信息的针对性、准确性、可靠性均较强，并有较强的指导性，是毕业生收集就业信息的主要渠道。毕业生可以经常或定期浏览学校就业网站、网上信息发布栏、求职信息简报等，即可获得一定的就业信息。

（二）经常去政府设立的就业指导机构

为了适应毕业生就业制度改革的需要，全国县以上各级政府一般都设立了毕业生就业指导机构，其主要职责就是制定所辖区的毕业生就业政策，向毕业生发布本地区用人单位的招聘信息，为毕业生就业提供各种咨询和服务。

（三）有针对性地参加各地的人才交流会及就业洽谈会

各级地方政府除了设立专门的毕业生就业指导机构外，还设立了人才市场，定期组织人才交流会，毕业生可以通过人才市场随时掌握第一手的就业信息。同时，各地各部门还在毕业生就业的高峰期举办各种类型、各种层次的双向洽谈会，由于这些洽谈会是专门针对毕业生组织的，毕业生和用人单位都有较强的目的性，获得成功的可能性比较大。

（四）利用互联网搜索

越来越多的企事业单位都在网上招聘高素质人才，网上人才交流已成为人才市场的发展方向。国内外越来越多的公司都依靠互联网进行招聘，教育部、学校和人才招聘服务机构都已经在网上建立了自己的网站，向毕业生提供就业指导和就业信息服务。

（五）关注新闻媒体

报刊、广播、电视等媒体以其信誉度高、传播速度快、涉猎面广、易于被大众接受等特点，成为各类企事业单位或组织介绍现状、发展前景和人才需求的重要工具。各地的人才市场报和城市晚报也都开辟了人才需求信息和招聘广告的专栏。大学生若经常关注这些新闻媒体，即可收集大量有用的就业信息。

（六）有效利用社会实践和毕业实习的机会

大学生在求职择业过程中一个很大的障碍是供求双方缺乏了解，而大学生在校期间所从事的社会实践和毕业实习等活动，是大学生了解用人单位，并让用人单位了解自己的良好途径。大学生参加社会实践和毕业实习与选择就业单位和确立就业意向相挂钩，要注意了解参加实践学习的企业各方面的情况，并且在社会实践和毕业实习过程中有突出表现。这样，社会实践和毕业实习极有可能成为大学生择业成功的决定性因素。

（七）利用关系网

每个人都是纷繁社会关系网中的一个节点，人与人之间的联络是交流各种信息的纽带，要善于利用这种信息传播途径。这种社会关系包括父母、亲戚、朋友、同学、校友，也包括本专业的老师等。

（八）其他途径

除了上述几种获得就业信息的途径外，还有很多其他可以利用的途径，比如通过中介机构收集就业信息的方式，通过在媒体发布自己的就业信息从而反向收集就业信息的方式，直接到用人单位走访获得信息的方式等，这些都是非常有效和值得考虑的途径。

选择哪一种或几种途径并不是最重要的，重要的是要有意识地、科学地寻找、收集和利用信息。这个寻找机会的过程本身就是很好的职业训练，是自我认识与锻炼提高的过程。

三、收集就业信息的原则和方法

（一）收集就业信息的原则

1. 准确性、真实性原则

准确性要求信息所反映的情况必须真实、可信。就业信息是否准确，是择业人员做出决断的关键条件。信息不准确，会给择业者带来决策上的失误。

2. 适用性、针对性原则

先要对自己有一个充分的认识，然后根据自己的专业、特长、能力、性格、气质等各方面因素去收集有关的就业信息。避免收集范围过大，从而浪费不必要的人力和时间。

3. 系统性、连续性原则

要求大学生善于将各种相关的信息积累起来，然后经过加工、提炼，形成一种能客观、系统地反映当前就业市场、就业政策、就业动向的就业信息，从而为自己的择业提供更可靠的依据。

（二）收集就业信息的方法

1. “行业优先”收集法

大学生收集的信息以自己所倾向选择的某个行业为主，围绕选定的行业收集相关的企业信息、行业现状及发展前景等。

2. “地域优先”收集法

大学生收集的信息以自己倾向的地域为主。在以地域为主要参考进行信息的搜索时，大学生可以从以下几点考虑：第一，可以将地域粗略划分为诸如“东部”“西部”“沿海”“内陆”等不同的区域；第二，可以将地域划分细一点，比如可以按照东北、西北、华北、华中、华南等地理区域进行划分，也可划分成江浙地区、京津地区等；第三，可以把区域具体到省份或中心城市，如北京、上海、深圳、南京、杭州等具体的城市。

3. “志趣优先”收集法

这种收集信息的方法凸显了大学生的特长和爱好等主观意志，体现了当代年轻人个性张扬、关注自己的特点。大学生在收集求职信息时充分考虑到了自己的志趣，而不以行业或地域为重。比如说，有的大学生希望自己将来能够从事管理工作，有的大学生希望自己将来能够创业经商，那么他们在收集就业信息时就会分别更加关注企业管理和市场营销等方面的职位。

4. “一网打尽”收集法

利用网络收集信息是最重要、最经济、最快捷的方法。采用这种方法可以将各种信息兼收并蓄，按照一定的原则和标准进行筛选。

四、就业信息的处理与使用

（一）就业信息的处理过程

（1）筛选：求职者收集到一定的就业信息后，须根据自身的求职需要对其进行一定的筛选，即要做好去伪存真、去粗取精的工作。

（2）求证：对已经筛选过的信息，大学生还要验证这些就业信息的真实性、时效性和价值性。可以通过对该单位比较熟悉的亲朋好友或学长、校友等了解有关情况，从而修正和补充有关就业信息。

（3）归类：按其行业、薪资、前景、兴趣、离家远近等进行归类整理，必要时可赋予各岗位信息不同的分值，最好能做成相应的数据表格，然后进行比较，最后做出决定。

（4）行动：行动前不但要清楚自己想干什么，更要弄明白自己能够干些什么。要清楚自己的兴趣爱好、气质特点、性格特征、基本素质、专业知识、技术能力等。

（二）就业信息的处理方法

（1）对信息去伪存真，科学鉴别。大学生获得的信息未必准确、可靠，因此，要对其进行科学鉴别、判断，去伪存真。信息的筛选过程是检验这些信息是否可靠的最后一道关卡，对不大可靠的信息要通过各种手段辨其真伪；对那些自己想知道但又知之不多的模糊不清的信息，可以通过实际考察、旁敲侧击的手段进一步了解，也可以在应聘时提问。总之，无论采取何种方式，只有在确保就业信息真实和可靠之后才能做出决定。

（2）将信息进行粗略的分组排序。结合就业政策、行业和地域特点、用人单位情况等将各种就业信息进行分组，形成粗略的信息群，剔除与自己关系不大的信息，完成初步的筛选。如可以按照行业、地区或者隶属关系等将所有用人单位进行分类，或是将所有用人单位列成标注有行业、地区或者隶属关系的清单等。

（3）详细筛选用人单位提供的信息。在进行粗略分组后，对心仪的用人单位的信息进行详细的筛选，筛选过程中特别要关注以下几个方面的内容：用人单位的准确全称；用人单位的部门隶属关系，如果该单位是市属单位，要查清上级主管部门；用人单位的企业性质，如国有、私有、合资等；用人单位需要的专业、学历层次、具体工作岗位等；用人单位的规模、发展前景、地理环境、经营范围等；用人单位的福利待遇，包括薪金、福利、保险、培训、休假等；用人单位的联系方式，如人事部门联系人、电话、通信地址、邮政编码、电子邮箱等；用人单位对求职人员在思想道德素质、学历、学业水平、职业能力、气质及其他方面才能的要求等。值得注意的是，有些用人单位只宣传自己的优势，很少讲或根本不讲自己的劣势，这就需要大学生对它们的情况进行充分的调查和了解，做到心中有数。

（4）及时反馈信息。就业信息筛选后，要按照自己的喜欢程度，将信息由高到低进行排列，之后反馈给用人单位，表明自己想入职的愿望与诚意。反馈信息可以确定两个以上的单位接收意见时，对不想去的用人单位必须表示感谢和歉意。信息一旦反馈后，表明求职者与用人单位之间有了相互信任，应多与用人单位保持联系。

（5）大学毕业生在对就业信息进行筛选之后，还应该尽快地使用信息。这是因为就业信息不仅有时效性，而且对全国高校的毕业生都是公开的。一旦动作慢了，或者自己的努力不够，其他毕业生往往就会捷足先登。用人单位完成招聘计划后短时间内就不会再招聘人员，尤其是在企业定岗、定员的今天，更不会轻易多招人。所以毕业生在使用信息时，既不能盲目，也不能拖拉。

思考与练习

1. 收集就业信息的途径有哪些？

2. 大学生应该如何处理收集好的求职信息？

3. 结合课堂所学的内容，收集自己感兴趣的工作并加以分析处理，完成以下三个表。

第一步：通过各种渠道收集信息，同时列出你的支持系统，看看除了常规的求职渠道外，身边有没有朋友、同学、师长等可以在你的求职过程中给你提供帮助。

支持系统

姓名	关系	职务	工作单位	联系方式	可能支持的方向

第二步：把收集好的就业信息填入下表并结合自身特点和实际情况进行比较分析。

就业信息列表

岗位					
信息来源					
单位名称					
性质					
地点					

续表

环境					
企业文化					
发展前景					
用人制度					
工作职责					
专业要求					
学历要求					
生源要求					
外语水平要求					
岗位					
计算机水平要求					
专业知识要求					
专业技能要求					
待遇					
应聘流程					
应聘联络方式					

第三步：通过对就业信息的收集、分析、比较、筛选，最后确定你心仪的求职单位列入下表，并进行求职准备。

招聘信息排序简表

日期	招聘单位名称	职位	行业	单位类型	联系方式	招聘来源	重要性排序

第二节　制作简历

每年的 11 月至次年的 5 月都是大学毕业生求职的高峰期，许多用人单位也在这个时候打响人才争夺战。刚刚结束暑期实习的大学生们，实习经历已渐渐增多，此时若能准备几份制作得体的简历，将能有效地应对各种正式场合的求职。简历是大学毕业生们面对职场的第一次亮相，它可能在10秒钟内就决定毕业生的命运。因此每年都有很多毕业生煞费苦心地制作自己的简历，但仍然有很多毕业生因为没有掌握其要领而使自己精心制作的简历成了用人单位眼中的“垃圾”。

一、个人简历的组成

现在社会上关于大学毕业生的简历组成有这样一种说法，即“求职简历是由个人简历和自荐信组成”，其实这是片面的。大学毕业生个人简历实际上分为两种情况：单张简历和多张简历。单张简历是最简单的个人介绍，而多张简历则是详尽完整的简历，是单张简历的内容拓展。

（一）单张简历

单张简历一般分为以下7个组成部分，制作时最好能将所有简历内容都在一张A4纸内呈现：

（1）个人信息。个人信息包括：姓名、性别、出生日期、政治面貌、学校、专业、联系方式等。如果简历采用的是Word格式制作的，最好在个人信息的右边附上自己的照片。

（2）教育背景。填写教育背景的时候一般采用倒叙：先写现在的，再写以前的。写明时间、学校、专业、学习成绩、获得的奖励和荣誉称号，还可以写上曾发表的特别的文章与论文名称、曾发表文章的题目及刊物名称、参加过的职业培训、寒暑假期间参加的国际交流活动等学习生涯中的闪光点，表现你的出类拔萃。这些闪光点也可安排在别的栏目里，但注意简历中同一内容不要重复出现。

（3）英语水平。英语水平已经是衡量一个大学生素质高低的重要标准之一，但事实上并非每个同学都能把英语运用自如。所以，在制作简历时，这一栏的填写技巧就十分重要了：如果你所应聘的单位对英语水平没有过高要求且你英语水平一般，简历上最好不要有这栏内容；但若应聘的单位对此有较高要求，则你需要尽量把你所有与英语相关的成绩、经历都附上，以增加竞争的筹码。

（4）计算机水平。基本原则与英语水平一样，制作简历的时候同样要注意扬长避短。

（5）实践与实习。此项应该作为全篇的核心内容，可以着重叙述，并根据个人工作情况不同而重点说明工作的具体内容与经历，尤其是与求职目标相关的工作经历。一定要说出最主要、最有说服力的工作经历以及相关成绩，说明的语气要坚定、积极、有力，最好附上具体的工作、能力等证明材料。写工作经验时，一般是先写近期的，然后按照时间的顺序倒序写出。在每一项工作经历中应先写工作日期，接着是工作单位和职务。在这个部分需要注意的是，不要过多提及个人的需求、理想等。

（6）自我评价、兴趣爱好、求职意向。此处可向用人单位展示你的品德、修养、社交能力、合作能力，但注意要与应聘职位有关，否则会弄巧成拙。求职意向中要说明你想做什么，你能给用人单位提供什么价值，要求简洁，最好不超过两行，可直接表明你申请的职位、目标等。

（7）其他。可以根据实际需要写上一些可为你“增值”的内容，比如大学期间的论文、成果、发表的文章等。但要注意不该写的、没把握的内容就不要写，否则有可能会成为面试中的问题。另外这里也可以写一点自己信奉的人生格言或者励志的话，比如：“勇往直前，从不言败！”“相信您的信任与我的实力将为我们带来共同的成功”“希望我能为贵公司贡献自己的力量”等。

（二）多张简历

多张简历是单张简历的内容拓展，包括简历封面、自荐信、个人简历（即单张简历）、各种荣誉证书等。现在用人单位的招聘专员在招聘“海选”时，每天都会收到或者看到大量的求职简历，那种厚厚一堆的多张简历完全激不起他们阅览的兴趣。所以现在流行的是言简意赅且制作成本相对低的单张简历。但是不是多张简历就完全失去了它的用武之地呢？答案显然是否定的。

当你通过某种渠道幸运地通过了招聘求职的初次“海选”而得到了进一步与用人单位洽谈的机会，比如面试时，携带一份有自己完备资料介绍和热情洋溢的求职信的多张简历就比单薄的单张简历的效果要好得多。因为此时用人单位已经经过了第一步的筛选，其职位候选人基本就锁定在几个人之中了，这时候，求职者提供的资料越详细越好。

（1）简历封面。一份多张简历封面制作的好坏将直接决定这份简历能否吸引用人单位的眼球。一般来说，简历的封面宜“简”不宜“繁”，写明自己的姓名、专业、联系方式和个性宣言即可。

（2）求职信。求职信与简历不同。简历传递的是关于你的技能、素质的信息，表述语言简练；求职信则包含更独特的信息，要说明你如何利用具备的技能帮助用人单位发展，你与其他申请者有什么不同，你对行业和用人单位的独特见解等内容。

（3）单张简历。单张简历是多张简历的一个组成部分。

（4）各类荣誉证书。俗话说“百闻不如一见”，如果你能向用人单位出示证明你各种能力的证书，将会使人更加信服。如果此时已经到了使用多张简历的时机，那么不妨将自己获得的所有荣誉证书都带上，因为即使某些证书和你应聘的岗位关系不大，但是在同等条件下，如果你比其他求职竞争者的证书多，将会证明你的能力比他们强、知识面更广，这可以为你赢得这个职位再加一个筹码。

二、个人简历制作的原则与技巧

虽然简历的组成大同小异，但是要做好还要有一定的技巧。好的简历应该是简洁明了，语言精练，表达清楚，结构安排合理，内容真实，富有个性，没有错别字和打印错误，与谋求进入的行业协调一致。

（一）个人简历制作的原则

1. 十秒钟原则

所谓“十秒钟原则”，即一份简历通读下来要在十秒钟之内。一般情况下，现在求职毕业生简历的长度以一张 A4 纸为限（即单张简历）。简历越长，被用人单位认真阅读的可能性越小。高级人才在某些时候可以准备 2 页以上的简历，但是也需要在简历的开头部分有简洁清楚的资历概述，以方便用人单位在较短时间内掌握基本情况，产生进一步仔细阅读的愿望。所以，当你的简历写完以后，请权衡一下，是否能够在十秒钟内看完所有你认为重要的内容。

2. 清晰原则

“清晰”的目的就是要便于阅读。我们在制作简历时就要像制作一份平面广告作品一样，排版时也需要综合考虑字体的大小、行和段的间距、重点内容的突出等因素。一份好的简历，除了以上对内容方面的要求之外，版面设计也是一个非常重要的因素，是真正的“第一印象”。我们制作的简历要条理清楚，标识明显，段落不要过长，字体大小适中，排版美观，疏密得当。既不要为了节省纸张，密集而局促，令用人单位阅读时感到吃力；也不要出现某一页纸只有上面几行字，留下大片的空白的情况。还要注意版面不要太花哨，要有类似公文的风格，这也能体现出求职者的基本职业素养。

另外，大学生在求职的过程中，通常使用电脑打印的文稿。如果你的字写得不错，手写一份工整漂亮、简短的简历，肯定会别出心裁，吸引用人单位的眼球。

3. 针对性原则

现在在校园附近的打印店经常可以看到这样一种现象，许多大学生都在打印店里大批量地打印自己的求职简历，动辄 50 张，多则 100 张。这意味着什么呢？这其实就说明了他们在接下来的求职过程中，不管面对任何行业、任何职位都将会使用并投递这份同样内容的简历。也许你们会觉得这在求职过程中没有什么太大问题，但实际上这样的简历所欠缺的就是针对性。我们不妨试想一下，如果一个女孩收到一封她感觉好像跟自己没有太大关系的情书，你认为她还会认真考虑或者接受吗？答案显然是否定的。

如何在制作简历时体现出“针对性”原则呢？举例来说，如果某公司要求你具备相关行业的经验和良好的销售业绩，那么我们就需要在简历中清楚地陈述有关经历和事实，并且把它们放在比较突出的位置，这就体现了针对性；如果某公司要求你具备良好的英语口语能力，你在简历中提到了自己曾在学校获得过英语演讲比赛一等奖，这也是针对性。

可见，制作简历时做到有针对性并不难，但需要注意的是，不仅仅是简历，在写求职信以及面试后感谢信之类的时候，针对性都是十分重要的原则。

4. 客观具体性原则

“我是个工作严谨而且认真负责的人。在过去的工作经历中，我有着十分出色的工作表现。”现在翻开大家制作的简历，就会发现有很多毕业生的简历中会出现这样“大而空的话”。所谓“大而空的话”，就是简历中只有体现成绩的话语而没有切实的佐证。或许你说的没有错，但是理智的人事经理们却没有理由无故相信你的主观陈述。所以，同学们在制作简历时，应该提供客观的可以证明你的资历、能力的事实和数据。比如在你的实习经历中，你曾经因“2022年销售业绩排名第一而获得公司嘉奖”，或者“因为在××促销活动中表现出良好的协调组织能力而获得主管经理的赞扬”。后一个例子虽然客观性也有欠缺，但毕竟是获得了别人的赞扬和认可，制作简历时写上去还是比较恰当的。

如何进一步把握并实际遵循“客观具体性”原则呢？在简历中通常都会涉及对自己的评价，这时我们就应当力求客观公正，包括行文中所表现出的语气，记得要做到八个字：诚恳、谦虚、自信、礼貌，这样会令用人单位对你的人品和素质留下良好的印象。事实上，比起重视技能和学历，现在已经有越来越多的用人单位更加重视一个人的品行、开拓与合作精神等基本素质。总的来说，我们在制作简历的时候既不能妄自尊大，也不能妄自菲薄，分寸的把握非常重要。我们特别要注意避免夸夸其谈，也许适当坦陈自己经验等方面的某些不足，反而更能赢得好感。在描述工作实习经历时，千万不要只列出过去的职责，而应该要强调你如何做出成果，例如如何获得订单、如何节省开支、如何创新引进新理念等。

另外，在简历中使用精准的事实和精确的数据把成就写清楚效果也比较好。举例来说，要说明通过你的努力和交际能力，让公司产品销量得到提高，用“销量比以前提高了20%”这样精确的数据远比你在简历中写“大大提高了销量”效果要好得多，也更易使人信服。

5. 准确性原则

在制作简历的时候千万不要使用拗口的语句和生僻的字词，更不要有病句、错别字。英文简历要特别注意不要出现拼写和语法错误，一般招聘人员考察应聘者的外语能力就是从简历开始的。如果在英文简历中出现了错误的单词和语法，那么这很可能就意味着你没有机会进入下一轮考核了。除此之外，简历的行文也要注意准确、规范。大多数情况下，简历作为实用型文体，句式要以简明的短句为好，文风要平实、沉稳、严肃，要以叙述、说明为主，动辄引经据典、抒情议论是不可取的。

有的同学在写简历的时候喜欢使用许多文学性的修饰语，比如："大学毕业，我毅然走上了工作岗位""几年来勇挑重担，为了我们单位的发展大计披星戴月，周末一直加班到深夜。终于功夫不负有心人……""虽然说有则改之，无则加勉，但领导无中生有的指责日甚一日，令我愤懑不已，心灰意冷，终挂印而去"，结尾还忘不了加上一句"我热切期待着一个大展宏图、共创辉煌未来的良机"之类的口号等。这类简历，华丽有余、准确不足。试想，如果有一天你走上了人事经理的岗位后，看到这样的简历，你是否会一笑而置之呢？

6. 真实性原则

很多用人单位的人事经理都曾这样抱怨：为什么一天收到几千封简历里，就有几百个人是学生会主席、团委书记？甚至在同一所学校同一届毕业生里面竟然同时出现了几十个学生会主席。原因不言自明。所以，在制作求职简历的时候，尽量不要试图编造虚假的工作经历或者成绩，谎言不会让你走得太远。多数的谎言在面试过程中就会被识破，更何况许多大公司都会根据简历和相关资料进行背景调查。简历最重要、最基本的要求就是真实。诚实地记录和描述，能够使阅读者对你产生信任感，而企业对求职应聘者最基本的要求就是诚实，诚实的品格对于刚进入社会的应届毕业生尤其重要。用人单位的人事经理对简历有敏锐的分析能力，遮遮掩掩或夸大其词终究会露出破绽，何况还有面试的考验。其实，任何一个有经验的招聘人员只要仔细阅读，鉴别简历内容的真实性并不难，过分渲染、天花乱坠的描述更令人反感。所以与其费尽心机编造，不如老老实实陈述，只要有真才实学，总会有属于自己的机会。

7. 重点性原则

简历中需要强调的部分可以采用粗体字，如就读的名校、参加过的学术论坛、与某位知名人士的接触等。但是也不要用太多花哨的字体或斜体字，因为这样反而会分散对方对重点信息的注意力，能够突出整篇简历的重点即可。

（二）制作个人简历的技巧

1. 言简意赅

我们先来看一下两则采访著名企业人力资源主管的实例。

第一位采访对象是 ABB（中国）有限责任公司人力资源经理唐女士。

唐女士："ABB 是根据每个职位的岗位描述和招聘需求来筛选简历的。之后，人力资源经理把选中的简历发到对应的业务部门进行第二轮筛选，在业务部门经理和人力资源经理沟通、协商好之后，产生面试名单。一份干净整洁、言简意赅的简历是最受 ABB 欢迎的，长度在 1～2 页纸比较合适。个人信息、工作经验的叙述和招聘职位的要求越接近越容易赢得入围机会，那些花里胡哨的简历并不见得就更受欢迎。简历的真实内容才是考核重点。对于应届毕业生的简历，我们会比较注重对方的相关社会经历，比如参加过哪些社会活动、是否为学生干部等。而招聘社会人员时，对方的工作经验是最受关注的。ABB集团的销售人员，也需要严格的专业教育背景和行业工作经验。”

第二位采访对象是北京松下电子产品有限公司人事科长张先生。

对于贴艺术照和写真照的简历，张科长表示自己不建议也不赞成。他强调企业用人是根据岗位需求和个人情况来选择的，简历再漂亮也起不到决定性的作用，尤其是应届毕业生更不该如此制作简历。在谈到筛选简历的根据时，张科长说，针对不同岗位的需求，会有不同的考察侧重点。比如招聘技术型人才时，看应届毕业生的简历时会比较注重其专业成绩，在校是否有过相关作品；如果招聘的是管理型人才，除了看所学专业和学习成绩外，还会注重在校时担任的学生会工作、参加的社会活动等。看社会人员的简历时，除了硬件必须符合招聘岗位需求之外，主要看工作经历。

通过以上两则与著名企业人事主管的对话，同学们不难看出将简历制作得“言简意赅”的重要性。恰到好处地包装自己、向用人单位充分展示自己的精美简历也确实有一定的意义，但正如松下公司张先生所说：“制作简历时太重视了，投入太多了，反而拿捏不准分寸。”有不少同学曾经诉苦，他们很早就开始为毕业找工作策划简历，甚至花钱上相关培训班，用多幅艺术照、各种大小奖项以及几大页热情的求职信装点了简历，没想到最后竟然被用人单位以“没有重点、缺乏创意”为由而“拒之门外”。那么，简历到底是越简单越好，还是越繁复、越花哨越好？怎样能使简历在最短的时间内吸引用人单位呢？为了适应市场需求，在制作简历时一定要注意给简历“减肥”，要将简历制作得言简意赅。事实证明，用人单位根本没有时间去理会长篇累牍的“心路历程”，他们要的就是求职者的学历和实干能力的证明，而且越简单、越能一语中的就越好。

2. 强化优势

毕业生们除了去招聘会现场投递自己的求职简历外，还越来越青睐网上求职，即上网通过 E-mail 或者其他方式给用人单位投递自己的求职简历。网上求职有着得天独厚的优势，它不但信息量大、操作便捷，而且制作成本相对低廉，省时省力。据统计，现在98%以上的毕业生都了解并且会选择在网上求职，由此可见网上求职的普遍性和重要性。但换个角度想想，正因为毕业生特别青睐网上求职，用人单位人事经理的招聘邮箱或者电子简历库里每天就会收到大量的求职简历。如何在这成千上万份简历中脱颖而出，获得人事经理的注意呢？有一个技巧，就是简历上一定要注意强化优势。据了解，人事经理海选简历都是通过筛选关键词来进行的。例如，先设置好专业、英语能力、计算机水平等这些关键词后再直接搜索，甚至是行文表述上都有关键词，所以毕业生们一定要在这几个方面下功夫，要在情况属实的前提下，仔细加工。比如你的英语四、六级考试分数很高，那么不妨在简历上就开门见山把这一项写出，突出你的优势。

除此之外，对不同的企业、不同的职位、不同的要求，建议毕业生们也应当事先进行必要的分析，有针对性地设计简历。盲目地将一份标准版本简历大量拷贝，效果将会大打折扣。我们要根据企业和职位的要求，巧妙突出自己的优势，给人留下鲜明深刻的印象，但也要注意不能简单重复。这方面是整份简历的点睛之笔，也是最能表现个性的地方，应当深思熟虑，不落俗套，写得精彩，有说服力，而又合乎情理。

3. 成绩处理避免“短板”

在制作简历或者在网上按照用人单位设计好的简历模板来填写自己的简历时，经常会遇到要填写“校内成绩”这一栏。那么在填写时除了讲究前面所述的真实性原则外，还有没有其他技巧可以遵循呢？如何在真实的基础上达到最好的求职效果呢？什么是“避免短板”呢？其实就是扬长避短。例如，小沈同学在校时的排名并没有进入前三名，而他所求职的单位——某顶级投资会计师事务所非常看重学生的成绩，那么，建议小沈同学这样处理就会比较得体，即只写成绩占校内的百分比，例如使用“我的排名在年级前10%以内”等类似的话，或者用“在学校获得过二等奖学金”来表达等。

总之，同学们在填写成绩时有这样几种办法：成绩好的，写明成绩和排名；成绩一般的，只写排名或者获奖状况；单科成绩好的，就可以把单科成绩列出。这样做，不仅保证了简历的真实性，又能扬长避短。

4. 实习经历有所取舍

中国有句古话叫作“积少成多”，那么在填写简历的实习经历时，是不是写上越多的经历越好呢？答案显然并不是经历越多越复杂就越好。大部分同学的实习都是和专业或求职相关的，但还是有些同学因为实习经历相对简单，又怕简历内容不够，于是就把做家教、导游等一大堆风马牛不相及的经历编到一起。这样做似乎是显示你实习经历丰富，但也容易让用人单位认为你的职业规划不清晰而将你淘汰，最终弄巧成拙。

小贴士

以下是一位大学毕业生的个人简历。

个人简历

姓名：××× 性别：女	身高：165cm 体重：55kg
政治面貌：中共党员	联系电话：×××××××××××
出生日期：2000.08.22	户籍：湖北武汉
学历：大专	专业：中文
外语水平：大学英语六级	计算机：VFP二级，熟悉Office

E-mail：××××××

求职意向：

办公行政、市场或英语相关方面的工作。

工作经验：

2020.11—2021.08　　武汉× ×饮料有限公司

工作职务及简述：市场部管理实习生

前期主要负责××产品的市场策划及推广活动以及日常 PPT、Excel 等相关流程的操作，后期单独负责 2021 年星级店整个项目的实施，其间独立完成了星级店计划中所需物品的订购、合同兑现、每月折让返利等工作，最终保证了所需物品的及时到货并与数家供应商建立了良好的合作关系。

2020.06—2020.11　　中华英才网武汉分公司

工作职务及简述：客服销售实习生

主要负责办公室日常行政工作，客户接待与座谈，同时也兼做公司电话销售工作，并成功开发 5 个新客户。

教育背景：

2018.09—2021.07　　湖北××大学汉语言文学专科

所获证书：

涉外高级秘书证、大学英语六级证、计算机 VFP 二级资格证、普通话二级甲等证书。

获奖及优良记录：

班级前 5 名、优秀学员、二等奖学金、三好学生、先进个人、心理健康之星大赛二等奖、英语演讲比赛三等奖，主持过班级、院系举办的各类晚会。

自我评价：

具有良好的心理素质、个人修养及应变能力，善于与人沟通、协调人际关系，能吃苦耐劳、兢兢业业地做好本职工作。

在实际工作中，我集扎实的理论知识与丰富的实践经验于一身。如有机会成为贵公司的一员，我会脚踏实地从最基本的工作做起，相信凭借我的学识和能力，一定会为公司的发展做出新的贡献。

兴趣爱好：

因特网及电子商务的应用、收听英语广播、汉语言文学的写作以及外文书籍的阅读等。

第三节　写好自荐信

作为一名应届毕业生，没有任何工作经验，没有多少社会关系，能力再强，也只是埋在土里的一块金子。虽说是金子总会发光，但总要有人挖出来才能光耀世间。而在没有人去发现、去挖掘的情况下，只能自己去找伯乐。这就是自荐信所起到的作用。

一、自荐信的格式

自荐信是向用人单位自荐谋求职位的书信，是踏入社会、寻求工作的第一块敲门石。要想让你的才能、潜力在有限的空间里闪耀出夺目的光彩，在瞬间吸引住用人单位挑剔的眼光，写好自荐信极其关键。

一般来说，用人单位打开自荐材料，首先看到的便是自荐信。正因为有了自荐信，人力资源主管才会对你的简历上所写的经历与业绩感兴趣。因此，无论是在文体上还是在内容上，自荐信都必须给人力资源主管留下好印象。

既然是自荐信，那么它就属于书信范畴，所以其基本格式应符合书信的一般要求，即包含称呼、正文、结尾、署名、日期、附件等内容，而又因为它是写给求职单位的，因此与一般书信有所不同。

（1）称呼。自荐信的称呼要比普通书信的称呼正规，在实际书写时要区别对待：

如果写给国家机关、事业单位人事部门的领导，用“尊敬的××处长（科长等相应职务）”称呼；如果写给企业人力资源主管，则要用“尊敬的× ×经理”；如果写给大学人事处，则称之为“尊敬的× × 教授（或老师等）”。不要使用“××老前辈”“××师傅”这种口语化的称呼。当然，在不知道用人单位负责人的名字时，也可以用“尊敬的负责人”“尊敬的经理”等称呼来代替。

（2）正文。这是自荐信的中心部分，其形式多种多样，一般要求说明应聘岗位、本人基本情况、工作成绩等内容。这里也是应聘者充分展现自己的地方。

（3）结尾。一般应写明希望对方给予答复，并盼望能有机会参加面试及简短的表示敬意、祝愿之类的语句。

（4）署名。应注意与信首的“称呼”相一致，一般都在署名前加上一些“您诚恳的×××”“您忠实的×××”之类的词语，也可以写成“您的学生×××”，还可以直接签上自己的姓名。

（5）日期。一般在署名右下方，用阿拉伯数字写上年、月、日。

（6）附件。自荐信一般都要求同时附一些证书，如外语等级证书、计算机等级证书、获奖证书的复印件以及简历、近期照片等。

二、自荐信的内容

自荐信的内容主要包括以下四个方面：

（1）说明本人基本情况和获知招聘信息的来源。

（2）说明应聘岗位和能胜任本岗位工作的各种能力。

（3）介绍自己的潜力。

（4）表示希望得到答复和面试的机会。

自荐信的开头要用“您好”之类的问候语，如果知道信件最终将送到谁的手里，信的开头直接尊称，视对方的身份而定。

第一部分简单地叙述一下写自荐信的理由，可以扼要说明一下是怎么知道招聘信息的，如果公司中有人推荐过其职位，可巧妙地将此事写入自荐信中，但千万不要给人以自我炫耀的印象。

第二部分应阐明自己对应聘职位感兴趣的原因，以及有价值的背景情况和满足招聘要求的能力。这一段落是核心部分，通常用一段或两段来写。内容要有说服力，说明自己为什么适合这个职位。重点应放在你能为公司做什么，而不是你能从公司获得什么；不要重复简历中已有的内容，可强调公司需要而你所具有的独特的东西；将行业新闻、公司动向写在信里，能表现出你对行业、公司的关注和了解，但要注意自己的语气；信中要尽量使用行业术语，避免重复使用“我”这个词。这部分的写作与个人简历是相辅相成的。

最后一部分要写出自己对招聘单位的希望，委婉地提出面试的要求。因此在这一部分最好向招聘者说明“何时”“何地”“怎样”与自己联系，当然联系方式越简单越好，比如手机号码和 E-mail 等。

结束时，不能阿谀奉承，但可以写得灵活一点，如“致以友好的问候”，也可以采用“此致　敬礼”。

最后要亲笔签名并写上日期。附件也不能遗落，在自荐信的左下角写上“附件”，注明所提供的材料名称（目录）。

三、自荐信的写作技巧

（一）态度真诚，摆正位置

在写自荐信时，首先应该想公司要我来干什么。或者换句话说，不应该写自己需要什么，获得该职位对自己有什么好处，而应该写自己能为公司做些什么。有了这样的态度，才能摆正位置。另外，在写自荐信时，要诚恳、有礼貌，切忌自吹自擂、炫耀浮夸，虚假怯懦、缺乏自信也是不可取的。

（二）整体美观，言简意赅

自荐信文字的整洁美观很容易获得用人单位对求职者的好感；相反，如果字迹潦草、龙飞凤舞，则会给用人单位留下不好的印象。现在有很大一部分毕业生的自荐信都是打印出来的，但如果你的毛笔字或钢笔字写得很好，建议你工工整整地亲笔书写，这样能给人以亲切感，同时也向用人单位展示了自己的特长。不管是手写还是打印，都应注意言简意赅。一般而言，自荐信以一页 A4 纸的篇幅为宜。如果确实有很多内容要写，也不宜超过两页，或者作为附件或面谈时再说。自荐信当然不能太短，太短则显得没诚意，说不清问题，自然难以引起注意；太长不但会浪费阅读者的时间，也会引起阅读者反感。所以，在写自荐信时应反复推敲：意思是否表达清楚，用词是否得当，内容是否简练完整等。

（三）富于个性，有的放矢

自荐信的主要目的是吸引对方，引起对方兴趣。求职者在开头应尽量避免许多客套话、空话，一句简朴的“您好”即可，直接切入主题，如“从《××日报》得到贵单位招聘人才的信息”，这也能使单位主管感到单位名声在外，广告有效果，无形中增加了好感。或者用一两句富有新意的话吸引阅读者，比如“请接受一名家乡籍在外求学的学子对您的问候!”一下子就拉近了与用人单位的距离。自荐信的核心部分是自己胜任工作的条件，这并非多多益善，而是要有针对性，有的放矢。所以在动笔之前要着眼于现实，对应聘单位的情况要有所了解，以事实与成绩恰如其分、有针对性地介绍和突出自己的特长。自荐信与应聘单位要能够一一对应。目前有许多毕业生一稿多投，本来想“普遍撒网，重点打捞”，结果却石沉大海，杳无音信。因此，建议如打印自荐信，可多准备几种，根据不同单位选择内容，如合资企业，最好中英文都有，既可自荐又能显示外语水平。在内容上，如应聘的是科研人员，却说自己生性活泼、爱动爱跳，介绍这些与专业职位毫不相干的特点，不但不能起好的作用，反而适得其反。如果要从事营销或管理工作，最好能突出在校实践活动，突出组织、协调能力和自信心，这样才能投其所好、察其所需、供其所求。

（四）以情动人，以诚感人

语言有情，会更助于交流思想、传递信息、感动对方，写自荐信更要注意这一点。那么，怎样做到以情动人呢？关键在于摸透对方的心理，然后根据你与对方的关系采取相应的对策。如果求职单位在你的家乡，可以充分表达为建设家乡而贡献自己聪明才智的志向；如果求职单位在经济欠发达地区，就要充分表达献身发展当地经济的理想……总之，要设法引起对方的共鸣，或者得到对方的赞许，这样就有可能收到意想不到的效果。

在注重以情动人的同时，还要以诚感人、以诚取信，做到态度诚恳、诚实，言出肺腑；内容实事求是，言而可信，优点要突出，缺点不隐瞒。只有诚，才能取信于人，才能得到用人单位的重视。

最后，提醒求职者在写自荐信时，还要切忌以下6点：

（1）错字连篇，主次不分。

（2）长篇累牍，无的放矢。

（3）条理不清，逻辑混乱。

（4）好高骛远，炫耀浮夸。

（5）过分谦虚，缺乏自信。

（6）用词不当，礼节欠缺。

小贴士

以下是一位同学的自荐信。

尊敬的领导：

您好！

我叫××，中共党员，男，汉族，23岁，江苏省××市人，现就读于××××学院××××系。在校期间，我积极参加学校组织的各项活动，并且利用一切机会来提高自己各方面的能力，努力提高自己的专业水平。本人除了主修的专业知识技术科目外，还注重知识的全面积累，选修了×××、×××等科目并都取得了良好的成绩。

也许我的自身条件与贵单位的要求有一定的距离，但我会用谦虚好学、踏实上进的精神来完善自身的条件，而且我对环境的适应能力强，动手能力强，对工作有高度责任心。如果我有幸被贵单位接纳，我将竭尽全力去工作，努力做出最好的成绩。

以上所述，唯恐难以尽意，若有不当，愿聆听教诲，翘盼谕示！

此致

敬礼！

自荐人：××

××××年××月××日

第四节　笔试技巧

笔试的种类有哪些？在笔试之前，大学生们应该从哪些方面做好充分的准备？

小案例

笔试：巧拼才会赢

国庆节期间，孙同学在学校网站的论坛上看到海关招考公务员的消息，没有限定专业，于是，他和几位同学商量想一起去试一试。孙同学加入了一个考公务员的QQ群，广泛咨询。群里考友告诉他，笔试包括行政职业能力测试和申论。孙同学经过精心挑选，在众多的辅导书里选定了一套教材，每天去图书馆学习。很快，他发现，行政测试要求120分钟答140题，考的是思维与能力，题海战术行不通，熟悉题型很重要。通过努力，孙同学通过笔试，顺利进入面试。一位笔试落选的同学有些后悔："其实可以考得更高一些，比如，自己计划考前一周写一篇申论，这样就不至于后来500字的答题虎头蛇尾。"正在等待海关政审结果的孙同学总结经验，深有感触地说："考试是考平时各种知识的积累，是考查考生的综合素质，临时抱佛脚没有用。清楚地知道自己的优势何在，复习时有的放矢，埋首于书堆时不忘关心时事，笔试时成功的把握会大很多。"

笔试是一种常用的考核办法，它是用人单位采用书面形式对求职者所掌握的基本知识、专业知识、文化素养等综合素质进行的考查和评估。笔试对应聘者来说是相对公平的一种测试方式，因而被越来越多的用人单位所采用。

一、笔试的种类

（一）智商和心理测试

智商测试主要为一些著名跨国公司所采用，它们对大学毕业生所学专业一般没有特殊要求，但对毕业生的素质要求较高。在它们看来，有没有专业训练背景无关紧要，但毕业生是否具有不断学习和接受新知识的能力是至关重要的。心理测试是用事先编制好的标准化量表或问卷要求被试者完成，根据完成的问卷来判定其心理水平或个性差异的方法。

（二）专业能力考试

这种考试主要是为了考查求职者文化知识和相关的实践能力能否达到岗位要求。这种考试方式现已被越来越多的单位所采用，如外资企业、政府机关等。

（三）综合能力测试

综合能力测试兼有智商测试的要求，但程度更高。比如，应试者要在规定的时间内对一组数据、一组资料进行分析，找出其合理的地方和存在的问题，并设计出解决问题的方案。这是对求职者的阅读理解能力，发现、分析和解决问题的能力，知识面等素质的全方位测试。

（四）论文笔试

论文笔试是考查求职者分析、综合、比较、归纳、推理等思维能力的方法。其形式采用论述题或自由应答型试题。论文笔试的最大长处是可以考查求职者的思考能力，从而能够检查求职者思想认识的深刻程度。这种测试往往会产生种种不同的答案，易于发现人才，比简单的测验题更能判断一个人的水平。

（五）国家公务员考试

国家公务员考试主要科目为申论和行政职业能力测试。参加考试的大学生在考试前需进行系统的复习。

二、笔试的准备

（一）笔试的复习技巧

要在笔试中取得好成绩，关键在于牢固地掌握所学知识。在系统复习前，制订合理的、切实可行的复习计划，掌握科学的记忆方法会为笔试打下成功的基础。

1. 计划周全

（1）对考前复习的情况进行具体分析，包括需要复习的内容，自己掌握知识和能力的情况，有多少复习时间，如何分配等。

（2）妥善安排复习时间和内容，计划出每一科复习大致需要多长时间，每一阶段要实现什么目标，复习什么内容等。不仅要有总的复习目标，还要有阶段性的目标。复习计划中的复习活动要多样化，各科复习交替进行。

（3）复习计划制订后要严格执行。

（4）要有张有弛，劳逸结合。

2. 方法得当

（1）归纳提炼法。将大量的知识归纳提炼为几条基本理论。把个别的概念、定义、定律、定理放到知识的体系中贯穿思考，并弄清相互联系、衔接，列出它们的相似点和不同点，掌握概念、定义、公式、定律等基础知识。对容易混淆的概念或法则用对比的方法进行辨析，弄清相互之间的联系和区别，这也是加深理解、强化记忆的有效方法。

（2）系统排列法。对归纳提炼出来的知识点进行聚同去异，使之成为系统的排列过程。在提炼的过程中，要注意知识点联系度的强弱。

（3）“厚书变薄”法。把章节或单元的学习按一定的科学系统自编提纲，进行高度概括，把“厚书变薄”。变“薄”的原则是把大量看起来是单一的或逐个理解的知识有意识地归并到某个知识体系中，从横向、纵向上形成有机联系，组成一条知识链。在概括学习内容时，要抓住关键的知识点，前后联系，纵向结合，起到提纲挈领的作用。

（4）串联建构法。在系统复习的基础上，对章节与章节、单元与单元进行各种串联，做更高层次的理解。这种方法需要学生有一定的理解能力，在串联的同时，不要串错和乱串，这样就达不到复习的效果。

在运用上述几种方法复习时，要手脑并用，学思结合，同时把反复感知与尝试回忆相结合，这样才会收到良好的复习效果。但是各专业的专业知识和特点不同，应针对本专业与可能采取的笔试进行准备。

3. 保持良好的身心状态

临考前要注意以下几点：

（1）减轻思想负担，不要给自己施加过大的压力，否则会适得其反。

（2）笔试的前一天要注意休息，保证充足的睡眠，避免考试时精神不振，影响正常思维。

（3）要适当参加一些活动，从而使高度紧张的大脑得到放松休息，以充沛的精力去参加考试。

（二）笔试的知识准备

1. 学以致用，理论联系实际

现在的应聘考试强调用学过的知识来解决实际问题，具有很强的实用性。从考试准备角度讲，知识分为两大类：一类是主要靠记忆掌握的知识，另一类是通过不断地运用来掌握的知识。实际上，现在应聘考试主要是考查应聘者对知识的运用能力。因此，在复习过程中必须始终突出一个“用”字，通过各种实践，把学到的知识运用到工作实际中去解决各种具体的问题。

2. 提纲挈领，系统掌握

在知识与能力这两者中，知识无疑是基础。掌握知识的一个有效方法就是把零散的知识系统化。在着手应试复习时，应首先打破各学科的界限，认真梳理各科要点，整理成一个条理化、具体化的知识系统总纲目，然后按照这个总纲目有计划、有步骤地进行复习。一般来说，凡是与求职有关的知识，均要系统地复习一遍。

3. 多读多练，提高阅读能力

提高阅读能力，对扩展知识面和回答应聘考试类问题很有益处。知识的获得，主要依靠阅读能力的提高。要提高阅读能力，首先要坚持进行阅读实践。

4. 正确理解，提高语言转换能力

应聘笔试中一个极其重要的方面是将你阅读的内容用自己的语言表达出来，这在阅读考题中叫“语言的转化”。这种转化有以下三种形式：

（1）对考题中比较抽象、概括的话做出具体的解释。

（2）对考题中的具体阐述恰当地加以概括。

（3）对考题中比较含蓄的语言加以明确的阐述。

很显然，要将作品的原意转换成自己的语言并非一件易事，它含有更多的思维加工成分，而这正是检测阅读水平高低的一个重要方面。

5. 敏锐思考，提高做题速度

为了适应应聘考试中的题量，还应培养自己快速阅读、快速思维和快速答题的能力。因为现代的阅读观念不只着眼于信息的收集，而且还特别重视速度，所以在准备笔试时一定要提高做题速度。

三、笔试的答题技巧

拿到试卷后，首先应浏览一遍，了解题目的多少和难易程度，以便掌握答题的深度和速度；然后按照先易后难的原则排出答题顺序，先攻相对简单的题，后攻难题；最后，尽可能留出时间对易出错的地方进行复查，注意不要漏题。需要特别注意的是，卷面字迹要清晰，书写过于潦草、字迹难以辨认会影响考试成绩。

笔试成绩的高低，不仅与自己的实际水平和考前复习有关，还与自己的答题技巧有关。要提高答题技巧，就要有良好的考试心理状态，要了解考试的特点，了解各类考试题目的特点和解答各类题目的方法，以充分反映自己已掌握的知识，充分发挥自己的真实水平。

（一）先易后难，先简后繁

笔试题型多、内容多，又要限时答好，所以就必须合理安排答题时间。先做简单的题，后做有难度的题，保证自己会做的题目尽量不丢分，即使是不会做的题目也要积极努力得分，尽量不要空着。

（二）认真审题，字迹清楚

在答题时，必须认真审题，弄清题目要求，逐字逐句分析题意，按要求进行回答。书写时，力求做到字迹清楚，卷面整洁，格式、标点正确，不写错别字。

（三）积极思考，回忆联想

每一道题都是出卷人精心挑选出来的，考生要思考为什么会出这个题，出这个题主要考查哪些知识点，在思考的同时，积极回想自己学习的知识，以达到做细做精。

（四）掌握题型，答题仔细

要了解各科考试的特点，熟悉每种题型的答题方法，防止出现不必要的差错。常见的题型有填空题、问答题、选择题、判断题、应用题、作文题等。要针对不同的题型，做不同的准备。

思考与练习

1. 笔试常见的种类有哪些？
2. 如何做好笔试的准备？
3. 收集名企的一些经典笔试题目，并和同学们分享。

第五节　面试的方法与技巧

什么是面试？面试前，大学生们应该从哪些方面做好充分的准备？面试时，我们如何做好自我介绍？面试技巧有哪些？这些都是大学生们应该掌握的。

小案例

一位医疗保险专业的大学生通过某保险公司的笔试后，顺利进入了面试环节。面试官一共问了22个问题，这些问题是：

（1）你已经掌握了大学所学的知识吗？

（2）你觉得哪些课程对你最有帮助？

（3）你选修了其他课程吗？

（4）你的毕业论文题目是自定的还是老师指定的？

（5）你认为作为一名保险公司的业务员工作困难吗？

（6）你对自己的能力有所了解吗？

（7）你喜欢高等数学课程吗？

（8）你参加过什么社会工作？

（9）在大学里你愿意参加哪些活动？

（10）你参加过公开演讲吗？

（11）你认为你的性格有益于交际吗？

（12）你参加过勤工俭学活动吗？
（13）你觉得勤工俭学和其他活动过多占用你的时间吗？
（14）你觉得挤出时间学习很困难吗？
（15）你认为你有哪些特殊才干？
（16）你的长处和弱点是什么？
（17）你对本公司了解吗？
（18）你有什么要问的问题吗？
（19）关于工作，你还有什么问题？
（20）你喜欢在大公司还是小公司工作？
（21）你喜欢什么样的工作环境？
（22）你能很快适应工作环境吗？
上述22个问题，大体上可归纳为五个方面：
（1）应聘者是否受过良好的教育？
（2）应聘者是否有较高层次的分析能力和主动性？
（3）应聘者与他人沟通的能力如何，是否有团队意识？
（4）应聘者头脑是否清醒，思维的条理性如何？
（5）应聘者是否有自知之明？

在应聘过程中，招聘单位最常用的考核方法是笔试和面试。在面试中，求职者全面展示自身素质、能力、品质是应聘过程中具有决定性意义的环节。然而，由于应届毕业生缺乏经验，面试考核方式多样，难度也较大，所以有很多毕业生顺利通过了简历关、笔试关，最后却在面试中铩羽而归。因此，我们更要重视面试的基本知识的学习及面试技巧的掌握。

一、面试的方法和内容

面试即当面测试，是一种经过组织者精心设计，在特定场景下，以考官对考生的面对面交谈与观察为主要手段，由表及里测评考生的知识、能力、经验等有关素质的考试活动。面试是用人单位挑选员工的一种重要方法。面试给用人单位和应聘者提供了进行双向交流的机会，能使用人单位和应聘者相互了解，从而双方都可更准确地做出聘用与否、受聘与否的决定。

（一）面试的方法

面试的方法有很多，概括起来主要有以下几种。

1. 问题式面试

由招聘者按照事先拟定的提纲对应聘者进行发问，其目的在于观察应聘者在环境中的表现，考核其知识掌握程度，判断其解决问题的能力，从而获得有关应聘者的资料。这是一种常见的面试方法。

2. 压力式面试

由招聘者有意识地对应聘者施加压力，就某一问题或某一事件做一连串的发问，详细具体且追根问底，直至无以对答。此方式主要观察应聘者在特殊压力下的反应、思维敏捷程度及应变能力。面对这种面试时，应聘者要处变不惊，积极回答，不要轻易放弃。

3. 随意（或自由）式面试

招聘者与应聘者海阔天空、漫无边际进行交谈，气氛轻松活跃，无拘无束，招聘者与应聘者自由发表言论，各抒己见。此方式的目的是在闲聊中观察应聘者的谈吐、举止、知识、能力、气质和风度，对其做全方位的综合素质考察。

4. 情境（或虚拟）式面试

由招聘者事先设定一个情境，提出一个问题或一项计划，请应聘者进入角色模拟完成，其目的在于考核其分析问题、解决问题的能力。这种面试也很常见，要求应聘者能很快进入情境，可以从中观察出应聘者的性格。

5. 综合（全方位）式面试

通过多种方式考察应聘者的综合素质，如用外语交谈，要求即时作文，或即兴演讲，或要求写一段文字，甚至操作计算机等，以考查其外语水平、文字能力、书面及口头表达等各方面的能力。这类面试主要是针对一些外向型的工作岗位，如要积极与人沟通的公关员、要经常写文稿的秘书人员等。同时安排应聘者在相关岗位上实习一段时间，对应聘者的综合能力进行考查，也是一些用人单位面试的方式。

（二）面试测评的主要内容

1. 专业知识

作为对专业知识笔试的补充，面试中对专业知识的考查主要检验应试者掌握专业知识的深度和广度，其专业知识更新是否符合所要录用职位的要求。面试对专业知识的考查更具灵活性和深度。所提问题也更接近空缺岗位对专业知识的需求。

2. 工作实践经验

在面试前，招聘者一般会通过查阅应试者的个人简历或求职登记表来了解应试者的工作实践经验。面试中招聘者询问应试者有关背景及过去工作的情况，以补充、证实其所具有的实践经验，同时还可以考查应试者的责任感、主动性、思维力、口头表达能力及遇事的应变能力等。

3. 口头表达能力

在面试中，考查应试者是否能够将自己的思想、观点、意见或建议顺畅地用语言表达出来。考查的具体内容包括：表达的逻辑性、准确性、感染力、音质、音色、音量、音调等。

4. 综合分析能力

在面试中，考查应试者是否能分析主考官所提出的问题，抓住本质，并且说理透彻、分析全面、条理清晰。

5. 反应能力与应变能力

反应能力与应变能力的考查主要看应试者对主考官所提的问题理解是否准确，回答是否迅速、准确等，对突发问题的反应是否机智敏捷、回答恰当，对意外事情的处理是否妥当等。

6. 人际交往能力

在面试中，通过询问应试者经常参与哪些社团活动，喜欢同哪种类型的人打交道，在各种社交场合所扮演的角色，可以了解应试者的人际交往倾向和与人相处的能力。

7. 自我控制能力与情绪稳定性

自我控制能力和情绪稳定性对于国家公务员及许多其他类型的工作人员（如企业的管理人员）显得尤为重要。一方面，在遇到上级批评指责、工作有压力或是个人利益受到冲击时，能够克制、容忍、理智地对待，不致因情绪波动而影响工作；另一方面工作要有耐心和韧劲。

8. 工作态度

一是了解应试者对过去学习、工作的态度；二是了解其对应聘职位的态度。在过去的学习或工作中态度不认真，做什么、做好做坏都无所谓的人，在新的工作岗位上也很难说能勤勤恳恳、认真负责。

9. 上进心、进取心

上进心、进取心强的人，一般都有事业上的奋斗目标，并为之而积极努力，表现为努力把现有工作做好，且不安于现状，工作中常有创新。上进心不强的人，一般都是安于现状，无所事事，不求有功，但求无过，对什么事都不热心。

10. 求职动机

了解应试者为何希望来本单位工作，对哪类工作最感兴趣，在工作中追求什么，判断本单位所能提供的职位或工作条件等能否满足其工作要求和期望。

二、面试准备

机会是留给有准备的人的。面试前准备得是否充分，往往在很大程度上影响面试结果。人们常说："细节决定成败。"细节，事实上体现的是做事态度、行为习惯、精神风貌。这些是综合素质的表现，所以也是用人单位所重视的。

（一）心理准备

面试前的几天要调整好自己的情绪，保持良好的精神面貌，最主要的是善用“假想”。有个著名的短跑运动员曾经说过她的成功秘诀之一便是“假想”。除了刻苦的训练和心理调节外，她在每次赛前都会假想跑道的长度、弯度、跑道的材质弹性，周围的人声，甚至场边青草的香味。

面试前，应聘者不但要假想面试的场景气氛，而且要想好可能会发生的情况。对于自己的履历应该烂熟于心，对于一些常规性问题早做充分准备。例如，思考自己能为用人单位做些什么，为什么认为自己适合这份工作，以前的单位和同事对自己有何评价，等等。对于自己的优势、弱势更要理性分析，尤其是针对诸如“你的缺点是什么”这样的问题，要想方设法地用简洁而正面的语言消除负面的因素。

（二）仪表准备

其实，找工作也如同商业行为，用人单位是买方，应聘者是“卖”方。要吸引买方，除了“慧中”外，还要“秀外”。应聘者走进面试房间后，给人的第一印象就是仪表。应聘者选择衣着时，应先考虑应聘工作的性质及应聘的职位，根据工作岗位的情况而定，力求让招聘者一眼就感觉你是这个岗位上合适的人选。面试前一天务必准备好干净整洁的衣物。

（三）物品和材料准备

应聘者参加面试，需要带相关的物品和材料。

（1）黑色签字笔两支，以备填写表格使用。

（2）记事本。面试时记录或计算可能会用到。

（3）至少 2 份最近更新的简历。即使应聘者已经获得面试机会，面试官仍有可能需要简历。准备完整的简历有两个目的：第一，填申请表时可随时取出做参考；第二，面谈后可直接留给用人单位。多准备几份简历可表现出应聘者仔细准备的态度。

（4）文凭和各种证书的原件和复印件。文凭和证书俗称“敲门砖”，一定注意保存好原件，以免丢失。

（5）证件照和身份证。应聘者可参考用人单位的要求或通知来准备，有备无患。

（6）公文包。若要携带以上物品，求职者要准备一只适合自己的公文包。

（7）“秘密武器”。如果有工作成果的证明或作品，甚至专利证明，请务必带上，这可是证明自己的最好的“秘密武器”！

准备的资料，一是要与自己所谋求的职业岗位相适应、相符合；二是要真实，切忌弄虚作假，否则可能适得其反；三是要尽可能简洁明了，并装订成册，还要附上若干复印件，便于用人单位随时查阅和使用。

（四）信息准备

熟悉用人单位的情况会给面试官留下深刻的印象，因为你了解得越多，表明你对用人单位及该工作越有兴趣。了解越多，你越有自信，越能把握自己，对答如流。

一般用人单位通知应聘者面试有两种方式：一是打电话，二是发邮件。面试通知的到来也意味着“侦察”行动的开始。如果是电话通知，除了记下用人单位的名称、面试时间和地点外，还要尽力搞清楚如下问题：

（1）面试的方式：是多人同时面试，还是逐个单独面试？

（2）面试的内容：是否有笔试，是否只进行面试？

（3）面试的对象：面试官是人事主管还是部门负责人？

如果收到书面的面试通知，应聘者要及时打电话向对方询问，对用人单位信息做到心中有数。

随后的“侦察”行动自然是搜集该单位的资料，如企业的规模、性质、做什么产品项目、年营业额、人事制度、企业文化、在行业中的排名等，尽量多了解一些。现在的企业一般都有自己的网站，这为“侦察”行动省了不少力气。了解得越清楚，面试成功率也就越高。一个对用人单位很熟悉的应聘者，往往较容易获得面试官的认同；反之，一个对用人单位做什么产品都不了解的人，是很难取得面试官的信任的。除此之外，如果能够了解用人单位的氛围，同样有利于准备合适的穿着。

更重要的是应聘者要尽可能了解所申请的职位。如果足够熟悉岗位职务的性质，应聘者将会成为强有力的竞争者。要注意，为某个特殊岗位做充分准备绝对是正确的，但千万不可将自己局限在某个特殊岗位上，而忽略了其他岗位。

准备好了这一切，剩下的就是通过地图确定到达面试地点的路线，要特别留意居住地到面试地点的交通情况。有时面试官会关心此类问题，而最佳答案是时间最短的交通方式。面试前，最好实地考察用人单位周边的环境。

准备充分之后，是不是对自己有了很大的信心？最后也是最重要的一点——“自信”是锋利的武器！

三、面试礼仪

（一）时间观念

守时是基本的职业道德，提前 10～15 分钟到达面试地点效果最佳，可熟悉环境、稳定心神。提前半小时以上到达会被视为没有时间观念，但在面试时迟到或是匆匆忙忙赶到却是致命的。如果面试迟到，不管你有什么理由，都会被视为缺乏自我管理和约束能力，即缺乏职业能力，会给用人单位留下非常不好的印象。

（二）把握进门时机

如果没有人通知，即使前面一个人已经面试结束，也应该在门外耐心等待，不要擅自走进面试房间。自己的名字被喊到，应有力地答一声“是”，然后再敲门进入，敲两三下是较为标准的。敲门时千万不可太用力，以里面听得见的力度即可。听到里面说“请进”后，回答“打扰了”再进入房间。开门关门尽量要轻，进门后不要随手将门关上，应转过身去正对着门，用手轻轻地将门合上。回过身来将上半身前倾 30°左右，向面试官鞠躬行礼，面带微笑称呼“您好”，彬彬有礼而大方得体，不要过分殷勤、拘谨或过分谦让。

（三）专业化的握手

握手是建立第一印象的重要开始，不少用人单位把握手作为考察一个应聘者是否专业、自信的依据。所以，在面试官的手朝你伸过来之后就握住它，要保证你的手臂呈 L 形（90°），有力地摇两下，然后把手自然地松开放下。握手应该坚实有力，双眼要直视对方，自信地说出你的名字，表现出坚定的态度。握手时，不要用两只手，而且手应当是干燥、温暖的。如果面试官伸出手，却握到一只软弱无力、湿乎乎的手，这肯定不是好的开端。

（四）无声胜有声的形体语言

1. 如钟坐姿显精神

进入面试房间后，在没有听到“请坐”之前，绝对不可以坐下，等面试官对你说“请坐”时才可坐下，坐下时应道声“谢谢”。坐姿也有讲究，“站如松，坐如钟”，面试时也应该如此，良好的坐姿是给面试官留下良好印象的关键要素之一。坐在椅子上时，最好坐满三分之二，上身挺直，这样显得精神抖擞。保持轻松自如的姿势，身体要略向前倾。不要弓着腰，也不要把腰挺得很直，这样反倒会给人留下死板的印象，应该很自然地将腰挺直，并拢双膝，把手自然地放在上面。

2. 眼睛是心灵的窗户

面试一开始就要留心自己的身体语言，特别是自己的眼神，对面试官应全神贯注，目光始终聚焦在面试官身上，展现出自信及对对方的尊重。正确的眼神表达应该是：礼貌地正视对方，注视部位最好是面试官的鼻眼三角区（社交区）；目光平和而有神，专注而不呆板；如果有几个面试官在场，说话的时候要适当用目光扫视一下其他人，以示尊重；回答问题前，可以把视线投在对方背面的墙上，思考两三秒钟，时间不宜过长，开口回答问题时，应该把视线收回来。

3. 微笑的表情有亲和力

微笑是自信的第一步，也能使你消除紧张。面试时要面带微笑，亲切和蔼，有问必答。面带微笑会增进与面试官的沟通，会提高你的外部形象，改善你与面试官的关系。

4. 适度恰当的手势

说话时做些手势，加大对某个问题的形容力度，是很自然的，但手势太多也会分散人的注意力。不要有太多小动作，这是不成熟的表现，切忌抓耳挠腮、用手捂嘴说话，这样显得紧张、不专心。

四、面试技巧

（一）语言运用的技巧

面试时的语言表达艺术标志着你的成熟程度和综合素质，对求职应聘者来说，掌握语言表达的技巧无疑是重要的。

（1）认真聆听，流利回答。对方在谈话时可以在适当的时候点头或提问、答话。

（2）语气平和，语调恰当，音量适中。面试时要注意语言、语调、语气的正确运用。

（3）注意听者的反应，及时调整。应聘者面试不同于演讲，更接近于一般的交谈。交谈中，应随时注意听者的反应。

（二）回答问题的技巧

（1）把握重点，简洁明了，条理清楚，有理有据。一般情况下，回答问题要结论在先、议论在后，即先将自己的中心意思表达清晰，然后再做叙述和论证。

（2）讲清原委，避免抽象。面试官提问总是想了解一些应聘者的具体情况，切不可简单地以“是”“否”作答。针对所提问题的不同，做细节回答，有的需要解释原因，有的需要说明程度。

（3）明确提问的内容，切忌答非所问。面试中，如果对面试官提出的问题一时摸不到边际，以至于不知从何答起或难以理解对方问题的含义时，可将问题复述一遍，并先就自己对这一问题的理解，请教对方以确认内容。对不太明确的问题，一定要搞清楚，这样才会有的放矢，不至于答非所问。

（4）有个人见解，有个人特色。通常面试官面对的应聘者有若干名，相同的问题会问若干遍，类似的回答也要听若干遍。因此，面试官会有乏味、枯燥之感。只有独到的个人见解和有个人特色的回答，才会引起对方的兴趣和注意。

（5）知之为知之，不知为不知。遇到自己不知、不懂、不会的问题时，回避闪烁、默不作声、牵强附会、不懂装懂的做法不可取，诚恳坦率地承认自己的不足之处，反倒会赢得面试官的信任和好感。

（三）高效面试的 7 个步骤

参加面试时，如果想有出色的表现，应聘者就需要采取以下 7 步骤：

第 1 步：对用人单位情况及面试过程进行调查研究。

要对面试进行准备，应聘者首先要对用人单位和进行面试的人的情况，以及面试过程做一些调查研究。一旦与某单位约定了面试时间，应聘者就应该马上准备，可以询问当天面试的人员的有关情况，以及其他情况，例如：面试那一天是怎样安排的？将与谁见面？还有其他活动安排吗？应聘者还可以向用人单位索要可能提供的任何说明材料。一般来说，用人单位会有一份面试安排时间表，应聘者最好取得这份时间表。

在接到面试通知后，应聘者应对用人单位的所有情况进行全面了解，并了解将来可能与之打交道的其他部门。

第 2 步：使自己的能力与工作要求相适应。

认真阅读收集到的所有信息并牢记它们，尽量使自己的能力与工作要求相适应。参加面试时，应聘者可以通过展示对专业知识的理解来表达希望进入这一行业工作。

第 3 步：准备一系列问题，向面试官请教。

所谓准备是指对组织面试的单位情况进行了解，包括对不太熟悉的情况或求职机会进行了解。应聘者可以询问有关用人单位提供的职业学习、技能提高以及继续深造的机会等问题，也可以请面试官解释一下本单位成功的准则。

第 4 步：对可能遇到的问题进行准备。

准备得越充分，就越有可能圆满地回答问题。

应聘者应做好准备回答一些难题，如“你对我们这一行业的情况有多深的了解”“你以前的上司对你个人的最大优点和最大缺点是如何评价的”，等等。

第 5 步：大声朗读准备的问题的答案。

古语云：“熟能生巧。”对于预先准备的问题，应聘者应把答案先写好，然后反复地大声朗读。请一位朋友、导师或求职顾问来帮你进行一次“模拟面试”。请他们对自己的表现进行评价，如你对问题的回答如何，给他们留下了什么样的印象等。

第 6 步：面试时努力表现自己。

在面试时如何表现自己，与自己是否能够得到这份工作有很大的关系。请牢记以下几点：

（1）至少在面试开始前 10 分钟到达面试地点，尽量使自己看上去老练些，穿着要讲究，不要太随便。

（2）多带几份简历（分发给与面试有关的人员）。同时，把证明人（至少 3 名）的有关资料带上，其中应包括证明人的名字、职务、地址、电话号码以及与其联系的最佳时间等内容，这些证明人应该与应聘者有学术或职业关系，而不只是私人关系。

（3）把所有的证明材料带上，如推荐信、毕业证书、出版物和完成的课题等。许多面试官希望在面试时了解应聘者在这方面的情况。

（4）与面试官打招呼时应正式而有涵养，与他们握手要有力，并表现自然。在面试期间，要尽量放松，充满自信。

第 7 步：面试结束后进行回顾和总结。

许多应聘者认为，当面试结束后，面试就告一段落了。事实上并非如此，应聘者还要做以下工作：

（1）面试结束后，应该对自己在面试中遇到的难题进行回顾。重新考虑一下，如果他们再一次提问，自己该如何更好地回答这些问题。

（2）尽量把参加面试的所有细节记下来，特别是面试时与自己交谈的人的名字和职位。一周之内，向面试官和其他相关人员写一封感谢信。在信中，应进一步表达自己对得到这份工作的愿望。感谢信是整个面试过程的最后一步，它往往能给用人单位留下很深的印象。

五、面试时常见的问题及回答建议

如果在面试前能先了解、猜测面试时很有可能遇到的问题并为之做回答准备，是有一定益处的。

（一）自我介绍

1. 请你进行自我介绍

分析：这是面试的必问题目。自我介绍的内容要与个人简历相一致；表述方式上尽量口语化；要切中要害，不谈无关、无用的内容；条理要清晰，层次要分明；最好事先以文字的形式写好、背熟。

例如：我在大学学习的专业是市场营销。在学习期间，我曾在一家商业机构担任见习营销执行员，学到了不少管理方面的知识。我全权负责的一个批发销售公司的业务，销售总额一年为 200 万元。在那里我学习到在压力下解决问题。我希望能更好地运用我的技能。我相信我的经验和能力将让我可以迎接未来更大的挑战。

点评：这个回答只简单地介绍了个人经历，并很快将重点话题转到与工作有关的技能和经验上来，实属妙答。

2. 请你简要地评价一下自己

分析：多数人会用 3～4 个词来回答，同时缺少关于缺点的表述。一个较好的回答应该在 8 个词左右，这些词都应是词性比较强烈的，其中也应包括 1～2 个可以被称为缺点的中性词，例如完美主义、太过随意、显得软弱等。

3. 告诉我雇用你的理由

分析：这是个直接、正面的问题，尽管这个问题不会问得这样明确，但是会在其他问题之后被提出来，这个问题没有隐含的意思。

回答对策：直接的问题需要直截了当地回答，可以从你的专业、实习经验等都和这个职位对口，雇用你会给用人单位带来利益等入手。当然这个问题需要你向他们提供证据以证实你可以帮助他们改进工作效率、降低成本、增加销售、解决问题（如改进对顾客的服务、组织一个或多个活动等）。

例如：在学校，我就是个经验丰富的活动组织者，善于领导学生团队。在实习过程中，我经常对公司重要客户进行示范讲解，我们的销售额在过去两年平均增长了37%。

点评：在回答中，以实例提供有力的证据，直接而自信地推销自己。

4. 你有哪些主要的优点

分析：这个问题也问得相当直接，但是有一点隐含的意思。

回答对策：首先应强调你已具有的技能。是否雇用你在很大程度上取决于这些技能，你可以在后面详细介绍与工作有关的技能。回答时，一定要简单扼要。

例如：我具有朝着目标努力工作的能力。一旦我下定决心做某件事，我就要把它做好，比如，我的志愿是成为一个出色的公关经理，我喜欢接触不同的人，服务意识强，为了实现这个目标，我目前正在修读有关课程。

建议：如“我的学习能力、适应能力很强”“人际关系很好”等都是可提出的优点，要尽可能提供与工作相关的证据，这会使你与众不同。

点评：在面试前先对几个很难的问题进行了解、练习回答，这会对你回答其他问题有所帮助。有的问题问得比较多，有的问题虽然被问到的概率较低，但却是回答其他问题的基础。

5. 你有哪些主要的缺点

分析：这是个棘手的问题。面试官试图使你处于不利的境地，观察你在类似的工作困境中将做出什么反应。

回答对策：不宜说自己没缺点；不宜把那些明显的优点说成缺点；不宜说出严重影响所应聘工作的缺点；不宜说出令人不放心、不舒服的缺点。可以说出一些对所应聘工作“无关紧要”的缺点，甚至是一些表面上看是缺点，但从工作的角度看却是优点的缺点。

例如：我需要学会更耐心一点。我的性子比较急，总是迫使我把工作赶在第一时间完成。我不能容忍工作怠慢。

点评：回答的虽是自身的缺点，但却表现了正面的效果，对工作的积极抵消了负面影响。

6. 你有什么业余爱好

分析：有些同学把用人单位对爱好的询问简单地理解为想招聘特长生，这显然是个错觉。如果想要特长生，他们大可不必去综合高校，去体育代表队岂不省时省力？其实他们的目的是想借此判断你的性格、涵养、为人以及品德。

回答对策：比如你从6岁就开始弹钢琴，直到大学还经常在文艺演出中表演，对方会对你的毅力及音乐修养肃然起敬。有的人喜欢中长跑，而且成绩也比较好，就会让对方认为有毅力、耐力，竞争意识强，而且能够忍受长时间工作。有的人会下围棋，经常看棋谱，说明爱动脑子，善于分析，逻辑性强。

（二）对用人单位的了解

1. 你是怎么知道我们招聘这个职位的

分析：根据实际情况回答。如果你是从公司内部人士那里听到的消息，记得提及他的名字。

2. 告诉我几件关于公司的事情

分析：你应该事先了解几件和公司有关的事情，他问你三件你回答四件，他问你四件你回答五件。

3. 如果我们和另一个公司都聘用你，你如何选择

分析：一般都会以公司名气和工资高低作为取舍依据，很少有人把工作部门、职位、公司发展前景、个人在公司的发展如何、将来的上司和团队成员是什么样的人这些因素进行综合分析比较而得出结论。许多很优秀、竞争力明显很强的人同时拿到大公司与小公司的聘书时，却选择了工资并不高的小企业，他们考虑到优秀人才在小公司出头的机会更多、更早，可见小企业也有它吸引人的地方。

4. 你对用人单位有什么问题要问的

人事经理通常都会给你一些时间来对用人单位提些问题，此时千万不要说“我没什么问题”，那无异于向他表明你对他们公司没什么兴趣，问不问都意义不大，而且还会给他留下迫不及待想离开的浮躁印象。

问题一定要问，但是最好不要问工资。有些同学还爱问用人单位给新员工提供什么培训机会，以显示自己虚心好学。在大家都问的情况下你问一问当然不会显得你的提问水平特别低，但这实在不是最好的问题，所以不要把它当作重点问题来提出。

假如你在面试前做了很好的相关研究分析，不妨就公司发展战略问一个微观、具体的问题，但不能一无所知地问，而是要在了解的基础上进行深入探讨。比如：

（1）贵公司对这项职务的工作内容和期望目标是什么？有什么是我可以努力的地方？

（2）贵公司是否有正式或非正式的教育培训？

（3）贵公司的升迁渠道如何？

（4）在项目的执行分工上，是否有资深的人员能够带领新进者，并让新进者有发挥的机会？

（5）贵公司是否鼓励在职进修？

(6) 能否为我介绍一下工作环境，或者是否有机会参观一下贵公司？

另外，也有人在结束前谦虚地请教主考官：您认为我今天的表现如何？录取的概率有多大？通常，这个问题也会让对方认为，你对这份工作抱有很大的决心和企图心，而你也可以试着从对方的回答中，猜测出自己成功的概率有多大，并且作为下一次面试时表现的参考。

(三) 看你的能力

1. 你认为自己适合干什么

分析：一般来说，一个人的职业生涯选择是从想干什么和能干什么这两个方面着手考虑的，这两点都得到满足才是最佳选择。但现实中不可能都得到最大化的满足。

许多同学只从表面上了解工作性质，甚至对自身的了解也流于表面，认为善于交流的人就适合做营销，沉稳的人只适合搞研究。其实，善于交流的人如果不能踏实工作，而且过于自傲，不善于察言观色，也做不好营销工作。反而是那些被认为只是埋头研究的人由于爱动脑筋更受客户的尊重。面试时，同学们可以根据自己在这些方面的观察谈谈看法，但也要认识到自己涉世不深、阅历尚浅，对任何问题的看法都有待完善。

2. 最基础的工作你也愿意干吗

分析：很多人会毫不犹豫地说自己愿意做最基础的工作，还画蛇添足地说自己级别低也干不了什么大活，这无疑暴露出如果给你这份工作，你明显不会心甘情愿地贡献，只是在应付差事。与其这样，倒不如承认自己有弱项，如果不在压力的环境中得到锤炼，也就不可能往上提升。有些基本功不够扎实，没有通过单调、枯燥的工作得到磨炼的人，将来在挑战性很大的工作中，很难有毅力去征服困难。某种程度上，早期的单调工作对长远的更大成功是一种难得的磨炼机会。

3. 缺乏经验，你怎么胜任这份工作

分析：这一问题，恐怕问到了应届毕业生的痛点上了。的确，我们年轻，没有经验，这是一个客观存在的问题。那么，我们该如何回答来扬长避短呢？

首先，要承认这是你目前的一方面局限，但这是一个客观、暂时存在的因素。大学毕业生没有正式走进社会，无法积累丰富的工作经验。

其次，你要列举自己做这份工作的优势。一方面是你本身具有与之匹配的气质类型。比如你应聘销售，那么你要展示自己开朗外向、善于沟通、说服力强的个性；如果你应聘人力资源管理，你可以说明自己很有亲和力。另一方面是表明自己有过相关的实习经验或学生工作经验。比如应聘经理助理，你可以说明自己曾经担任学生会干部，有相当强的组织能力和号召力。

最后，也是最重要的一点，你要学会利用“反向思维”——我们确实年轻，没有经验，但另一方面，也正是因为我们年轻，工作时才不会被那些旧经验所束缚，工作时会更有创意、更有激情，会带来更高的工作成效。

例如：

（1）虽然我从来没有做过人力资源助理，但是，我在学校当班长的时候，班级对内对外的很多事情都是由我来出面处理的，老师很欣赏我处理事情的能力，同学们也都很信任我，有什么事情都愿意向我诉说，寻求帮助。

（2）虽然我从来没有做过销售，但是，我学的是计算机专业，对产品的性能会比其他非专业人士有更多的了解，这样更容易取得客户的信任。而且，我在学校组织过很多活动，我的沟通能力和外向型的性格，可以帮助我更好地完成工作。

4. 你想过创业吗

分析：这道题目主要是看你对自己的职业生涯有没有较为长远和清楚的规划。你可以按照自己的实际情况来回答，但不管你的回答是肯定还是否定，你一定要给对方留下这样的印象：你对自己的职业生涯有清楚的规划，你对工作充满了激情和活力，你是个头脑清醒的人。

例如：在我看来，创业是为了最大限度地实现自己的人生价值。创业需要激情，但创业更需要包括管理、市场拓展等在内的综合能力。达到创业水平的过程，就是自我能力逐渐提高的过程。对于我来说，不管未来会不会创业，我都会以自我提升为基础，为公司创造更多价值。

5. 你对将来有什么打算

分析：这个问题是在考察你的工作动机。人事经理通过此问题想了解你是否会长期工作下去并努力工作。

最好的对策就是诚实，这也是一贯强调的。但并不是要我们把负面的信息也摆出来，我们应该坦率地、正面地回答面试官关心的问题。

例如：我认识到要在这一领域造就自己，我很愿意从这个岗位开始努力。我想过要做什么，而且我的技能正是做好这项工作所需要的。比如，我善于与人打交道。在过去的一项实习工作中，每周向1 000多名不同的人提供服务。在我18个月的工作中，曾为72 000多名顾客提供服务，从未收到一次正式的投诉。事实上，他们常因我的周到服务表扬我。我认识到我喜欢与公众接触，想到我能得到这份工作感到非常愉快。我想在工作中更好地学习，并与公司共同进步。由于我对公司的贡献和价值不断提高，希望能考虑使我得到更有责任的职务。

（四）薪金福利

1. 你对工资有什么期望

分析：自己应该如何出价呢？若没有把握，可以给出一个幅度，下限可以低些，上限不要太高，这样进可攻，退可守。在工资问题上，最容易出问题的是有些同学恨不得在面试第一轮就先知道对方能支付多少工资及福利待遇如何。这可是被拒的致命误区。在这个问题上大家有一个错误的理解，以为工资谈判是面试中的重要部分，其实用人单位录取你的前提是对你各方面都满意，无须过早谈论工资。

2. 你对加班有什么看法

分析：说同意加班有不合理的地方，说不同意又会让用人单位觉得你不够勤奋，要回答这个问题，确实很矛盾。建议同学们首先说明高效工作是人才的一个必备素质，也是为企业提高效率的一个途径，因此，能在工作时间内完成的就不要拖到下班时间。但如果是工作需要，或者公司做了临时的安排，加班完成工作当然义不容辞。另外，最好还能说明自己可以加班的条件，比如目前尚未结婚，可以有较多的时间来工作。

例如：我对自己的办事效率还是非常自信的，但是如果因为工作需要而加班，那当然是义不容辞的——“把事情做好”是我一贯的准则。

小贴士

面试注意事项

面试是整个求职过程中最重要的阶段，成败往往取决于面试时的表现。下面这些注意事项将给应聘者带来面试成功的契机。

1. 留心自己的身体语言，尽量显得精神、有活力、全神贯注。

2. 留下良好的初步印象和最后印象。最初和最后的 5 分钟是面试中最关键的时间。最初的 5 分钟内应聘者应当主动沟通，离开时要确定自己已经被记住了。

3. 完整地填好表格。即使带了简历，很多用人单位还是会要求应聘者填一张表。

4. 谨记每次面试的目的都是获聘。应聘者必须突出自己的性格和专业能力，以获得聘请。面试至尾声时，应聘者要知道下一步怎么办，以及用人单位什么时候会做决断。

5. 清楚用人单位的需要，展示出自己的价值，以及适应环境的能力。

6. 要让人产生好感，富有热情。用人单位都喜欢聘请容易相处且为单位感到自豪的人。应聘者既要成熟稳重，也要表现自己的精力和兴趣。

7. 要确保有适当的技能，知道自己的优势。应聘者要清楚自己的学历、经验、受过的培训与别人相比较的优势。

8. 展示勤奋工作、追求团体目标的能力。大多数面试官希望找一位有创造力、性格好、能融入团体的人。应聘者必须通过强调自己给对方带来的好处来说服对方雇用自己。

9. 将自己所有的优势包括技术资格、能力和性格优点等推销出去。用人单位最在乎两点：资历凭证和个人性格。能否在以往业绩的基础上工作并适应企业文化是用人单位所关心的，应聘者可以谈一下自己性格中的积极方面，并结合例子告诉对方自己在具体工作中会怎么做。

10. 给出有针对性的回答和具体的结果。说出自己的业绩时，举出具体例子来说明更有说服力，告诉对方当时的实际情况、所用的方法，以及实施之后的结果。回答时一定要有针对性。

11. 不要害怕承认错误，用人单位希望知道应聘者犯过什么错误以及有哪些不足。不要害怕承认过去的错误，但要主动地强调自己的长处，以及自己如何将不足变成优势。

12. 要讲和过去业绩成就相关的故事，过去的成绩是一种凭证，在一个公司取得成功，意味着很可能在其他公司也会成功。

13. 面试前要弄清楚用人单位的情况，尽量为其“量身定做”答案，关于公司、客户以及将来可能担任的工作，用对方的用词风格说话。

14. 面试前先自己预演一下，尝试回答可能会被问及的各种问题。即使不能猜出所有可能被问的问题，思考它们的过程也会让应聘者减轻紧张感，而且在面试时心里有底。

15. 知道怎么回答棘手的问题。大部分的主要问题事前可以预料到。但是，面试官常会问些让应聘者尴尬的问题，以观察应聘者在压力下的表现。应聘者最好有备而战，冷静地整理好思路并从容地回答。

16. 将自己的长处转换成有关工作业绩和效益及符合用人单位需要的话。如果对自己和工作有关的长处有相当的把握，可以重点强调自己能够给对方带来的好处。

17. 说明自己的专长和兴趣。对用人单位最有利的事情之一就是应聘者热爱自己的工作，所以应聘者要知道自己最喜欢的工作是什么，自己会给用人单位带来什么利益。

18. 清楚自己的交际用语。对大部分用人单位而言，交际的语言技巧十分有价值，是应聘者受过良好教养和有竞争力的标志。所以应聘者要清楚自己是如何使用交际用语的，从而最好地展现自己。

19. 不要准时到达，而要提前到。一旦迟到，不管面试官多么体谅应聘者在路上碰到的意外情况，要克服其负面的第一印象几乎是不可能的。

20. 把碰到的每一个人都看成面试中的重要人物，要对接触到的每一个人都彬彬有礼，不管他们是谁，以及他们的职务是什么。每个人对应聘者的看法对面试来说都可能是重要的。

21. 用完整的句子和实质性的内容回答问题。谨记面试官是想凭该回答判断应聘者能为单位带来什么实质性的利益，因此一定不要只用“是的”或“不是”来回答问题。给出完整的答案，让面试官知道自己与单位的要求多么契合，以及自己有什么技能。

22. 在面试前，练习一下如何放松自己，譬如放慢语速、深呼吸使自己冷静下来。越放松，越自然，就越会显得自信。

23. 一定要准备好问问题。准备好几个和应聘岗位、用人单位有关的问题。通过这些问题，应聘者能获取一些有效信息，同时也能表达出自己对该工作的兴趣、思考。

训练与评估

1. 面试之前，你应该从哪些方面做好充分的准备？
2. 面试时如何做好自我介绍？
3. 面试时有哪些基本的礼仪？
4. 做好充分准备，开展一场模拟面试。

好书荐读

书名：《杜拉拉升职记》

作者：李可

出版社：陕西师范大学出版社

内容简介：

本书讲述了都市白领杜拉拉，经过自己的不懈努力，从一个普通的销售助理成长为一名专业干练的企业高管。

影视荐赏

片名：《十八洞村》

导演：苗月

剧情简介：

湖南湘西乡村在扶贫政策实施过程中，十八洞村退伍老兵杨英俊和几个堂兄弟家均为精准识别的贫困户，面对现状，他们虽心态各异，但是内心深处都有改变命运的期盼。在扶贫工作队的帮扶下，杨英俊带领杨家兄弟立志、立身、立行，决心打一场脱贫攻坚战，在追求生活脱贫的过程中，他们完成了一次精神上的脱贫，思想观念和生活方式发生了巨大变化。

影片通过一系列生动的细节展现了当代乡村风貌，具有鲜活的生活质感。石头砌成的猪舍、屋内燃烧的灶火、围绕在水井边的洗衣池，还有那只不断出现的公鸡，既让中年观众感受到了久违的乡村气息，带有浓厚的怀旧色彩，又让缺乏农村生活历练的新生代观众看到了当下最真实的农村景象。《十八洞村》有着很强的故事性，人物形象鲜明，是一部具有思想性和观赏性的主旋律电影。

第四章 依法维权

知识目标

1. 了解大学生就业权益的主要内容。
2. 掌握毕业生就业协议书的主要内容和签订程序。
3. 掌握劳动合同的内容和签订程序。
4. 熟悉社会保险的相关知识。

能力目标

1. 学会签订合法的劳动合同。
2. 学会依法保护自己的劳动权益。
3. 认识和防范各类求职陷阱。

价值目标

1. 树立维护法律权利和履行法律义务相统一的法治意识。
2. 能依法办事，用法律维护自身权利。
3. 践行契约精神，培养诚信意识。

第一节　大学生就业权益及其保护

随着社会主义市场经济的发展，我国的人力资源市场越来越成熟和完善，为大学毕业生就业创造了良好的社会条件。但在利益的驱使下，也有一些不法分子把脑筋动在了侵害劳动者的合法权益上。于是，各类求职陷阱屡见不鲜，个别企业也无视法律规定，非法剥夺员工应当享受的权利。尤其是对于涉世不深的大学毕业生来说，更容易受到违法行为的侵害。因此，我们在求职和入职的过程中，必须要熟悉相关的法律规定，用法律的武器来保护自己。

案例与评析

王磊的遭遇

王磊毕业于某高校计算机系，应聘了某广告有限公司的网络管理员岗位。该岗位的招聘信息中明确表示月薪 4 000～6 000 元，且工作性质为合同制。这份待遇对于一个刚毕业的大学生来说有很大的诱惑力，王磊便欣然前往应聘。通过笔试、面试，王磊应聘成功，被录用后与公司签订了一份见习协议。然而在之后两个月的时间内，该公司每个月仅支付给他 1 000 元的见习补贴。王磊察觉到其中可能有问题，立即到劳动部门进行核实。原来该广告公司并非见习基地，原则上不允许招收见习学员，它仅仅是想利用见习名义使用廉价劳动力。

评析

求职者在应聘“见习”岗位前必须要理解“见习”的真正含义。所谓职业见习是指学校组织学生进入企业在实际工作岗位上进行一段时间的实践性见习，以提高其动手能力，丰富其工作经验，增强上岗适应性，尽快提高实际工作能力，为下一步就业做准备。见习期内，学生与见习单位不建立劳动关系。

发布“见习”岗位的用人单位必须具有见习基地资质，其他单位发布所谓“见习”岗位都不合法。有些单位以“合同制”为诱饵，骗取求职者充当廉价劳动力后，再以“见习”推脱则更为恶劣。求职者与用人单位签订合同时要搞清楚劳动合同与见习协议的区别，不要被用人单位的一面之词所误导。大学生在签订见习协议时要留心这家用人单位是不是具有见习基地资质。如果出现案例中冒充见习基地的情况，可及时向劳动保障部门咨询或反映。案例中的王磊已经大学毕业，他与用人单位应该签订劳动合同而不是签订见习协议。

一、大学生就业权益的主要内容

（一）接受就业指导权

我国《高等教育法》规定“高等学校应当为毕业生、结业生提供就业指导和服务”。由此可以看出，接受就业指导和服务是毕业生的一项重要权益。各高校应成立专门的大学生就业指导服务机构，配备专门人员对毕业生进行就业指导与服务。

（二）平等就业权

平等就业应当包括及时、全面有效地获取就业信息，能被公平、公正、择优推荐，参加“双选”时与用人单位自主洽谈协商等。根据国家有关规定，在国家就业方针、政策指导下“双向选择，自主择业”。

（三）公平受录用权

用人单位在录用毕业生的过程中，应当公平、公正，一视同仁。公平受录用权是毕业生迫切需要得到维护的权益。

（四）违约求偿权

就业协议一经签订，毕业生、用人单位、学校三方都应严格履行。任何一方提出变更或解除协议，均须得到另外两方的同意，否则应承担违约责任。对于用人单位无故要求解除就业协议的，毕业生有权要求对方严格履行就业协议。

二、大学生求职就业过程中个人权益的自我保护

（一）了解有关政策和法律规定，增强法律意识

如果在就业过程中用人单位的单方面规定与国家政策、法律、法规相抵触，侵犯了自己的权益，大学生应勇于并善于依法维护自己的合法权益。

（二）签订就业协议书

普通高等学校毕业生就业协议书是用人单位和普通高等学校毕业生、高校在毕业生正式确立劳动人事关系前经双向选择，在规定期限内确立就业关系、明确双方权利和义务而达成的书面协议，是用人单位确认毕业生相关信息真实可靠以及接收毕业生的重要凭据，也是高校进行毕业生就业管理、编制就业方案以及毕业生办理就业落户手续等有关事项的重要依据。就业协议一般由教育部或各省（自治区、直辖市）就业主管部门统一制定。

依据就业协议书中“如有其他约定，应在协议书的备注栏中明确，并视为本协议的一部分”的条款，有时用人单位可能与毕业生另行签订一份比较详尽的补充协议。由于这种补充协议不是国家统一制定的，用人单位可能会要求毕业生承担额外的不合理的义务，如过长的服务期限、不合法的离职赔偿等，有的甚至扣押毕业文凭。如果遇到这些情形，毕业生应依据国家政策和法律的规定，据理力争，避免陷入合同陷阱。

毕业生在签订就业协议及其补充条款时，应注意审核以下几个方面的问题：

（1）用人单位的主体资格是否合法；

（2）协议条款是否合法；

（3）签订就业协议的程序是否合法；

（4）违约责任的界定是否明确、合理。

（三）充分发挥就业协议书的作用

毕业生就业协议一经订立，对各方当事人具有约束力，不得随意解除，否则应承担违约责任。就业协议书主要有以下作用：

（1）保障毕业生在寻找工作阶段的权利与义务。就业协议明确了大学毕业生的工作单位，约定了签订劳动合同的时间、劳动合同的主要内容等。当发现所要签订的劳动合同与就业协议不一致，特别是出现对维护毕业生权益不利的情况时，毕业生应该要求用人单位按照已经生效的就业协议签订新的劳动合同，使其内容符合就业协议。

（2）学校根据就业协议上的工作单位的地址邮寄毕业生档案。如果毕业生未签订就业协议书，学校将把其关系和档案转递回原籍。

（3）大学生可以用就业协议办理报到、转移组织关系及户口等手续。

（4）毕业生就业协议是教育部门和各高校进行就业率统计的重要依据。

（四）了解就业协议的解除和争议解决

1. 就业协议的解除

就业协议的解除有单方解除和三方解除。

单方解除包括单方擅自解除和单方依法或单方依协议解除。单方擅自解除协议属违约行为，解约方应对另两方承担违约责任。单方依法或单方依协议解除是指一方解除就业协议有法律上或协议上的依据。如毕业生未取得毕业资格，用人单位有权单方解除就业协议；毕业生录取研究生、服兵役等，依协议约定毕业生有权解除协议。此类单方解除就业协议情况，解除方无须对另两方承担法律责任。

三方解除是指毕业生、用人单位、学校三方经协商一致，取消原签订的协议，使协议不发生法律效力。此类解除原因是三方当事人意思表示一致的体现，三方均不承担法律责任。

就业协议的效力始于三方签订，终止于毕业生到用人单位就业并签订劳动合同，就业协议书不能取代劳动合同。

2. 就业协议争议解决

在实践中，通常引起就业协议争议的主体是毕业生和用人单位。解决就业协议争议的办法主要有以下几种：

（1）毕业生与用人单位协商解决。这种办法适用于因毕业生个人原因引起的就业协议争议。经过毕业生说明情况，得到用人单位的谅解，经双方协商可以达成新的协议。

（2）由学校出面或由当地毕业生就业主管部门对用人单位和毕业生进行调解。这种办法大多适用于由用人单位引起的就业协议争议。由学校或行政部门介入，针对纠纷进行调解，取得双方的认可后达成一致意见。

（3）对协商调解不成的就业协议争议，毕业生或用人单位可直接向人民法院起诉，由人民法院依法裁决。

（五）了解就业协议与劳动合同的区别

就业协议中所规定的条款大多是框架性的，有关劳动权利和义务的具体内容还有待于毕业生与用人单位在劳动合同中详细约定。就业协议与劳动合同的区别有以下几个方面：

（1）主体不同。就业协议涉及毕业生、学校、用人单位三方关系；劳动合同只涉及毕业生与用人单位两方关系。

（2）依据不同。就业协议依据的是教育部颁布的部门规章；劳动合同依据的是《劳动合同法》和《民法典》。

（3）内容不同。就业协议的内容主要是毕业生愿意到用人单位就业，用人单位同意接收毕业生，学校作为第三方进行监督；劳动合同则规定了合同期限、工作内容、劳动报酬、劳动纪律、劳动保护等具体内容。

（4）时效不同。就业协议从学生签约时生效，于学生毕业后报到入职，与单位签订劳动合同时终止；劳动合同的有效期则以劳动合同具体规定的时间为准，合同双方不得随意变更、中止。

第二节　劳动合同

案例与评析

大学毕业生赵某与某电脑公司签订了劳动合同，合同期限为 6 个月。同时，该电脑公司与赵某约定的试用期也是 6 个月，试用期内的月工资为 1 500 元，试用期满后的月工资为 4 000 元。赵某在该单位按照合同约定完成了 6 个月的试用期工作，该公司按照合同规定支付了试用期的全部工资。问：该公司与赵某约定的试用期期限是否合法？如果不合法，该公司与赵某最多可以约定多长时间的试用期？该公司应当支付的试用期工资是多少？

评析

该公司与赵某约定的试用期限不合法。《劳动合同法》第十九条规定："劳动合同期限三个月以上不满一年的，试用期不得超过一个月；劳动合同期限一年以上不满三年的，试用期不得超过二个月；三年以上固定期限和无固定期限的劳动合同，试用期不得超过六个月。"《劳动合同法》第八十三条规定："用人单位违反本法规定与劳动者约定试用期的，由劳动行政部门责令改正；违法约定的试用期已经履行的，由用人单位以劳动者试用期满月工资为标准，按已经履行的超过法定试用期的期间向劳动者支付赔偿金。"因此，电脑公司与赵某最多可以约定的试用期限为一个月。试用期的工资不得低于劳动合同约定的百分之八十，所以赵某试用期的工资不得低于 3 200 元。同时，违法约定的试用期已经履行，用人单位还应当向赵某支付赔偿金 2 万元。

一、劳动合同的概念

劳动合同是劳动者与用人单位确立劳动关系、明确双方权利和义务的协议。

劳动者是指达到法律规定年龄，具有劳动能力，并实际参加社会劳动，以自己的劳动收入为主要生活来源的自然人。我国目前法定的劳动年龄是男 16～60 周岁、女 16～50 周岁（女干部 16～55 周岁），文艺、体育和特种工艺单位招用未满 16 周岁的未成年人，应经县以上劳动保障行政部门审批。

用人单位是指具有用人资格（即办理了营业执照或法人许可证），使用劳动力组织生产服务且向劳动者支付工资报酬，以营利为目的或向社会提供公益服务的单位。用人单位包括企业、个体经济组织、民办非企业单位。用人单位设立的分支机构，依法取得营业执照或者登记证书的，可以作为用人单位与劳动者订立劳动合同；未依法取得营业执照或者登记证书的，受用人单位委托可以与劳动者订立劳动合同。可见，用人单位的分支机构具有一定的用工主体资格，但同时受到一定的限制，关键看其是否已经依法取得营业执照或者登记证书，未依法取得营业执照或者登记证书的，受用人单位委托可以与劳动者订立劳动合同。

劳动合同具有人身性。劳动力和劳动者的人身密不可分，劳动合同对于劳动者履行劳动义务来说，就带来了人身性。

劳动合同主体双方在订立和履行合同中的地位具有特殊性。劳动合同订立时，双方是平等主体，劳动合同履行时，双方是管理与被管理的隶属关系。

二、签订劳动合同应注意的问题

用人单位自用工之日起即与劳动者建立劳动关系，建立劳动关系应当订立书面劳动合同。已建立劳动关系，未同时订立书面劳动合同的，应当自用工之日起一个月内订立书面劳动合同。

签订书面劳动合同，既是用人单位的义务，也是劳动者的义务。劳动者拒绝签订书面劳动合同的，用人单位可在一个月内书面通知劳动者终止劳动关系，无须支付经济补偿金。

用人单位自用工之日起超过一个月、不满一年未与劳动者订立书面劳动合同的，应当向劳动者每月支付二倍的工资。

用人单位自用工之日起满一年未与劳动者订立书面劳动合同的，视为自用工之日起满一年的当日已经与劳动者订立无固定期限劳动合同，并应当立即与劳动者补订书面劳动合同。

签订劳动合同时应当注意以下问题：

(1) 反歧视原则。

用人单位不得将民族、宗教信仰、性别、传染病（法律法规另有规定的行业除外）、残疾列入招工条件。

(2) 劳动者和用人单位都享有知情权。

从劳动者方面看，在订立劳动合同前洽谈合同的过程中应了解用人单位的主体资格，特别是相关制度、劳动条件、工作地点、工作报酬等情况，注意看劳动合同的条款是否完备、内容是否合法。从用人单位方面看，在洽谈合同过程中应了解劳动者的年龄、健康状况、知识技能等。

(3) 定金问题。

签订劳动合同时，用人单位不能向劳动者收取定金、保证金、抵押物和证件；除法律有特别规定外，不得为劳动者设定违约金。

(4) 事实劳动关系。

用人单位招用劳动者未订立书面劳动合同，但同时具备下列情形的，劳动关系成立，即存在事实劳动关系，事实劳动关系中的劳动者的利益同样受法律保护：

1）用人单位和劳动者符合法律、法规规定的主体资格；

2）用人单位依法制定的各项劳动规章制度适用于劳动者，劳动者受用人单位的劳动管理，从事用人单位安排的有报酬的劳动；

3）劳动者提供的劳动是用人单位业务的组成部分。

三、劳动合同与劳务合同的区别

劳动合同与劳务合同的区别表现在以下几个方面：

（1）规范和调整劳动关系与劳务关系的法律依据不同。

劳动关系主要由《劳动法》《劳动合同法》进行规范和调整，建立劳动关系必须签订书面劳动合同。劳务关系主要由《民法典》进行规范和调整，建立和存在劳务关系的当事人之间是否签订书面劳务合同，由当事人双方协商确定。

（2）劳动关系与劳务关系的主体不同。

劳动关系中的一方应是符合法定条件的用人单位，另一方只能是自然人，而且必须是符合劳动年龄条件，且具有与履行劳动合同义务相适应的能力的自然人。劳务关系的主体类型较多，可以是两个用人单位，也可以是两个自然人。法律法规对劳务关系主体的要求，不如对劳动关系主体要求得那么严格。

（3）当事人之间的隶属关系不同。

处于劳动关系中的用人单位与劳动者之间存在着隶属关系是劳动关系的主要特征。隶属关系的含义是指劳动者成为用人单位中的一员，成为该用人单位的职工或员工（以下统称职工）。而劳务关系中，不存在一方当事人是另一方当事人的职工这种隶属关系。如某居民雇用一名家政服务员，家政服务员不可能是该户居民家的职工，居民与家政服务员之间就是劳务关系。

（4）当事人之间承担的义务不同。

劳动关系中的用人单位必须按照法律法规和地方规章等为职工承担社会保险义务；而劳务关系中的一方当事人不存在必须承担另一方当事人社会保险的义务，如居民不必为其雇用的家政服务员承担缴纳社会保险的义务。

（5）支付劳动报酬的要求不同。

劳动关系中的用人单位对劳动者具有行使工资、奖金等方面的分配权利，用人单位向劳动者支付的工资应遵循按劳分配、同工同酬的原则，必须遵守当地有关最低工资标准的规定；而在劳务关系中的一方当事人向另一方支付的报酬完全由双方协商确定。

四、劳动合同的分类

劳动合同分为固定期限劳动合同、无固定期限劳动合同和以完成一定工作任务为期限的劳动合同。

固定期限劳动合同是指劳动者与用人单位对劳动合同履行的起始和终止日期有具体明确约定的劳动合同。用人单位与劳动者协商一致，可以订立固定期限劳动合同。

无固定期限劳动合同是指用人单位与劳动者约定无确定终止时间的劳动合同。用人单位与劳动者协商一致，可以订立无固定期限劳动合同。

有下列情形之一，劳动者提出或者同意续订、订立劳动合同的，除劳动者提出订立固定期限劳动合同外，应当订立无固定期限劳动合同：

（1）劳动者在该用人单位连续工作满十年的；

（2）用人单位初次实行劳动合同制度或者国有企业改制重新订立劳动合同时，劳动者在该用人单位连续工作满十年且距法定退休年龄不足十年的；

（3）连续订立二次固定期限劳动合同后续订劳动合同的，如果劳动者提出订立无固定期限劳动合同，应当订立无固定期限劳动合同。

用人单位违反规定不与劳动者订立无固定期限劳动合同的，自应当订立无固定期限劳动合同之日起向劳动者每月支付二倍的工资。

地方各级人民政府及有关部门为安置就业困难人员就业而提供的给予岗位补贴和社会保险补贴的公益性岗位，其劳动合同就不适用《劳动合同法》中有关无固定期限劳动合同及经济补偿的规定。

以完成一定工作任务为期限的劳动合同，是指用人单位与劳动者约定以某项工作的完成为合同期限的劳动合同。用人单位与劳动者协商一致，可以订立以完成一定工作任务为期限的劳动合同。

五、劳动合同的内容

（一）劳动合同的必备条款和约定条款

劳动合同必备条款包括：用人单位的名称、住所和法定代表人或者主要负责人；劳动者的姓名、住址和居民身份证或者其他有效身份证件号码；劳动合同期限；工作内容和工作地点；工作时间和休息休假；劳动报酬；社会保险；劳动保护、劳动条件和职业危害防护；法律、法规规定应当纳入劳动合同的其他事项。

劳动合同除上述必备条款外，用人单位与劳动者还可以约定试用期、培训、保守秘密、补充保险和福利待遇等其他事项。

（二）工作时间

劳动合同中工时制可以分为定时工作制、不定时工作制和综合计算工时工作制。

定时工作制即企业、事业、机关等单位在正常情况下普遍实行的每天工作 8 小时、每周工作 40 小时的标准工作时间制度。有些企业因工作性质和生产特点不能实行标准工时制，应保证劳动者每天工作不超过 8 小时、每周工作不超过 40 小时、每周至少休息一天。

不定时工作制是指每一工作日没有固定的上下班时间限制的工作时间制度。它是针对因生产特点、工作特殊需要或职责范围的关系，无法按标准工作时间衡量或需要机动作业的职工所采用的一种工时制度。

综合计算工时工作制是无法执行定时工作制的，可以申请综合计算工时制，即以周、月、季、年等为周期综合计算工作时间，但平均日工作时间和平均周工作时间应当与法定标准工作时间基本相同，即平均每日不超过 8 小时，平均每周不超过 40 小时。

无论是综合计算工时工作制还是不定时工作制，都有可能占用劳动者的休息时间，因此这两种工时制度都应该受到严格的限制，在实践中表现为应当经过劳动行政部门的审批，否则该条款无效。

另外，现实生活中还存在非全日制用工的用工形式。非全日制用工是指以小时计酬为主，劳动者在同一用人单位一般平均每日工作时间不超过 4 小时，每周工作时间累计不超过 24 小时的用工形式。非全日制用工双方当事人可以订立口头协议。从事非全日制用工的劳动者可以与一个或者一个以上用人单位订立劳动合同；但是，后订立的劳动合同不得影响先订立的劳动合同的履行。在非全日制用工的情况下，小时工资标准是用人单位按双方约定的工资标准支付给非全日制劳动者的工资，但不得低于当地政府颁布的小时最低工资标准。非全日制从业人员可以参加基本养老保险和基本医疗保险，由个人缴纳。除工伤保险费属于用人单位的强制性义务外，目前用人单位对非全日制用工劳动者基本养老保险和基本医疗保险没有强制性义务。

（三）延长劳动时间

1. 延长劳动时间的规定

用人单位由于生产经营需要，经与工会和劳动者协商后可以延长工作时间，一般每日不得超过 1 小时；因特殊原因需要延长工作时间的，在保障劳动者身体健康的条件下延长工作时间每日不得超过 3 小时，但是每月不得超过 36 小时。

有下列情形之一的，延长工作时间不受前述规定的限制：

（1）发生自然灾害、事故或者因其他原因，威胁劳动者生命健康和财产安全，需要紧急处理的；

（2）生产设备、交通运输线路、公共设施发生故障，影响生产和公众利益，必须及时抢修的；

（3）法律、行政法规规定的其他情形。

用人单位不得违反法律规定延长劳动者的工作时间。

2. 延长劳动时间的报酬

用人单位应当按照下列标准支付高于劳动者正常工作时间工资的工资报酬：

（1）安排劳动者延长工作时间的，支付不低于工资的 150％的工资报酬；

（2）休息日安排劳动者工作又不能安排补休的，支付不低于工资的 200％的工资报酬；

（3）法定休假日安排劳动者工作的，支付不低于工资的 300％的工资报酬。

（四）试用期

试用期是指用人单位和劳动者在建立劳动关系后为了相互了解、选择而约定的不超过6个月的考察期。劳动合同中可以约定试用期，也可以不约定试用期。

劳动合同期限3个月以上不满1年的，试用期不得超过1个月；劳动合同期限在1年以上不满3年的，试用期不得超过2个月；3年以上固定期限和无固定期限的劳动合同，试用期不得超过6个月；以完成一定工作任务为期限的劳动合同或者劳动合同期限不满3个月的，不得约定试用期。同一用人单位与同一劳动者只能约定一次试用期；试用期是含在劳动合同的期限中的，劳动合同中若仅约定试用期，试用期不成立，该期限为劳动合同期限。

在试用期内，除法律规定的情形外，用人单位不得解除劳动合同。用人单位在试用期解除劳动合同的，应当向劳动者说明理由。

劳动者在试用期的工资不得低于本单位相同岗位最低档工资或者劳动合同约定工资的80%，并不得低于用人单位所在地的最低工资标准。

（五）服务期

服务期，是指用人单位为劳动者提供专项培训费用，对其进行专业技术培训时与劳动者约定的服务期限。劳动者违反服务期约定的，应当按照约定向用人单位支付违约金。

关于服务期条款应注意以下问题：

（1）不是专项培训是不能约定服务期的，如岗前培训、在岗培训或者师傅带徒弟等方式的培训；

（2）违约金的数额不能超过培训费用的总额；

（3）用人单位要求劳动者支付的违约金不得超过服务期尚未履行部分所应分摊的培训费用。

（六）保密和竞业限制

用人单位与劳动者可以在劳动合同中约定保守用人单位的商业秘密和与知识产权相关的保密事项。劳动者违反保密义务给用人单位造成损失的，应当承担赔偿责任。

对负有保密义务的劳动者，用人单位可以在劳动合同或者保密协议中与劳动者约定竞业限制条款，并约定在解除或者终止劳动合同后，在竞业限制期限内按月给予劳动者经济补偿。

竞业限制是指用人单位和知悉本单位商业秘密或者其他对本单位经营有重大影响的劳动者，在终止或解除劳动合同后的一定期限内，不得在生产同类产品、经营同类业务或有其他竞争关系的用人单位任职，也不得自己生产与原单位有竞争关系的同类产品或经营同类业务。

竞业限制的人员限于用人单位的高级管理人员、高级技术人员和其他负有保密义务的人员。竞业限制的范围、地域、期限由用人单位与劳动者约定，竞业限制的约定不得违反法律、法规的规定。地域范围的约定以和用人单位形成竞争关系的地域为限，超出地域则竞业限制协议无效。竞业限制期限，不得超过二年。

当用人单位和劳动者签订竞业限制协议后，劳动者离职时，用人单位应每月向劳动者支付补偿金。

签订竞业限制协议后，劳动者离职后违反竞业限制协议的，要向用人单位支付违约金；若劳动合同终止后，用人单位超过 3 个月不支付每月补偿的，劳动者可以不再履行竞业限制协议。

实践中，很多用人单位动辄在劳动合同中对劳动者约定高额违约金，以此“圈”住劳动者，最常见的是就劳动合同期限的履行约定违约金。因此，《劳动合同法》规定，除劳动者违反服务期和竞业限制的约定外，用人单位不得与劳动者约定由劳动者承担的违约金。可见，劳动合同中有关劳动者单方解除劳动合同需要支付违约金的条款是违法的、无效的。

六、无效劳动合同

无效劳动合同，是指当事人虽然签订但是国家不承认其法律效力的劳动合同。无效劳动合同从订立时起就没有法律约束力。对无效劳动合同有争议的，由劳动争议仲裁委员会或者人民法院确认。

下列劳动合同无效或者部分无效：

（1）以欺诈、胁迫的手段或者乘人之危，使对方在违背真实意思的情况下订立或者变更劳动合同的无效。双方当事人在订立劳动合同、拟定劳动合同条款时应当出于自愿，要遵守诚实信用原则。

（2）用人单位免除自己的法定责任、排除劳动者权利的劳动合同无效。劳动合同订立应遵循公平原则，核心含义就是要求劳动合同当事人的权利与义务相一致。为了保障劳动者的合法权益，用人单位免除己方法定责任的劳动合同（如有“一律不支付经济补偿金”“生老病死都与企业无关”等条款）无效。

（3）违反法律、行政法规强制性规定的劳动合同无效。

劳动合同被确认无效，劳动者已付出劳动的，用人单位应当向劳动者支付劳动报酬。劳动报酬的数额，参照用人单位相同或者相近岗位劳动者的劳动报酬确定；用人单位无同类岗位的，按照本单位上年职工平均工资确定。

七、劳动合同的终止和解除

劳动合同终止是指劳动合同到期或无法继续履行，劳动合同自然失效。劳动合同解除是指劳动合同尚未到期，因当事人一方或双方的意思表示，使劳动合同不再具有法律效力的法律行为。

（一）劳动合同终止的情形

（1）劳动合同期满。劳动合同期满是劳动合同终止的最主要形式。劳动者在医疗期、孕期、产期和哺乳期内劳动合同期限届满时，劳动合同的期限应自动延续至医疗期、孕期、产期和哺乳期满为止。

（2）劳动者开始依法享受基本养老保险待遇。由于退出劳动力市场的劳动者的基本生活已经通过养老保险制度得到保障，劳动者不再具备劳动合同意义上的主体资格，因此劳动合同自然终止。

（3）劳动者死亡、被人民法院宣告死亡或者宣告失踪。当劳动者死亡、因下落不明被人民法院宣告失踪或者宣告死亡后，作为民事主体和劳动关系当事人，无法再享受权利和承担义务，自然也不能继续履行劳动合同，劳动合同当然终止。

（4）用人单位被依法宣告破产、被吊销营业执照、责令关闭、撤销。在劳动合同履行过程中，用人单位被依法宣告破产、被吊销营业执照、责令关闭或被撤销，意味着用人单位的法人资格已被剥夺，表明此时用人单位已无法按照劳动合同履行其权利和义务，只能终止劳动合同。

（5）用人单位决定提前解散。用人单位提前解散的，其法人资格便不复存在，其与劳动者的劳动关系也随主体资格的消亡而消灭。

（6）法律、行政法规规定的其他情形。

（二）劳动合同的解除

1. 双方协商解除

用人单位与劳动者协商一致，可以解除劳动合同。

2. 劳动者提出解除劳动合同

劳动者提前 30 日以书面形式通知用人单位，可以解除劳动合同。劳动者在试用期内提前 3 日通知用人单位，可以解除劳动合同。用人单位可以不支付经济补偿。

用人单位有下列情形之一的，劳动者可以随时解除劳动合并要求给予经济补偿：

（1）未按照劳动合同约定提供劳动保护或者劳动条件的；

（2）未及时足额支付劳动报酬的；

（3）未依法为劳动者缴纳社会保险费的；

（4）用人单位的规章制度违反法律、法规的规定，损害劳动者权益的；

（5）因用人单位的过错致使劳动合同无效的；

（6）法律、行政法规规定劳动者可以解除劳动合同的其他情形。

用人单位以暴力、威胁或者非法限制人身自由的手段强迫劳动者劳动的，或者用人单位违章指挥、强令冒险作业危及劳动者人身安全的，劳动者可以立即解除劳动合同，不需事先告知用人单位。

3. 用人单位提出解除劳动合同

劳动者有下列情形之一的，用人单位可以解除劳动合同且不用支付经济补偿金：

（1）在试用期间被证明不符合录用条件的；

（2）严重违反用人单位的规章制度的；

（3）严重失职，营私舞弊，给用人单位造成重大损害的；

（4）劳动者同时与其他用人单位建立劳动关系，对完成本单位的工作任务造成严重影响，或者经用人单位提出，拒不改正的；

（5）因劳动者的过错致使劳动合同无效的；

（6）被依法追究刑事责任的。

有下列情形之一的，用人单位提前 30 日以书面形式通知劳动者本人或者额外支付劳动者一个月工资后，可以解除劳动合同：

（1）劳动者患病或者非因工负伤，在规定的医疗期满后不能从事原工作，也不能从事由用人单位另行安排的工作的；

（2）劳动者不能胜任工作，经过培训或者调整工作岗位，仍不能胜任工作的；

（3）劳动合同订立时所依据的客观情况发生重大变化，致使劳动合同无法履行，经用人单位与劳动者协商，未能就变更劳动合同内容达成协议的。

4. 用人单位不得解除合同的情形

劳动者有下列情形之一的，用人单位一般不得解除劳动合同：

（1）从事接触职业病危害作业的劳动者未进行离岗前职业健康检查，或者疑似职业病病人在诊断或者医学观察期间的；

（2）在本单位患职业病或者因工负伤并被确认丧失或者部分丧失劳动能力的；

（3）患病或者非因工负伤，在规定的医疗期内的；

（4）女职工在孕期、产期、哺乳期的；

（5）在本单位连续工作满 15 年，且距法定退休年龄不足 5 年的；

（6）法律、行政法规规定的其他情形。如《工会法》规定：基层工会专职主席、副主席或者委员自任职之日起，其劳动合同期限自动延长，延长期限相当于其任职期间；非专职主席、副主席或者委员自任职之日起，其尚未履行的劳动合同期限短于任期的，劳动合同期限自动延长至任期期满。但是，任职期间个人严重过失或者达到法定退休年龄的除外。

5. 经济补偿金

对于解除劳动合同时用人单位需要支付补偿金的，经济补偿按劳动者在本单位工作的年限，每满一年按一个月工资的标准向劳动者支付。六个月以上不满一年的，按一年计算；不满六个月的，向劳动者支付半个月工资的经济补偿。

劳动者月工资高于用人单位所在地人民政府公布的本地区上年度职工月平均工资三倍的，向其支付经济补偿的标准按职工月平均工资三倍的数额支付，向其支付经济补偿的年限最高不超过十二年。

第三节 社会保险的相关规定

案例与评析

某外资公司聘用赵某担任副总经理。在谈到工资待遇时，公司人力资源部经理说：“董事会给你定的工资为每月 1.2 万元。不过，我们是一家外资公司，除了工资以外，再没有其他福利待遇了。像医药费报销、养老等问题都得自己解决，公司概不负责。”听了这话，赵某在心里盘算开了：“公司给我的工资还不错，可就是将来万一得了什么大病或者老了怎么办呢?”但他转念又一想：“我刚 30 多岁，一般也不会有什么大病，至于养老问题，现在考虑还为时过早。倒不如趁年轻多挣些钱。”工作以后，赵某为了解除自己的后顾之忧，每月从工资中拿出 1 000 元，向保险公司投了一份养老保险。这样一来，他在这家公司工作也觉得踏实多了。几个月后，赵某由于与董事长在公司的经营管理等重大问题上产生了分歧，被董事长炒了“鱿鱼”。赵某不服，向劳动争议仲裁委员会申请仲裁。赵某提出公司未给他缴纳养老保险的问题，他认为，这是侵犯他的合法权益的行为。但公司认为，不为他缴纳养老保险，是事先跟他讲好的。他既然接受了工作，就说明双方协议已经达成，他现在无权反悔。

评析

养老保险是国家为了保障职工退休后的基本生活而建立的一种社会保障制度，也是社会保险的一种。劳动法、社会保险法规定的社会保险，不同于保险公司的商业保险，主要区别在于：前者是在与用人单位发生劳动关系时劳动者应享有的权利，但后者却不是；前者是强制性的，即用人单位和劳动者必须依法参加，而后者是自愿性的，即是否参加完全凭用人单位或劳动者自愿。所以，赵某自己向保险公司投保的养老保险，不能代替社会保险中的养老保险。公司以赵某同意为理由不给他缴纳社会保险费是违法的。

社会保险即我们常说的“五险一金”①，是国家规定劳动者所应享受的基本权利之一，也是国家对劳动者应尽的义务，属于劳动立法范畴。2008 年国家强制性要求企业为员工缴纳社会保险之后，仍有个别企业置法律规定于不顾，拒绝履行相应的义务。因此，我们在入职之时应当注意这个问题。

一、社会保险的分类

“五险”指的是五种保险，包括基本养老保险、失业保险、基本医疗保险、工伤保险和生育保险。“一金”指的是住房公积金。“五险一金”具有强制性，是用人单位和劳动者必须依法参加的。另外，用人单位还可以自愿参加大额补充医疗保险和企业年金。

（一）基本养老保险

基本养老保险是按国家统一政策规定强制实施的，为保障广大离退休人员基本生活需要的一种养老保险制度。

社会统筹与个人账户相结合的基本养老保险制度是我国在世界上首创的一种新型的基本养老保险制度。这个制度在基本养老保险基金的筹集上采用传统型的基本养老保险费用的筹集模式，即由国家、用人单位和个人共同负担；基本养老保险基金实行社会互济；在基本养老金的计发上采用结构式的计发办法，强调个人账户养老金的激励因素和劳动贡献差别。因此，该制度既吸收了传统型的养老保险制度的优点，又借鉴了个人账户模式的长处；既体现了传统意义上的社会保险的社会互济、分散风险、保障性强的特点，又强调了职工的自我保障意识和激励机制。

职工应当参加基本养老保险，由用人单位和职工共同缴纳基本养老保险费。

参加基本养老保险的个人，达到法定退休年龄时累计缴费满 15 年的，按月领取基本养老金。

① 2016 年 3 月 23 日，《中华人民共和国国民经济和社会发展第十三个五年规划纲要》提出，将生育保险和基本医疗保险合并实施。这意味着，随着生育保险和基本医疗保险的合并，人们熟悉的“五险一金”将变为“四险一金”。

参加基本养老保险的个人，达到法定退休年龄时累计缴费不足 15 年的，可以缴费至满 15 年，按月领取基本养老金；也可以转入新型农村社会养老保险或者城镇居民社会养老保险，按照国务院规定享受相应的养老保险待遇。

参加基本养老保险的个人，因病或者非因工死亡的，其遗属可以领取丧葬补助金和抚恤金；在未达到法定退休年龄时因病或者非因工致残完全丧失劳动能力的，可以领取病残津贴。所需资金从基本养老保险基金中支付。

（二）失业保险

失业保险是指国家通过立法强制实行的，由用人单位、职工个人缴费及国家财政补贴等渠道筹集资金建立失业保险基金，对因失业而暂时中断生活来源的劳动者提供物质帮助以保障其基本生活，并通过专业训练、职业介绍等手段为其再就业创造条件的制度。

在我国，按照规定参加失业保险，所在单位和本人已按照规定履行缴费义务满 1 年的；非因本人意愿中断就业的；已办理失业登记，并有求职要求的，方可享受失业保险待遇。待遇内容主要包括以下几个方面：

（1）按月领取的失业保险金，即失业保险经办机构按照规定支付给符合条件的失业人员的基本生活费用。

（2）领取失业保险金期间的医疗补助金，即支付给失业人员领取失业保险金期间发生的医疗费用的补助。

（3）失业人员在领取失业保险金期间死亡的丧葬补助金和供养其配偶直系亲属的抚恤金。

（4）为失业人员在领取失业保险金期间开展职业培训、介绍的机构或接受职业培训、介绍的本人给予补偿，帮助其再就业。

失业人员失业前用人单位和本人累计缴费满 1 年不足 5 年的，领取失业保险金的期限最长为 12 个月；累计缴费满 5 年不足 10 年的，领取失业保险金的期限最长为 18 个月；累计缴费 10 年以上的，领取失业保险金的期限最长为 24 个月。重新就业后再次失业的，缴费时间重新计算，领取失业保险金的期限与前次失业应当领取而尚未领取的失业保险金的期限合并计算，最长不超过 24 个月。

失业人员在领取失业保险金期间有下列情形之一的，停止领取失业保险金，并同时停止享受其他失业保险待遇：

（1）重新就业的；

（2）应征服兵役的；

（3）移居境外的；

（4）享受基本养老保险待遇的；

（5）无正当理由，拒不接受当地人民政府指定部门或者机构介绍的适当工作或者提供的培训的。

（三）基本医疗保险

基本医疗保险是为补偿劳动者因疾病风险造成的经济损失而建立的一项社会保险制度。通过用人单位和个人缴费，建立医疗保险基金，参保人员患病就诊发生医疗费用后，由医疗保险经办机构给予一定的经济补偿，以避免或减轻劳动者因患病、治疗等所带来的经济风险。

职工应当参加职工基本医疗保险，由用人单位和职工按照国家规定共同缴纳基本医疗保险费。可见，基本医疗保险覆盖城镇所有用人单位及其职工，所有企业、国家行政机关、事业单位和其他单位及其职工必须履行缴纳基本医疗保险费的义务。

无雇工的个体工商户、未在用人单位参加职工基本医疗保险的非全日制从业人员以及其他灵活就业人员可以参加职工基本医疗保险，由个人按照国家规定缴纳基本医疗保险费。

单位缴纳的基本医疗保险费一部分用于建立统筹基金，一部分划入个人账户；个人缴纳的基本医疗保险费计入个人账户。统筹基金和个人账户分别承担不同的医疗费用支付责任。统筹基金主要用于支付住院和部分慢性病门诊治疗的费用，统筹基金设有起付标准、最高支付限额；个人账户主要用于支付一般门诊费用。

（四）工伤保险

工伤保险是指劳动者在工作中或在规定的特殊情况下，遭受意外伤害或患职业病导致暂时或永久丧失劳动能力以及死亡时，劳动者或其遗属从国家和社会获得物质帮助的一种社会保险制度。

工伤保险是通过社会统筹的办法，集中用人单位缴纳的工伤保险费，建立工伤保险基金，对劳动者在生产经营活动中遭受意外伤害或患职业病，并由此造成死亡、暂时或永久丧失劳动能力时，给予劳动者及其遗属法定的医疗救治以及必要的经济补偿的一种社会保障制度。这种补偿既包括医疗、康复所需费用，也包括保障基本生活的费用。

工伤保险实行无过错责任原则。无论工伤事故的责任归于用人单位还是职工个人或第三者，用人单位均应承担保险责任。

职工应当参加工伤保险，由用人单位缴纳工伤保险费，职工不缴纳工伤保险费。

职工因工作原因受到事故伤害或者患职业病，且经工伤认定的，享受工伤保险待遇；其中，经劳动能力鉴定丧失劳动能力的，享受伤残待遇。

工伤是指职工在工作过程中因工作原因受到事故伤害或者患职业病。职工有下列情形之一的，应当认定为工伤：

（1）在工作时间和工作场所内，因工作原因受到事故伤害的；

（2）工作时间前后在工作场所内，从事与工作有关的预备性或者收尾性工作受到事故伤害的；

（3）在工作时间和工作场所内，因履行工作职责受到暴力等意外伤害的；

（4）患职业病的；

（5）因工外出期间，由于工作原因受到伤害或者发生事故下落不明的；

（6）在上下班途中，受到非本人主要责任的交通事故或者城市轨道交通、客运轮渡、火车事故伤害的；

（7）法律、行政法规规定应当认定为工伤的其他情形。

同时，职工有下列情形之一的，视同工伤：

（1）在工作时间和工作岗位，突发疾病死亡或者在48小时之内经抢救无效死亡的；

（2）在抢险救灾等维护国家利益、公共利益活动中受到伤害的；

（3）职工原在军队服役，因战、因公负伤致残，已取得伤残军人证，到用人单位后旧伤复发的。

但是，职工因下列情形之一导致本人在工作中伤亡的，不得认定为工伤或者视同工伤：

（1）故意犯罪；

（2）醉酒或者吸毒；

（3）自残或者自杀；

（4）法律、行政法规规定的其他情形。

职工受到事故伤害或者按照职业病防治法规定被诊断、鉴定为职业病，所在单位应当自事故伤害发生之日或者被诊断、鉴定为职业病之日起30日内，向统筹地区社会保险行政部门提出工伤认定申请。遇有特殊情况，经报社会保险行政部门同意，申请时限可以适当延长。

用人单位未按上述规定提出工伤认定申请的，工伤职工或者其近亲属、工会组织在事故伤害发生之日或者被诊断、鉴定为职业病之日起1年内，可以直接向用人单位所在地统筹地区社会保险行政部门提出工伤认定申请。

（五）生育保险

生育保险是通过国家立法规定，在劳动者因生育子女而导致劳动力暂时中断时，由国家和社会及时给予物质帮助的一项社会保险制度。我国生育保险待遇主要包括两项：一是生育津贴；二是生育医疗费用。其宗旨在于通过向职业妇女提供生育津贴、医疗服务和产假，帮助她们恢复劳动能力，重返工作岗位。

用人单位按照国家规定缴纳生育保险费，职工不缴纳生育保险费。用人单位已经缴纳生育保险费的，其职工享受生育保险待遇；职工未就业配偶按照国家规定享受生育医疗费用待遇。所需资金从生育保险基金中支付。

生育津贴以所属统筹地区上年度在岗职工月平均工资为基数，按规定的产假期计发。生育津贴低于本人工资标准的，由用人单位补足。

（六）住房公积金

住房公积金是指国家机关、国有企业、城镇集体企业、外商投资企业、城镇私营企业及其他城镇企业、事业单位、民办非企业单位、社会团体及其在职职工缴存的长期住房储金。

住房公积金的这一定义包含以下五个方面的含义：

（1）住房公积金只在城镇建立，农村不建立住房公积金制度。

（2）只有在职职工才建立住房公积金制度。无工作的城镇居民不实行住房公积金制度，离退休职工也不实行住房公积金制度。

（3）住房公积金由两部分组成，一部分由职工所在单位缴存，另一部分由职工个人缴存，职工个人缴存部分由单位代扣后，连同单位缴存部分一并缴存到住房公积金个人账户内。

（4）住房公积金缴存的长期性。住房公积金制度一经建立，职工在职期间必须不间断地按规定缴存，除职工离退休或发生《住房公积金管理条例》规定的其他情形外，不得中止和中断。这一规定体现了住房公积金的稳定性、统一性、规范性和强制性。

（5）住房公积金是职工按规定存储起来的专项用于住房消费支出的个人住房储金。它具有两个特征：一是积累性，即住房公积金虽然是职工工资的组成部分，但不以现金形式发放，并且必须存入住房公积金管理中心在受委托银行开设的专户内，实行专户管理。二是专用性，住房公积金实行专款专用，存储期间只能按规定用于购、建、大修自住住房，或交纳房租。

（七）企业年金

企业年金是一种补充性养老金制度，是指企业及其职工在依法参加基本养老保险的基础上，自主建立的补充养老保险制度。企业年金既不是社会基本养老保险，也不同于现有的商业保险，它是企业人力资源管理制度的组成部分，企业通过合法、合规地建立企业年金计划，建立长效的人员激励机制，提高员工忠诚度，为企业保留优秀人才，促进社会和谐、健康、稳定地发展。

建立企业年金计划需要具备三个基本条件：一是该企业已经依法参加基本养老保险并履行缴费义务；二是企业自身应具备一定的经济负担能力；三是由于最终的年金计划需要

通过职工代表大会讨论通过并报备人力资源社会保障行政部门，因此企业必须建立集体协商机制。

企业年金有别于传统的补充养老保险，是按照信托模式经营，一个企业年金计划将涉及受托人、托管人、账户管理人和投资管理人共4个角色。

二、“五险一金”的缴纳方式和缴纳比例

（一）缴纳方式

“五险一金”中的基本养老保险、基本医疗保险和失业保险是由用人单位和职工个人共同缴纳的保费，工伤保险和生育保险完全是由用人单位承担，个人不需要缴纳。

“五险一金”中的“五险”是法定的，而“一金”不是法定的。“五险”提供的是最基本的保障，属于社会保障体系，是国家法定缴纳的，与商业保险有区别。

（二）缴纳比例

“五险一金”的缴纳额度每个地区的规定都不同，以工资总额为基数。

1. 养老保险缴费比例

缴费比例分为以企业参保和以个体劳动者参保两类：

（1）各类企业按职工缴费工资总额的20％缴费，职工按个人缴费基数的8％缴费，职工应缴部分由企业代扣代缴。

（2）个体劳动者包括个体工商户和自由职业者，按缴费基数的18％缴费，全部由自己负担。

2. 基本医疗保险缴费比例

基本医疗保险个人缴纳工资基数的2％，单位缴纳工资基数的9.8％，其0.8％部分进个人账户；大额医疗费用互助资金个人每月缴纳3元，单位缴纳工资基数的1％。个人生病时，由基本医疗保险统筹基金和个人账户共同承担费用。超过基本医疗保险统筹基金起付标准，按照比例应当由个人负担的医疗费用，由个人账户支付。个人账户不足支付部分由本人自付。

3. 失业保险缴费比例

个人缴纳工资基数的0.5％，单位缴纳工资基数的1.5％。按照规定参加失业保险，所在单位和本人已按规定履行缴费义务满1年的，非因本人意愿中断就业的，已办理失业登记，并有求职要求的，可领取失业保险。

4. 生育保险缴费比例

生育保险费由用人单位按月缴费，职工个人不缴纳生育保险费。用人单位按在职职工缴纳基本养老保险费的基数作为缴纳生育保险费的基数，按照0.5％～1％的比例缴纳生育

保险费。缴费比例可根据经济发展和生育保险基金使用情况做适时调整。

5. 工伤保险缴费比例

单位缴纳1%，个人缴纳0.2%。工伤保险根据单位被划分的行业范围来确定工伤费率，在0.5%～2%之间。根据不同行业的工伤风险程度，参照《国民经济行业分类》（GB/T4754－2002），行业分为3个类别：一类为风险较小行业，二类为中等风险行业，三类为风险较大行业。三类行业分别实行3种不同的工伤保险缴费率。

社会保险经办机构根据用人单位的注册登记和主要经营生产业务等情况，分别确定各用人单位的行业风险类别。工伤保险平均缴费率原则上控制在职工工资总额的1.0%左右，三类行业的基准费率分别为用人单位职工工资总额的0.5%、1.0%、2.0%左右。

用人单位属一类行业的，按行业基准费率缴费，不实行费率浮动；用人单位属二、三类行业的，费率实行浮动。

用人单位的初次缴费率，按行业基准费率确定，以后由社会保险经办机构根据用人单位工伤保险费使用、工伤发生率、职业病危害程度等因素，1～3年浮动1次。在行业基准费率的基础上，上下各浮动两档：上浮第一档到本行业基准费率的120%，上浮第二档到本行业基准费率的150%，下浮第一档到本行业基准费率的80%，下浮第二档到本行业基准费率的50%。

6. 住公积金缴费比例

个人和单位缴纳工资基数的5%～12%。企业可以根据实际情况选择住房公积金缴费比例，但原则上最高缴费额不得超过所在城市平均工资300%的10%。

个人在下列情况下，可以提取住房公积金：

（1）个人购买、建造、翻建、大修自住住房。

（2）离休、退休的，完全丧失劳动能力，并与单位终止劳动关系的。

（3）户口迁出所在的市、县或者出境定居的。

（4）偿还购房贷款本息的。

（5）房租超出家庭工资收入的规定比例的。

第四节　劳动争议处理

案例与评析

大学毕业生张某于2020年6月入职某科技公司，月工资20 000元。某科技公司在与张某订立劳动合同时，要求其订立一份协议作为合同附件，协议内容包括“我自愿申请加入公司奋斗者计划，放弃加班费”。半年后，张某因个人原因提出解除劳动合同，并要求支付加班费。某科技公司认可张某加班事实，但以其自愿订立放弃加班费协议为由拒绝支付。张某向劳动争议仲裁委员会申请仲裁。

张某订立放弃加班费协议后，还能要求公司支付加班费吗？

评析

劳动争议仲裁委员会裁决某科技公司支付张某 2020 年 6 月至 12 月加班费 24 000 元。

本案中，某科技公司利用在订立劳动合同时的主导地位，要求张某在其单方制定的格式条款上签字放弃加班费，既违反法律规定，也违背公平原则，侵害了张某工资报酬权益。故劳动争议仲裁委员会依法裁决某科技公司支付张某加班费。

崇尚奋斗无可厚非，但不能成为用人单位规避法定责任的挡箭牌。谋求企业发展、塑造企业文化都必须守住不违反法律规定、不侵害劳动者合法权益的底线，应在坚持按劳分配原则的基础上，通过科学合理的措施激发劳动者的主观能动性和创造性，统筹促进企业发展与维护劳动者权益。

一、劳动争议的含义、范围、分类

（一）劳动争议的含义

劳动争议，是指劳动关系的当事人之间因执行劳动法律、法规和履行劳动合同而发生的纠纷，即劳动者与用人单位之间因劳动关系中的权利义务而发生的纠纷。

（二）劳动争议的范围

劳动者和用人单位之间的下列争议属于劳动争议：

（1）因确认劳动关系发生的争议；

（2）因订立、履行、变更、解除和终止劳动合同发生的争议；

（3）因除名、辞退和辞职、离职发生的争议；

（4）因工作时间、休息休假、社会保险、福利、培训以及劳动保护发生的争议；

（5）因劳动报酬、工伤医疗费、经济补偿或者赔偿金等发生的争议；

（6）法律、法规规定的其他劳动争议。

如果争议不是发生在劳动关系双方当事人之间，即使争议内容涉及劳动问题，也不构成劳动争议，如用人单位之间因劳动力流动发生的争议，劳动者或用人单位与劳动行政部门在劳动行政管理中发生的争议等。

（三）劳动争议的分类

劳动争议按照不同的标准，可划分为以下几种：

（1）按照劳动争议当事人人数多少的不同，可分为个人劳动争议和集体劳动争议。

个人劳动争议是指劳动者个人与用人单位发生的劳动争议。集体劳动争议是指劳动者一方当事人在 3 人以上，有共同理由的劳动争议。

（2）按照劳动争议的内容，可分为：因履行劳动合同发生的争议；因履行集体合同发生的争议；因企业开除、除名、辞退职工和职工辞职、自动离职发生的争议；因执行国家有关工作时间和休息休假、工资、保险、福利、培训、劳动保护的规定发生的争议等。

（3）按照当事人国籍的不同，可分为国内劳动争议与涉外劳动争议。

国内劳动争议是指我国的用人单位与具有我国国籍的劳动者之间发生的劳动争议。涉外劳动争议是指具有涉外因素的劳动争议，包括我国在国（境）外设立的机构与我国派往该机构工作的人员之间发生的劳动争议、外商投资企业的用人单位与劳动者之间发生的劳动争议。

二、劳动争议的解决

发生劳动争议，当事人可以协商解决；当事人不愿协商、协商不成或者达成和解协议后不履行的，可以向调解组织申请调解；不愿调解、调解不成或者达成调解协议后不履行的，可以向劳动争议仲裁委员会申请仲裁；对仲裁裁决不服的，除法律另有规定的外，可以向人民法院提起诉讼。

（一）劳动争议协商

劳动争议协商是指发生劳动争议后，一方当事人通过与另一方当事人约见、面谈等方式解决争议问题的活动。在劳动争议中，争议的双方是特定的，一方必须为用人单位，另一方必须是用人单位的员工即劳动者。发生劳动争议，劳动者可以直接与用人单位协商，也可以请工会或者第三方共同与用人单位协商，还可以委托其他组织或者个人作为其代表与用人单位进行协商，达成和解协议。工会也可以主动参与劳动争议的协商处理，维护劳动者的合法权益。

劳动者与用人单位通过协商解决争议，有利于促进问题的快速解决。但是，协商程序不是处理劳动争议的必经程序。双方可以协商，也可以不协商，完全出于自愿，任何人都不能强迫。

协商达成一致，应当签订书面和解协议。和解协议对双方当事人具有约束力，当事人应当履行。

经仲裁庭审查，和解协议程序和内容合法有效的，仲裁庭可以将其作为证据使用。但是，当事人为达成和解的目的作出妥协所涉及的对争议事实的认可，不得在其后的仲裁中作为对其不利的证据。

发生劳动争议，当事人不愿协商、协商不成或者达成和解协议后，一方当事人在约定的期限内不履行和解协议的，可以依法向企业调解委员会或者乡镇、街道劳动就业社会保障服务所（中心）等其他依法设立的调解组织申请调解，也可以直接依法向劳动人事争议仲裁委员会申请仲裁。

（二）劳动争议调解

劳动争议调解是指调解委员会对用人单位与劳动者之间发生的劳动争议，在查明事实、分清是非、明确责任的基础上，依照国家劳动法律、法规，以及用人单位依法制定的规章制度和劳动合同，通过进行法律教育和说服疏导工作，促使当事人互谅互让、消除纷争、达成调解协议的活动。

劳动争议调解组织主要有企业劳动争议调解委员会，依法设立的基层人民调解组织和在乡镇、街道设立的具有劳动争议调解职能的组织。

劳动争议调解委员会应当依照法律、法规，遵循双方当事人自愿原则进行调解。经调解达成协议的，应当制作调解协议书。调解协议书由双方当事人签名或者盖章，经调解员签名并加盖调解组织印章后生效，对双方当事人具有约束力，当事人应当履行。

需要指出的是，调解程序也是一个自愿程序，当事人不愿调解的，可以直接向劳动争议仲裁委员会申请仲裁；如果自劳动争议调解组织收到调解申请之日起 15 日内没有达成调解协议，或者达成调解协议后在协议约定的期限内一方当事人不履行的，另一方当事人可以向劳动争议仲裁委员会申请仲裁。

（三）劳动争议仲裁

劳动争议仲裁是指劳动争议仲裁委员会根据当事人的申请，依法对劳动争议在事实上作出判断、在权利义务上作出裁决的一种法律制度。劳动争议仲裁应当根据事实，合法、公正、及时、着重调解，保护当事人合法权益，促进劳动关系和谐稳定。

劳动争议仲裁委员会按照统筹规划、合理布局和适应实际需要的原则设立。省、自治区人民政府可以决定在市、县设立；直辖市人民政府可以决定在区、县设立。直辖市、设区的市也可以设立一个或者若干个劳动争议仲裁委员会。劳动争议仲裁委员会不按行政区划层层设立。

劳动争议由劳动合同履行地或者用人单位所在地的劳动争议仲裁委员会管辖。双方当事人分别向劳动合同履行地和用人单位所在地的劳动争议仲裁委员会申请仲裁的，由劳动合同履行地的劳动争议仲裁委员会管辖。

劳动争议仲裁公开进行，但当事人协议不公开进行或者涉及国家秘密、商业秘密和个人隐私的除外。

劳动争议仲裁不收费。

由于我国对劳动争议实行“一调一裁两审”制，即发生劳动争议，当事人不愿协商、协商不成或者达成和解协议后不履行的，可以向调解组织申请调解；不愿调解、调解不成或者达成调解协议后不履行的，可以向劳动争议仲裁委员会申请仲裁；对仲裁裁决不服的，除法律另有规定的外，可以向人民法院提起诉讼。可见，劳动争议仲裁是劳动争议诉讼的前置程序，未经过仲裁程序就无法向人民法院提起诉讼。

1. 申请和受理

劳动争议申请仲裁的时效期间为一年，仲裁时效期间从当事人知道或者应当知道其权利被侵害之日起计算。

仲裁时效，因当事人一方向对方当事人主张权利，或者向有关部门请求权利救济，或者对方当事人同意履行义务而中断，从中断时起，仲裁时效期间重新计算。

因不可抗力或者有其他正当理由，当事人不能在规定的仲裁时效期间申请仲裁的，仲裁时效中止。从中止时效的原因消除之日起，仲裁时效期间继续计算。

劳动关系存续期间因拖欠劳动报酬发生争议的，劳动者申请仲裁不受上述规定的仲裁时效期间的限制；但是，劳动关系终止的，应当自劳动关系终止之日起一年内提出。申请人申请仲裁应当提交书面仲裁申请，并按照被申请人人数提交副本。

劳动争议仲裁委员会收到仲裁申请之日起 5 日内，认为符合受理条件的，应当受理，并通知申请人；认为不符合受理条件的，应当书面通知申请人不予受理，并说明理由。对劳动争议仲裁委员会不予受理或者逾期未作出决定的，申请人可以就该劳动争议事项向人民法院提起诉讼。

2. 开庭和裁决

劳动争议仲裁委员会裁决劳动争议案件实行仲裁庭制。仲裁庭由三名仲裁员组成，设首席仲裁员。简单劳动争议案件可以由一名仲裁员独任仲裁。

劳动争议仲裁委员会应当在受理仲裁申请之日起 5 日内将仲裁庭的组成情况书面通知当事人。

仲裁员有下列情形之一，应当回避，当事人也有权以口头或者书面方式提出回避申请：

（1）是本案当事人或者当事人、代理人的近亲属的；

（2）与本案有利害关系的；

（3）与本案当事人、代理人有其他关系，可能影响公正裁决的；

（4）私自会见当事人、代理人，或者接受当事人、代理人的请客送礼的。

劳动争议仲裁委员会对回避申请应当及时作出决定，并以口头或者书面方式通知当事人。

仲裁庭应当在开庭5日前，将开庭日期、地点书面通知双方当事人。当事人有正当理由的，可以在开庭5日前请求延期开庭。是否延期，由劳动争议仲裁委员会决定。

申请人收到书面通知，无正当理由拒不到庭或者未经仲裁庭同意中途退庭的，可以视为撤回仲裁申请。被申请人收到书面通知，无正当理由拒不到庭或者未经仲裁庭同意中途退庭的，可以缺席裁决。

仲裁庭对专门性问题认为需要鉴定的，可以交由当事人约定的鉴定机构鉴定；当事人没有约定或者无法达成约定的，由仲裁庭指定的鉴定机构鉴定。根据当事人的请求或者仲裁庭的要求，鉴定机构应当派鉴定人参加开庭。当事人经仲裁庭许可，可以向鉴定人提问。

当事人在仲裁过程中有权进行质证和辩论。质证和辩论终结时，首席仲裁员或者独任仲裁员应当征询当事人的最后意见。

当事人提供的证据经查证属实的，仲裁庭应当将其作为认定事实的根据。

劳动者无法提供由用人单位掌握管理的与仲裁请求有关的证据，仲裁庭可以要求用人单位在指定期限内提供。用人单位在指定期限内不提供的，应当承担不利后果。

当事人申请劳动争议仲裁后，可以自行和解。达成和解协议的，可以撤回仲裁申请。

仲裁庭在作出裁决前，应当先行调解。调解达成协议的，仲裁庭应当制作调解书。调解书应当写明仲裁请求和当事人协议的结果。调解书由仲裁员签名，加盖劳动争议仲裁委员会印章，送达双方当事人。调解书经双方当事人签收后，发生法律效力。调解不成或者调解书送达前，一方当事人反悔的，仲裁庭应当及时作出裁决。

仲裁庭裁决劳动争议案件，应当自劳动争议仲裁委员会受理仲裁申请之日起45日内结束。案情复杂需要延期的，经劳动争议仲裁委员会主任批准，可以延期并书面通知当事人，但是延长期限不得超过15日。逾期未作出仲裁裁决的，当事人可以就该劳动争议事项向人民法院提起诉讼。

仲裁庭裁决劳动争议案件时，其中一部分事实已经清楚，可以就该部分先行裁决。

裁决应当按照多数仲裁员的意见作出，少数仲裁员的不同意见应当记入笔录。仲裁庭不能形成多数意见时，裁决应当按照首席仲裁员的意见作出。

下列劳动争议，除法律另有规定的外，仲裁裁决对用人单位来说为终局裁决，裁决书自作出之日起发生法律效力：

（1）追索劳动报酬、工伤医疗费、经济补偿或者赔偿金，不超过当地月最低工资标准12个月金额的争议；

（2）因执行国家的劳动标准在工作时间、休息休假、社会保险等方面发生的争议。

劳动者对上述两类仲裁裁决不服的，可以自收到仲裁裁决书之日起15日内向人民法院提起诉讼。用人单位不能就上述两类仲裁裁决向人民法院起诉，只能在有证据证明上述两类仲裁裁决有下列情形之一时，可以自收到仲裁裁决书之日起 30 日内向劳动争议仲裁委员会所在地的中级人民法院申请撤销裁决：

（1）适用法律、法规确有错误的；

（2）劳动争议仲裁委员会无管辖权的；

（3）违反法定程序的；

（4）裁决所根据的证据是伪造的；

（5）对方当事人隐瞒了足以影响公正裁决的证据的；

（6）仲裁员在仲裁该案时有索贿受贿、徇私舞弊、枉法裁决行为的。

人民法院经组成合议庭审查核实仲裁裁决有上述规定情形之一的，应当裁定撤销。仲裁裁决被人民法院裁定撤销的，当事人可以自收到裁定书之日起 15 日内就该劳动争议事项向人民法院提起诉讼。

当事人对发生法律效力的调解书、裁决书，应当依照规定的期限履行。一方当事人逾期不履行的，另一方当事人可以依法向人民法院申请执行。

（四）劳动争议诉讼

劳动争议诉讼是指劳动争议当事人不服劳动争议仲裁委员会的裁决，在规定的期限内向人民法院起诉，人民法院依法受理后，依法对劳动争议案件进行审理的活动。

实行劳动争议诉讼制度，从根本上将劳动争议处理工作纳入了法治轨道，以法的强制性保证了劳动争议的彻底解决。同时，这一制度也形成了对劳动争议仲裁委员会的司法监督机制，对提高仲裁质量十分有利。

劳动争议诉讼是解决劳动争议的最终程序。人民法院审理劳动争议案件适用《中华人民共和国民事诉讼法》规定的诉讼程序。

训练与评估

一、简答

1. 劳动合同主要包括哪些内容？
2. 用人单位分支机构、派出机构是否有权与劳动者签订劳动合同？
3. 劳动者可以解除劳动合同的法定情形有哪些？
4. 用人单位可以解除劳动合同的法定情形有哪些？
5. 劳动者与用人单位因劳动合同发生争议时，应如何处理？
6. 什么是“五险一金”？
7. 试用期内是否享有保险？

二、思考

1. 社会保险对劳动者影响重大，但有些用人单位采取各种方法不为职工缴纳社会保险，一些职工也认为，不缴就不缴，每月拿到手的工资比不缴社会保险的时候要多，感觉也不错。

请针对这种现象谈谈自己的看法。

2. 走访身边 3～5 家企业，了解 10 名以上员工社会保险的有关情况。诸如：有没有办理社会保险？办了哪些社会保险？企业和员工个人缴纳的比例如何？各项社会保险缴纳的基数是什么？如果没有办理社会保险，原因是什么？此外，了解本地关于社会保险方面的政策和规定。最后，综合所有的信息，撰写一份 2 000 字以内的调研报告。本调研报告需要用数据说话。

三、案例分析

1. 朱某是 2021 届的大学毕业生，求职时他看到某公司的一则招聘广告，自称是上海同行业中规模最大的公司，员工数千名，薪资优厚，并提供公寓化宿舍。由于求职心切，他便欣然应聘，与该公司签约。但是当他应公司要求到上海去签订劳动合同时才发现该公司根本不是上海同行业中规模最大的，员工不足三十人；原来提到的薪资包括交通补贴、误餐补贴和加班费等无法兑现；公寓化宿舍实为毛坯房，而且宿舍破旧，极不安全；所签的劳动合同内容有部分与就业协议相违背等。

得知情况后，朱某提出与公司解约。但是由于原来签约时约定违约金额为 30 000 元，因此给解约带来巨大的麻烦。经过多方面的努力，朱某在承担 4 000 元违约金后终于拿到该公司出具的解约函。但是长达 6 个月的解约谈判使他错过了择业的良机，以致后来没有找到令他满意的单位。

朱某这次求职过程中用人单位有哪些违法行为？朱某应如何维护自己的合法权益？

2. 小李应聘到一家公司，公司与他签订了一份“试用期合同”，约定试用期为 4 个月，月工资为 3 000 元；试用合格转正后再签订正式劳动合同，月工资为 5 000 元，并缴纳社会保险费；在试用期间，双方都可随时解除劳动关系，对方不得提出异议。两个月以后，公司以小李试用期间不符合录用条件为由，提出解除劳动关系。

按《劳动合同法》的相关规定，该公司的做法正确吗？

3. 某纺织厂职工李某，非因工负伤长期病休。在医疗期满后，纺织厂未安排李某工作，也未与其解除劳动关系，并以李某医疗期已满为由，不再为其缴纳养老保险费。而李某认为，他与纺织厂仍保持着劳动关系，要求企业为其补缴和续缴养老保险费。

你认为李某的要求合理吗？

好书荐读

1. 书名：《圈套玄机：职场案例解码》

作者：王强

出版社：清华大学出版社

内容简介：

作者以其外企高管的职场亲身经历，在书中列举了涉及职场难题、管理难点、销售难关等方面的典型案例，为白领一族以及遇到各种职场生存和规划难题而急于寻找答案的人，揭示了在遇到棘手问题时比较合理有效的思维方式和应对策略，这些策略将是决定职场人士成或败、输或赢的关键点。

2. 书名：《请理解我：气质、性格与智能》

作者：[美] 大卫·凯尔西

译者：王晓静

出版社：中国轻工业出版社

内容简介：

作为世界范围内的畅销书，本书以科学的态度，对四组不同类型的人格（技艺者、护卫者、理想主义者、理性者）进行分析，使读者对自身的气质、性格、智能、兴趣、价值观及自我形象一目了然。阅读本书，有助于读者在工作、婚姻、生活等方面看清差异，认准自身特点；取长舍短，调整人生定位；合理规划，寻找到合适的社会角色；完善自我，真正发挥出自身的潜能。

影视荐赏

片名：《中国医生》

导演：刘伟强

剧情简介：

该片根据2020年抗击新型冠状病毒肺炎（现更名为新型冠状病毒感染）疫情真实事件改编，讲述了中国各地的白衣逆行者在这场战役中纷纷挺身而出、争分夺秒、浴血奋战在武汉前线，不顾自身安危守护国人生命安全的震撼故事。

2020年春节前夕，武汉人民在欢乐地准备过新年，但新冠疫情暴发，从一开始的几例，到越来越多的病人被送往金银潭医院。大量病人的涌入，很快就超出了金银潭医院的医疗负载能力，医生的精力被极度透支。此时，来自上海、广东等地的援鄂医疗队从四面八方赶到武汉，共同面对这一难关。

2022年7月，本片获第36届大众电影百花奖。

第五章

职业素养

知识目标

1. 了解沟通的意义和重要性，培养主动沟通的技巧。
2. 掌握培养自信心的方法、说服的原则和技巧。
3. 了解团队精神和团队责任。
4. 了解时间管理、情绪管理、压力管理的方法。

能力目标

1. 能够培养自信心。
2. 能够运用沟通技巧进行有效沟通。
3. 能够明确团队责任，具有较强的执行力。
4. 能够进行有效的时间管理、情绪管理、压力管理。

价值目标

1. 树立积极进取的人生态度。
2. 塑造自信和谐的健康心态。
3. 培养互帮互助的团队精神。
4. 提升沟通能力和同理心。
5. 增强自我管理能力。

第一节　职业沟通

现在沟通能力已成为人们生存与发展所必需的基本能力，拥有了沟通能力就等于掌握了成功的钥匙。中国职业能力认证中心对 1 000 名人事经理所做的问卷调查结果表明，其中超过 85%的人认为，在当今的人才市场中，最有价值的技能是沟通技能。

很多机构的调查表明，企业中 70%以上的问题来自沟通不畅。给企业造成最大损失的，不是技术不精良、人手不够多、资金不到位，也不是理念不先进，而是企业与企业之间或企业内部门与部门之间、人与人之间的沟通不通畅。如企业的效率低下、执行力差、管理层和执行层的不和谐等问题在很大程度都可归结为沟通不畅。所以，有效的职场沟通是企业利润的源泉，也是职业人士获得成功的核心能力。

一、良好的沟通是成功的关键

（一）职场中人人需要有效而良好的沟通

为了获得一份工作，你需要在面试中给人留下良好的印象。美国劳工部在测算劳动力的教育准备时，对 1 015 名有工作的成年人进行的全国性调查显示：87%的被调查者认为沟通技巧对完成自己的工作非常重要，这个比例与把专业技能认为是非常重要的 50%的数据形成了鲜明的对比。

当你准备进入职场去应对更深层次的人际关系时，沟通技巧对你的成功将会变得更为重要。在职场中，不善于沟通将失去许多机会，同时也将无法与别人顺利地合作。我们都不是生活在与世隔绝的孤岛上，只有与他人保持良好的沟通协作，才有机会获得成功。要知道，现实中大部分的成功者都是擅长人际沟通、重视人际沟通的人。能够与他人准确、及时地沟通，才能建立起牢固、长久的人际关系，进而能够使得自己在事业上左右逢源、如虎添翼，最终取得成功。

（二）职业沟通的基本内容

职业沟通是在职场中，人与人之间用语言、文字等符号交流信息、交流思想和情感来达成职业活动的双向互动过程。

职业沟通的目标：职业工作关系的对方理解我的意图；取得对方支持，保持良好关系；相互理解，相互支持，相互信赖。

在职业沟通中，发信者将信息通过多种渠道传送给收信者，收信者会给发信者一定的反馈，因此，职业沟通是双向互动的过程。

（三）培养主动沟通的意识

1. 主动沟通是构建健康人生的必要手段

（1）主动沟通是与他人建立良好人际关系的手段，它能使双方受益，在和谐的人际环境中，双方都能够得到对方的尊重、关照、帮助、体贴和友谊，能提高工作效率，舒畅心情，促进身心健康。

（2）随着科技革命和产业变革的快速推进，世界成了地球村。不同种族和信仰的人之间都需要相互了解。主动沟通可以开阔眼界，增长见识。

（3）主动积极地开展交流沟通，是让别人了解自己、发现自己的有效方式之一。每个人都有被人认同、被人承认的需要。在领导或同事面前要善于表达自己的观点，有了工作方面的成果要同别人分享，在工作中犯了错误也要勇于承认并及时和相关人员沟通，等等。善于和他人进行积极主动的交流和沟通的人，获得的机会也会比别人多。

2. 培养主动沟通意识的内容

（1）学会与陌生人交往，常交友。

不愿和陌生人交往的人通常有三种想法：不愿、不会、不敢。确实有人看不起别人，不搭理别人，这样的人走到哪儿都不是很受人欢迎，朋友也非常少。但这样的人毕竟很少，更多的人是放不下心中的恐惧，害怕自己主动和别人搭话会被拒绝、误解或是被骗。的确，这类事件也常出现，但是，绝大多数的人还是好的，我们不能因噎废食。还有的人是不好意思，不会主动和别人搭话。只要大胆突破自我，捅破人与人之间交往的隔膜，沟通就会越来越好。珍惜彼此见面的缘分，朋友多了路好走。

（2）对朋友要真诚，常联络。

朋友之间需要经常联络，不然时间久了便会渐渐淡漠，昔日的亲近默契于无形中消逝无踪。逢年过节，要主动和朋友联系，哪怕发个短信，送个问候，都会使你们之间的友谊历久弥新。

（3）对领导要尊重，常请教。

尊重领导，是心理成熟的标志。踏踏实实地做好自己的本职工作，勤请示、常汇报。

（4）对家人要关爱，常交流。

家是避风的港湾，家给我们的不仅仅是生活上的、物质上的满足，更给了我们精神上的慰藉。家人是最亲近的人，是我们最应该在乎的人，如果和家人的关系都处理不好，何谈和别人搞好关系？

3. 培养主动沟通意识的技巧

（1）确立沟通主体意识，建立以沟通为主体的思维方式。

在做任何一件事情时，首先进入自己意识的是沟通理念，建立以沟通为主体的思维方式，以沟通理念去思考问题并形成自己的语言方式和行为风格。

（2）形成以沟通为主体的思维习惯。

在生活中用沟通的思维方式，久而久之就会形成以沟通为主体的思维习惯。培养主动沟通的思维习惯靠的是行动上的持之以恒。有人说："你说的我都懂，就是没有毅力去做。"凡是不能够坚持行动的人，都说明并没有想通，并没有真正懂得什么是沟通的魅力。所以，行动是最重要的，坚持不下来，就是不相信沟通会使你的人生发展顺畅。只有坚持去做，才会感受到沟通的思维习惯带来的人生快乐。

在行为过程中记录感受以及对方的反应，每天晚上详细记录保存，一个月后总结，一般来说，一个月的坚持训练，能基本形成以沟通为主体的思维习惯。

（3）积极比千言万语更重要。

要善于发现别人的闪光点，寻找每个人身上最好的东西，这两点与使别人感到受赞赏是相似的。最差劲的人身上也有优点，最伟大的人身上也有缺点。你眼睛盯住什么，你肯定就能看到什么。如果你以 10 分制来衡量别人，你不妨设想每个人都可以拿 10 分，并在内心里相信他们能。在大多数情况下，他们就真的会上升到你积极期待的高度。寻找别人身上最好的东西，就会使他们对自己有良好的感觉，能促使他们成长，努力做到最好，并且创造出一个积极的、卓有成效的环境。

案例与评析

2008 年 9 月 15 日上午 10:00，拥有 158 年历史的美国第四大投资银行——雷曼兄弟公司正式向法院申请破产保护，消息转瞬间通过电视、广播和网络传遍地球各个角落。令人匪夷所思的是，在这样的情况下，德国国家发展银行于当日上午 10:10，居然按照外汇到期交易协议，通过计算机自动付款系统向雷曼兄弟公司即将冻结的银行账户转入 3 亿欧元。毫无疑问，这 3 亿欧元将是“肉包子打狗——有去无回”。

转账风波曝光后，德国社会各界大为震惊，舆论哗然。人们普遍认为，这笔损失本不应该发生，因为此前一天，有关雷曼兄弟公司破产的消息早已传遍全球，全球各地只要是与银行证券业沾点边的人或是对经济稍有常识的人都已知道。德国国家发展银行应该知道交易的巨大风险，并事先做好防范措施。德国销量最大的《图片报》在 9 月 18 日头版的标题中，指责德国国家发展银行是迄今“德国最愚蠢的银行”。

人们不禁要问：短短 10 分钟里，德国国家发展银行内部到底发生了什么事情，从而导致如此愚蠢的低级错误？一家法律事务所受德国财政部的委托，带着这个问题进驻银行进行全面调查。

法律事务所的调查员先后询问了银行各个部门的数十名职员。几天后，他们向国会和财政部递交了一份调查报告，调查报告并不复杂深奥，只是一一记载了被询问人员在这 10 分钟内忙了些什么，答案就在这里面。看看他们忙了些什么：

首席执行官乌尔里奇·施罗德：我知道今天要按照协议预先的约定转账，至于是否撤销这笔巨额交易，应该让董事会开会讨论决定。

董事长保卢斯：我们还没有得到风险评估报告，无法及时做出正确的决策。

董事会秘书史里芬：我打电话给国际业务部催要风险评估报告，可那里总是占线，我想还是隔一会儿再打吧。

国际业务部经理克鲁克：星期五晚上准备带家人去听音乐会，我得提前打电话预订门票。

国际业务部副经理伊梅尔曼：忙于其他事情，没有时间去关心雷曼兄弟公司的消息。

负责处理与雷曼兄弟公司业务的高级经理希特霍芬：我让文员上网浏览新闻，一旦有雷曼兄弟公司的消息就立即报告，现在我要去休息室喝杯咖啡了。

文员施特鲁克：10:03，我在网上看到了雷曼兄弟公司向法院申请破产保护的新闻，马上就跑到希特霍芬的办公室，可是他不在。我就写了张便条放在办公桌上，他回来后会看到的。

结算部经理德尔布吕克：今天是协议规定的交易日子，我没有接到停止交易的指令，那就按照原计划转账吧。

结算部自动付款系统操作员曼斯坦因：德尔布吕克让我执行转账操作，我什么也没问就做了。

信贷部经理莫德尔：我在走廊里碰到了施特鲁克，他告诉我雷曼兄弟公司破产的消息，但是我相信希特霍芬和其他职员的专业素养，一定不会犯低级错误，因此也没必要提醒他们。

公关部经理贝克：雷曼兄弟公司破产是板上钉钉的事，我想跟乌尔里奇·施罗德谈谈这件事，但上午要会见几个克罗地亚客人，等下午再找他也不迟，反正不差这几个小时。

评析

不良沟通的后果不仅招致个人失败，也会让企业承受损失，饱尝恶果。这种情况处处存在，甚至连以严谨著称的德国人也会有这种毛病。仅仅 10 分钟，3 亿欧元化为乌有。其实在这家银行，从董事长到交易员，一个个训练有素，职业素养非常高，但是由于每个人都想当然，不愿意多花几秒钟时间去咨询、确认，导致信息不对称，沟通渠道堵塞，交流不畅，才招致如此重大失误。其实，上述相关人员只要有一人与其他人有一句话的沟通，即可避免此事件的发生，但不该发生的事偏偏发生了。所以，由于此事的发生，德国国家发展银行被人称为德国甚至全球“最愚蠢的银行”，沦为全球财经人士的笑柄，也成了 MBA 课堂里沟通失败的经典案例。

小故事

世界是内心的影子

一个老人坐在小镇郊外的一条马路旁边。有一位陌生人开车来到这个小镇，看到了老人，他停车打开车门询问老人：“老先生，请问这是什么城镇？住在这里的是哪种类型的居民？我正打算搬来这里居住呢。”

这位老人抬头看了一下陌生人，回答说：“你刚离开的那个小镇上的人们，是哪一种类型的人呢？”

陌生人说：“我刚离开的那个小镇上住的都是一些不三不四的人，我们住在那里没有什么快乐可言，所以我们打算搬来这里居住。”

老人回答说：“先生，恐怕你要失望了，因为我们镇上的人也跟他们完全一样。”

不久之后，又有另一位陌生人向这位老人询问同样的问题：“这是哪一种类型的城镇呢？住在这里的是哪一种类型的人呢？我们正在寻找一个城镇定居下来呢。”老人又问他同样的问题：“你刚离开的那个小镇上的人到底是哪一种类型的人？”

这位陌生人回答：“住在那里的都是非常好的人。我的太太和小孩子在那里度过了一段美好的时光，但我正在寻找一个比我以前居住的地方更有发展机会的小镇，我很不想离开那个小镇，但是我们不得不寻找更好的发展前途。”

老人说：“你很幸运，年轻人，居住在这里的人都是跟你们那里完全相同的人，你将会喜欢他们，他们也会喜欢你的。”

思维的态度决定人生的高度，这是一个亘古不变的人生命题。一个玻璃杯装了半杯水，积极的人说玻璃杯是半满的，而消极的人士则说玻璃杯是半空的。积极的态度就会有积极的结果，灰色的思维就只有灰色的世界，相信自己拥有美好的世界就能拥有美好的世界。这即是说，人们相信会有什么结果，就可能有什么结果，人不能取得他自己并不追求的成就。

一个人所处的地位与环境并不能确保他的将来，他必须首先在自己心中决定自己是否想得到它，自己有没有信心去得到它。有了这样的决定和认识，获取幸福的未来就并非难事。

二、自信是沟通的基础

（一）自信的内涵

1. 何谓自信

自信就是在正确认识的基础上知道自己的优点和缺点，并能接纳自己。不能认识并接纳自己的人，在情绪上常常显得很不稳定，不是有意表现优越，就是相当自卑。

自卑所表现的是一种自我贬低、对自己的不信任和消极心态。

自信不是自负。自负的人恰恰正是缺乏对自己的客观认识，所表现的多是夸张的自己，或是自己幻想中的角色。

2. 自信的特征和标准

（1）自信的人轻松、活泼。自信的人在面容、姿态和言行举止上都会表现出一种活泼的生气，显得对生活充满信心。

（2）自信的人坦诚。自信的人总是能够直接而坦诚地说出自己的想法。

（3）自信的人开放、虚心。自信的人能够虚心地接受批评，自己承担错误所带来的后果，总结经验，相信明天一定会变得更好。

（4）自信的人大度。自信的人能够自然和自如地表达自己对别人的赞赏、好感和喜欢，也能够自然和自如地接受别人对自己的赞赏、好感和喜欢。

（5）自信的人言行一致。

（6）自信的人果断、勇敢。

（二）自信的培养

人们的人生态度深深影响着其对自己及世界的理解。

要从根本上建立自信的心理，就要重新检视自己的成长经历，重新为自己定位，必要时可咨询心理医生。要从根本上确立“你行、我也行”的这种人生定位。只有接受自己的人，才能使自己的身心得到充分的发展，因而获得和谐的人际关系。

1. 确立目标法

确立目标既是人生成功的需要，也是激发人的潜力、最大化地创造价值的需要。所以，人生一定要有正确的目标，有了正确的目标，你就会想方设法地为达到目标而努力，就不会为是否自信以及目标以外的事情所烦恼。

其实，设立正确的目标本身就是自信心的一种表现，你在心中有了目标，你的潜意识就会调动你所有的能量，为实现目标而努力。但在制定目标时要注意，一定要使目标切合自己的实际，不要好高骛远；否则，一旦目标实现不了，就会因此而产生挫败感，从而打击自信，使人丧失信心。

2. 自我暗示法

信心是一种心理状态，可以用成功暗示法去诱导出来。对你的潜意识重复地灌输正面和肯定的语言，是发展自信心最快的方式。如果我们用一些正面的、肯定的、自信的语言反复暗示和灌输给我们的潜意识，那么，这些东西就会在我们的潜意识中牢牢扎根，增强我们的自信心。

3. 想象成功法

学会想象成功。在进行肯定性暗示的时候，脑海中同时勾勒出肯定性内容所体现出来的具体情景与场合。例如，当看到了一个自信的自己出现在他人面前时，得到了他人羡慕的眼光、赞美的话语，看到了自信的自己在工作上所取得的成就，在为人处世上所表现出来的潇洒自如，于是，在各个领域，在自己所感兴趣的各个方面，都变得自信而富有智慧。

4. 预先确定法

给自己的言行定好各种要求：如果我是一个自信的人，平时应该怎样表现呢？我怎样走路，怎样说话，怎样思考，怎样与自己的内心对话？如果你能时刻让自己表现出是一个有自信的人，那么你就是一个有自信的人，至少别人看来是这样的。

5. 模仿榜样法

当你做一件你不擅长的事情而缺乏自信的时候，你要首先找到这个领域内的高手，然后模仿他们，包括他们的举止行为、衣着搭配以及态度、价值观，甚至信仰。要如何做到这些呢？如果你同他们有联系，那么尽可能地多与他们进行交谈；如果你与他们并没有交往，那么就通过熟识他们的人了解。

案例与评析

境由心生

小镇上有一个非常穷困的女孩子，她失去了父亲，跟母亲相依为命，靠做手工维持生活。她非常自卑，因为她从来没穿过漂亮的衣服、戴过漂亮的首饰。在这样极为贫寒的生活中，她长到了 18 岁。

这年的新年，妈妈破天荒地给了她 20 元钱，让她用这笔钱给自己买一份新年礼物。她大喜过望，但是没有勇气从大路上大大方方地走过。她捏着这点钱，绕开人群，贴着墙脚朝商店走去。

一路上她看见所有人的生活都比自己好，心中不无遗憾地想：“我是这个小镇上最抬不起头、最寒碜的女孩子。”看到自己特别心仪的小伙子，她又酸溜溜地想：“今天晚上盛大的舞会上，不知道谁会成为他的舞伴呢？”

她就这样一路嘀嘀咕咕、躲着人群来到了商店。一进门，她感觉自己的眼睛被刺痛了，她看到柜台上摆着一批特别漂亮的缎子做的头花、发饰。正当她站在那里发呆的时候，售货员对她说：“小姑娘，你的亚麻色的头发真漂亮！如果配上一朵淡绿色的头花，肯定美极了。”她看到价签上写着 16 元，就说：“我买不起，还是不试了。”但这个时候，售货员已经把头花戴在了她的头上。

售货员拿起镜子让她看看自己。当这个姑娘看到镜子里的自己时，突然惊呆了，她从来没有看到过自己这个样子，她觉得这一朵头花使她变得容光焕发！

她不再迟疑，掏出钱来买下了这朵头花。她的内心无比陶醉，无比激动，接过售货员找的 4 元钱后，她转身就往外跑，结果与一个刚刚进门的老绅士撞了一下。她仿佛听到那个老人叫她，但她已经顾不上这些，就一路飘飘忽忽地往前跑。

她不知不觉就跑到了小镇最中间的大路上，看到所有人投给她的都是惊讶的目光，她听到人们在议论说，没想到这个镇子上还有如此漂亮的女孩子，她是谁家的孩子呢？

她又一次遇到了自己暗暗喜欢的那个男孩，那个男孩竟然叫住她说："不知今天晚上我能不能荣幸地请你做我舞会的舞伴？"这个女孩子简直心花怒放！她想："我索性就奢侈一回，用剩下的这4元钱回去再给自己买点东西吧。"于是她又一路飘飘然地回到了小店。

刚进门，那个老绅士就微笑着对她说："孩子，我就知道你会回来的，你刚才撞到我的时候，这个头花掉下来了，我一直在等着你来取。"

评析

真的是一朵头花弥补了这个女孩生命中的缺憾吗？境由心生，其实，弥补缺憾的是她自信心的回归。

小案例

借项链的三种回应

阿兰是一名空姐，既聪明又友善，深受乘客和同事喜爱。她与两位同事住在一套公寓里。当室友阿茜向她求助的时候，阿兰正憧憬着能安静地在家里度过这个周五的夜晚。阿茜说自己要与男朋友约会，想借阿兰那条项链戴一下。这条昂贵的项链是阿兰的哥哥送给她的礼物，对她有着非常特殊的意义。

以下是她可能有的三种不同的回应：

不自信的：

尽管她觉得这条项链对自己来说有特殊的意义，不适合外借，但她掩藏起怕项链被弄丢或被弄坏的忧虑，说："当然可以！"她克己迎人，满足了阿茜的要求，整个晚上一直提心吊胆。

攻击性的：

阿兰对她朋友的请求十分生气，告诉她："绝对不行！"并且严厉地指责她竟敢提出"如此愚蠢的问题"。她这样做既羞辱了阿茜，也嘲弄了自己。过后，她感到非常不安和内疚。阿茜带着受伤的感觉去赴晚上的约会，整个晚上都糟透了。此后，阿兰和阿茜的关系变得非常紧张。

自信的：

阿兰向阿茜认真说明了项链的特殊意义，礼貌而坚定地说，这条项链是一件极为特殊的私人物品，她的请求很不明智。阿茜感到失望，但表示能够理解。阿兰为自己的诚实感到很满意。

三、说服的原则和技巧

（一）说服的原则

1. 用可靠、权威、魅力来建立信赖感

在说服的过程中，建立信赖感是最关键的基础，没有信赖，任何说服都不会取得理想的效果。人们往往被魅力吸引，魅力是信赖的前提。无论是权威、财富、外表、知识还是能力，都是一种魅力，但最重要的还是人格魅力。一个正直诚实的人往往更容易获得他人的信任。

打造自己的形象，增加自己的头衔，提高自己的能力，积累自己的知识，更重要的是修炼自己的内在品质。这些都是你说服人最有力的武器。

2. 利用真理的力量，晓之以理

每个人的信念都是建立在自己认为真实的基础上的，说服别人改变自己的观点，必须有理有据，必须利用逻辑的力量，以理服人。无论是改变他人的主张、认识，还是行为，如果你没有充足的理由、新的论据材料、合理的推理逻辑，将很难达到好的说服效果。

3. 关注说服方式，依靠情感的力量，动之以情

人是情感的动物，有时在表达自己的意见时，光有理性的力量还不够，用诚挚而令人感动的语气，用真挚动人的情感说出来，往往能打动人、说服人。

理智对待情感：受到更好的教育或者善于分析思维的人比受教育水平不高或不善于分析思辨的人更容易接受理性的说服。初始的态度来源于情感，人们更容易被情感性的论点说服。

好心情效应：开始说服之前要给对方一个好消息，一方面有利于个体进行积极思考，另一方面是因为它与信息相互关联。

唤起恐惧效应：人们的诉求基本上有两个方面，即追求快乐和逃避痛苦。而大多数人逃避痛苦的动力要远大于追求快乐的动力，因此，在开始说服之前，用一个能够使对方痛苦的信息来引发他的恐惧心理可以使对方相信。

单方面说服和双方面说服：对那些已经持有赞成态度的人来说，单方面的论证更有说服力，而双方面的论证则对那些持反对意见的人比较有效。

4. 了解说服对象，感同身受，运用同理心

当你要说服别人时，必须先了解他人，充分站在对方的角度，感同身受，体会了解，并产生、运用同理心。你需要了解以下情况：他人的意见和想法；他人的需求；他人接受你的意见、方案，响应你的主张的能力；他人的性格特征以及接受你的意见的方式。

有助于提高同理心的10条建议：

（1）重视他人的感情、欲求、愿望。

（2）学会耐心听完他人的意见，即使你不赞同，听对方说完，问清楚不懂的地方再下结论。

（3）在路上、餐厅、公共汽车上观察人们的表情、动作，推测其心理状态。

（4）不是光凭外表来看一个人，更重要的是知道那个人的基本精神状态，这可由交谈得知。

（5）看电视时关掉声音，想象剧中人物会说什么，注意他们的情绪和口型。

（6）和别人讨论事情时，遇到对方意见与自己完全不同时，要想想原因。

（7）弄清楚为什么自己在某些状况下会有特定的反应，了解自己的行为背景，有助于理解别人。

（8）如果你讨厌一个人，找出充足而合理的理由。

（9）判断一个人，多收集他（她）的个人资料，明白他（她）为人处事的道理，才能做出正确的判断、合适的反应。

（10）不要忘记，所有人都有情绪失控的时候，尽量不受干扰地判断一个人。

同理心是站在对方立场思考问题的一种方式，是一个人人格成熟和社会化的标志，是满足人的社会性生活方式的需要。同理心饱含着温暖与关爱。拥有了同理心，也就拥有了感受他人、理解他人行为和处事方式的能力。在说服别人的时候，要使用同理心技巧，只有建立了同理心的思考模式，说服才会有一个良好的效果。有了同理心，你不仅可以知道对方明确表达的内容，还能够更深入地理解并把握对方隐含的感觉和想法。因此同理心能够成为你与他人之间得以顺畅沟通的心理桥梁。

（二）说服的技巧

1. 学会提问，运用苏格拉底说服术

说服的方式有许多种，但可以肯定的是，说服的最高境界是让被说服者自己去说服自己。

每个人都需要被了解，需要被认同。然而，被认同的最好方式就是有人很仔细地听你讲话。在现代的生活中很少有人愿意耐心听别人讲话，大家都急于发表自己的意见。所以假设你一开始就能通过提问把听的工作做好，你跟对方的信赖感就开始建立了。问问题需要技巧，如：

（1）先从简单的问题问起。

（2）问让对方回答“是”的问题。

（3）要问二选一的问题。

简单的问题不会给被说服者带来压力，从而减少说服的阻力。而让对方不断地回答“是”能使对方整个身心趋向于肯定的方面，身体组织呈开放状态，从而易于接纳你的观点。通过二选一的封闭式提问，会限定对方的回答范围，很容易得出你想要的结果，还会让被说服者觉得是他自己的选择。

2. 以对方的认识为起点，强调给对方带来的利益

要说服对方，必须换位思考，先承认对方的认识、态度存在的合理性，避开矛盾分歧，从对方的认识基点出发，通过赞同或部分赞同来寻找共同点，抵消对方的抵触情绪，逐步瓦解对方的心理防线，从而逐步扩大说服的范围，逐步迫近要害和问题的关键。

在说服过程中，发表自己的主张和意见，需要站在对方需求的角度，换位思考，着重讲对对方有什么好处才能有效说服对方。不顾对方的需求和感受，很难达到说服的目的。

3. 模仿对方，寻找相似点

物以类聚，人以群分。每个人都喜欢两类人：一类是和自己一样的人，另一类是自己希望变成的那个人。

在说服的过程中，你有意识地去模仿对方，模仿他的动作、表情，模仿他说话的语气，甚至模仿他呼吸的频率，就会达到意想不到的效果。比如：他说话慢，你就慢；他说话快，你就快；他手放口袋，你也手放口袋；他叉腰，你也叉腰；他微笑，你也微笑。

但是，在模仿的过程中一定要注意，不要太同步，要有一个时间上的延迟，他往前转，你隔 10 秒再往前转，他喝水，你隔 10 秒再喝，等等。

4. 名言支持法

人们相信名人和权威，在说服中，引用名人的语录或权威的理论来支持自己的结论，能增加说服力。因为名人的话往往有一定的号召力，借助名人的话，可以达到事半功倍的效果。

5. “使人信”五步定式

美国心理学家杜威提出了说服他人的“使人信”的五步定式，这五步定式是：第一步，直截了当告诉对方某处存在某个极其严重的问题；第二步，帮助对方分析研究该严重问题产生的原因；第三步，帮助对方搜集各种可能解决问题的办法，尽可能穷尽一切办法，并把自己准备提出的观点放在最后介绍；第四步，帮助对方依次分析和斟酌这些可能的解决方法；第五步，让对方认同并接受其中最理想的解决方法，即最后提出的你认为最正确的方法。

6. 暗示说服法

暗示说服法就是通过委婉的语言形式，把自己的思想观点巧妙地传递给对方。受暗示是人的心理特性，它是人在漫长的进化过程中形成的一种无意识的自我保护能力，它是人的一种本能。

人们为了追求成功和逃避痛苦，会不自觉地使用各种暗示的方法，比如困难临头时，

人们会安慰自己或他人“快过去了，快过去了”，从而减少忍耐的痛苦。人们在追求成功时，常常会鼓励自己说：“坚持一下，我一定可以的。”这些简单的语言都给了人们强烈的暗示，让人们在无形中有了强大的抵抗困难或勇于进取的动力。

暗示有以下几种方式：借此言彼，利用事物与事物之间的相似之处，互相比较；旁敲侧击，说话时避开正面，而从侧面表达、鼓动；等等。

7. 对比说服法

鲁迅先生说：“如果有人提议在房子墙壁上开个窗口，势必会遭到众人的反对，窗口肯定开不成。可是如果提议把房顶扒掉，众人则会相应退让，同意开个窗口。”当提议把房顶扒掉时，对方心中的“秤砣”就变小了，对于“在墙壁上开个窗口”的提议，就会顺利答应了。

冷热水效应可以用来劝说他人，如果你想让对方接受“一盆温水”，为了不使他拒绝，不妨先让他试试“冷水”的滋味，再将“温水”端上，如此他就会欣然接受了。

销售其实就是一个说服的过程。在销售沟通的过程中，如何说服更多的客户以获得更多成功的销售机会呢？首先，要弄清楚谁是产品的潜在购买者。这就需要对市场进行深入的分析，寻找潜在的消费者。同时，任何一种产品都不可能满足所有的消费者，所以必须找准目标客户。其次，如何引导客户对产品感兴趣？人都会有需求，找到了需求点自然一切都会水到渠成。最后，抓住对方的心理，通过产品的性能、质量、用途、价格等卖点对目标客户进行引导，销售工作自然就事半功倍了。

小案例

李先生的设计图

李先生是服装设计师，他把设计的服装草图卖给服装设计师或成衣厂商。3 年来，他每星期都去拜访一位著名的服装设计师。这个设计师从不拒绝见他，每次都仔细地看了他带去的草图，但从没有买过他的东西。

多次失败，让李先生感到自己推销的方式有问题。一次，他带了几张没有完成的草图去见设计师。

“我想请您帮个小忙，这里有几张没有完成的草图，您是否愿意帮助我完成，以符合你们的要求？”

设计师看了看草图，然后说：“你把草图放在这里，几天后来找我。”

3 天后，李先生去见设计师，听了他的意见后，把草图带回去，按照设计师的意见完成。结果，设计师全部采购了这些样式。

“我一直希望他买我提供的东西，这是不对的。”李先生后来总结说：“他提供了意见，他就是设计人，是他买了他自己设计的东西。”

案例与评析

聪明的理发师

相传北宋时的宰相寇准有一次请一个理发师理发。也许是过度紧张，理发师理到一半时，不小心将寇准的头发剃秃了一块。这下可把理发师吓坏了，顿时惊恐万分，宰相要是怪罪下来，那还了得！

理发师不愧是个“老江湖”，深知一般人的心理：盛赞之下，怒气全无！他连忙将剃刀放下，故意两眼直愣愣地看着宰相寇准的肚子。

寇准见他这样，感到十分迷惑，连忙问：“你不继续理发，为什么盯着我的肚子看个没完？”理发师解释道：“人们常说，宰相肚里能撑船。我看您的肚子并不大呀，怎么可能撑得了船呢？”寇准闻听此言，哈哈大笑：“宰相肚里能撑船，是指宰相的气量相对比较大，对一些小事情，能够容忍，不计较。”

理发师听到这里，“扑通”一声跪倒地上，战战兢兢地说：“小的该死，刚才在给大人理发时，不小心将头发剃秃了一块，宰相您的气量大，请饶恕小的吧！”

寇准闻听此言，摸摸自己的头发，发现果真秃了一块。他刚要勃然大怒，但转念一想，自己刚说过宰相的肚量大，不计较小事，现在怎么能对犯了小错的理发师治罪呢？于是，他笑着说道：“好了，你起来吧，谁让宰相的肚里能撑船呢？”

评析

危机处理，必须找好突破口。理发师的聪明在于抓住了一般人的心理：盛赞之下，怒气全无。卡耐基在他的《人性的弱点》一书中指出：“每个人都渴望得到别人的认可和赞美。”理发师的策略符合广为人知的俗语：伸手不打“笑脸”人！

课堂活动

猜一猜，认识自我

培养自信的前提是认识自我，通过以下的这个游戏，让同学们思考自己的性格特征，并对自己的性格特征进行描述，更好地认识自己的优缺点。

1. 规则和程序

第一轮：每人拿出一张白纸，在纸的一面写下自己好的性格特征，在另一面写下自己不好的性格特征，越详细越好。也可以换一种思路，比如你该怎样描述你自己，才会让别人知道那个人是你。

记住自己写的内容，写好后交给老师。老师随便抽出几份，然后读出每一张纸上的内容，让学生们猜猜看，纸上说的究竟是谁。如果你“有幸”被猜中了，恭喜你，你对自己的性格有很清晰的了解。

第二轮：给每个人发几张白纸，大家共同去评价其他同学，写在纸上，不要让被评价的学生看到。然后根据这些评价，看看学生是否能够找到评价自己的那一张纸。

2. 总结

无论是否客观，请认真思考，全盘接受，有则改之，无则加勉。最好能保留评价的纸条。

说服上司

小李是一家民营纺织企业人力资源部的员工，分管培训工作。由于企业经营出了问题处于亏损的边缘，高层领导决定裁员20%。员工们都在议论此事，生怕自己被裁。小李在人力资源部的业绩虽不突出，但在公司工作的5年中一直都勤勤恳恳、任劳任怨。一天，部门经理通知有要事相谈，小李估计与裁员有关。

小李是一家三口的主要经济支柱，如果下岗，家庭将面临巨大压力。

角色扮演：如果你是小李，你将如何在20分钟的时间内说服经理，让自己留下来呢？

心理测试

一、自信心测试

（一）请回答下列问题

1. 在公开场合讨论某一问题时，你会采取什么态度？

A. 尽快阐述自己的意见

B. 除非被人询问，否则不发表意见

C. 等到别人说完看法后再发表自己的意见

2. 如果上级领导对你进行了不当的批评，你会怎么办？

A. 尽全力为自己辩护，并显得情绪激动

B. 冷静、理性地述说自己的看法

C. 不争辩、不言语，但心里很不舒服

3. 假如有人邀请你去演说，你将如何应付？

A. 找出种种借口推托此事

B. 接受邀请，但要对方告知有关情况

C. 让对方给你时间考虑再做答复

4. 你的朋友在某种场合提出你认为欠妥的想法，你会怎么办？

A. 支持他的想法，但事后找借口不参与

B. 设法说服他改变想法

C. 先看看其他人对他的反应，再决定是否支持他

5. 在私人聚会上，你会________

A. 感到轻松

B. 一开始便觉得舒畅

C. 一直为自己的举动担忧

6. 在进入陌生人的房间以前，你会________

A. 在相当长一段时间里犹豫不决

B. 等有人进去时也一起进去

C. 毫不犹豫地走进去

7. 如果你的上级让你叫他的名而不叫姓，你会感到________

A. 高兴　　B. 无关紧要　　C. 不自在

8. 你找一个人的地址因门牌号码不清楚而苦恼，这时你________

A. 按门铃问　　B. 打电话问　　C. 继续找

9. 在社交场合看到吸引你的异性时，你会________

A. 希望他（她）能注意到你　　B. 要求别人介绍　　C. 自我介绍

10. 当你走进本单位组织的社交场所时，你首先要做的是什么？

A. 寻找你的朋友，并参加他们的谈话

B. 与最靠近你的人攀谈，即使此人你并不熟悉

C. 不与任何人谈话，先喝饮料或吃东西

11. 假如你被提升为一个先进单位的领导，你将怎么办？

A. 立刻检查单位内部的现行政策和管理办法

B. 告知所有的人，至少在半年内你不做任何重大的改革

C. 要求部下提出改进意见

12. 在会议上，你有一个问题，你会________

A. 站起来提出　　B. 会后或私下提出　　C. 希望有人代你提出

13. 在寻找新工作时，你会________

A. 感到很紧张　　B. 抱着无所谓的态度　　C. 感到自己很有实力

14. 别人对你的看法，你________

A. 很在意　　B. 根本不理会　　C. 无所谓

15. 假如你是某单位领导，你愿意选择什么类型的助手或下属？

A. 具有创造力但容易冲动的人

B. 办事认真但缺乏改革创新精神的人

C. 非常聪明但办事拖拉的人

16. 假如你的上司在开会发言的时候引用了一些不确切的数据，你怎么办？

A. 巧妙地打断他的话，指出错误

B. 当他发问时，趁机要求他纠正错误

C. 在会后私下告诉他有关错误

17. 作为领导，假如你对某种管理方法感兴趣，你将采取什么措施？

A. 指派专人调研，收集资料，以确定在本单位是否适用

B. 设法说服你的上司，以求得同意或支持，然后再实行

C. 推广使用这种方法，既不请示也不论证

18. 假如上级要求你完成一项关系到你前途的重要工作，你将________

A. 要求上级明确你应达到的目标及所有的权限和条件

B. 表明你必须拥有一定的权力和条件以完成任务

C. 要求上级在你完成这项工作后，恢复你原来的工作

（二）积分规则

3、4、6、9、13、14、18 题，答 A 为 1 分，B 为 2 分，C 为 3 分。

1、2、5、7、8、10、11、12、15、16、17 题，答 A 为 3 分，B 为 2 分，C 为 1 分。

（三）结论

43～54 分：说明你对自己信心十足，明白自己的优点，同时也清楚自己的缺点。不过，在此提醒你：如果你的分数接近 54 分，别人可能会认为你自大狂傲，甚至气焰太甚，你不妨在别人面前谦虚一点，这样人缘会好一些。

31～42 分：说明你对自己颇有自信，但是你仍或多或少缺乏安全感，对自己产生怀疑。你不妨提醒自己，在优点和长处方面并不输于人，特别强调自己的才能和成就。

18～30 分：说明你对自己显然不太有信心，你过于谦虚和自我压抑，因此经常受人支配。从现在起，尽量不要想自己的弱点，多想想自己好的一面，先学会看重自己，这样别人才会看重你。

二、同理心评估

在说服的过程中，同理心是非常重要的一个指标。以下有些题，每题只有一个正确答案（可能有些答案比较费解，那是测试的一部分，请按自己的理解回答）。这是英美两国社会心理学家曾经做过的实验，并且得出了相应的结论。虽然参与的人都是欧美人，其想法与中国人可能会有所不同，测试会有所偏差，但是人类的情感具有普适性，测试结果基

本上是可信的。

（一）问题陈述

1. 一群志愿者参加社会心理学家进行的有关电器治疗效果的实验。实验开始之前，他们之中有些人感到不安，有些人比较镇定。实验开始前10分钟，那些坐立不安的人会采取什么行动？

A. 希望实验开始之前到隔壁房间等候

B. 希望和同样感到不安的人一起等候

C. 希望和镇定的人一起等候

D. 既不想自己独处，也不想和别人一起等候

2. 美国某个研究团体正在进行一项研究，想知道团体工作时，新加入者对民主化的工作方式和权力主导型的工作方式，哪一个反弹力较大。你认为呢？

A. 权力主导型的反弹力较大

B. 民主化的反弹力较大

3. 美国的社会科学工作者研究选举活动期间有选举权者的行动。他想知道，有选举权者把注意力放在支持的政党的宣传上还是他党的宣传上。有选举权的人行动是：

A. 注意所有政党的宣传

B. 注意他党的宣传

C. 注意自己支持的政党的宣传

4. 第一次碰面就非常讨厌这个人，如果再碰到他会如何？

A. 让关系改变　　B. 本质不变　　C. 更讨厌他

5. 社会心理学者想知道使人受影响的最有效的方法，因此召集一群人举办一场演讲，说明为了提升工作效率，“速读”的重要性。同时又聚集另一些人，和他们讨论有效率的“速读”带来什么效果。然后由社会心理学者比较结果，看哪一种方法更适合“速读”。

A. 参加演讲的人愿意出席“速读”讲习会，但参加讨论的人少

B. 讨论的方式比较好，这群人也愿意参加“速读”讲习会

C. 看不出有何差别，不论是演讲还是讨论，都有一定的人数参加“速读”讲习会

6. 美国某个研究团体和大学教授、一般民众、罪犯谈话并介绍他们，然后将这些内容完全相同的录音带放给不同人听。对听众影响最大的是谁？

A. 大学教授　　B. 一般民众　　C. 罪犯

7. 某个社会心理学家观察一个团体里的成员。团体评价最低的人在打自己擅长的保龄球时，水平慢慢超过评价最高的人。这时候团体中的成员反应如何？

A. 评价低的人很高兴自己受到肯定，能够稳固在团体中的地位

B. 评价低者的成功受到批判性的排斥，评价低者必须降低保龄球的分数，回到原来

的工作排名，接受嘲弄、讽刺的折磨

8. 某个社会科学工作者想知道心情对观众有多大的影响，他要求被实验者画出正在沼泽中玩的年轻人的背景，同时使用催眠术，让被实验者感到不安或幸福。在这两种心情影响下，他们会画出什么样的图呢？

A. 幸福的心情：令人联想到那是夏天，那就是人生；在户外工作；真实的生活——种树，看着树长大

B. 不安的心情：他们会不会受伤？应该有个知道如何应付灾难的老人和他们在一起才对，水究竟有多深

C. 心情不会影响作画，能够很客观地描绘

9. 社会科学工作者想知道熟悉与未知之间，何者能让人感兴趣，因此，让开新车的人和长年开同一车型的人大略翻一下杂志。谁会仔细看和自己的车型一样的汽车广告呢？

A. 买新车的人中，看自己新买汽车的广告比看其他品牌的汽车多28%；本来就有车的人，看现有汽车广告的比看其他品牌的汽车广告的只多4%

B. 本来就有车的人，看现有汽车广告的比看其他品牌的汽车广告的多28%；买新车的人中，看自己新买汽车的广告比看其他品牌的汽车广告多4%

C. 二者是一样的，看其他品牌的汽车广告都比看自己拥有的汽车的广告多11%

10. 心理学家以“为什么青少年不能开车”为题，组织青少年展开了10分钟的演讲，但在演讲前将青少年分成两组，一组知道题目，一组什么也不知道。哪一组比较会受演讲内容的影响？

A. 知道内容的那组　　B. 什么都不知道的那组

C. 两组都受到强烈的影响

11. 心理学家让人看一群人的脸部画像。有几张让他们看过20次以上，其他的只让他们看过2次。哪一边会获得善意的评价？

A. 较少看的那一边　　B. 看的次数多的那一边　　C. 没有差别

12. 心理学家对儿童进行下列实验。先在房间里布置几个好玩的玩具，再把儿童分两组：一组让他们直接进去玩耍；另一组在可以看到房内布置的窗口前停留一会儿之后才进去。哪一组会把玩具弄坏？

A. 两组都一样　　B. 马上进房间的儿童破坏力较强

C. 在外等候的儿童破坏力较强

13. 心理学家让愤怒和心平气和的被实验者看拳击比赛的电影和没有攻击镜头的温馨电影。看完之后，谁的反应最激烈？

A. 看拳击电影的愤怒者　　B. 看温馨电影的愤怒者

C. 看拳击电影的平静者　　D. 看温馨电影的平静者

14. 请接受实验者尝尝某种液体是否有苦味。社会科学工作者已将带有苦味之物质用水稀释，有70%的人说苦，30%的人说没有味道。然后把尝不出苦味的9个人和感觉很苦的一个人聚在一起，请尝出苦味的人说说那种苦的味道。结果，这10个人的感觉会有什么变化？

A. 感觉苦的人肯定会影响其他人，第二次试饮时，那9个人也觉得苦

B. 9个人不受影响

C. 觉得有苦味的人受其他9个人的影响，第二次试饮时也不觉得苦了

15. 处于不安状态和没有处于不安状态的人，谁会对陌生人感到强烈的不安？

A. 两者没有差别　　B. 处于不安状态的人　　C. 未处于不安状态的人

16. 社会心理学家对看“007系列电影”和歌舞剧的观众做攻击性向的调查。何者会表现出较强的攻击性？

A. 未看“007系列电影”的观众　B. 看完“007系列电影”的观众

C. 看歌舞剧之前的观众　D. 看完歌舞剧的观众

E. 无法确认他们的差别

17. 社会科学工作者让初中生、高中生、大学生、社会人士在一起，进行同样内容的学习，判断几项陈述是否正确。4周后，再要求他们对相同的陈述作出判断，但这次却先告诉他们“你们的判断和大多数人不同”。这个补充说明会带来什么影响？

A. 64%的初、高中生，55%的大学生，40%的社会人士更改他们的意见

B. 64%的社会人士，55%的大学生，40%的初、高中生更改他们的意见

C. 每组中都只有少部分人更改他们的意见

18. 社会科学家想知道在讨论会中，使团体意见一致的人是不发言的沉默者还是参加讨论者。谁较容易受团体意见的影响？

A. 沉默者　　B. 发言者　　C. 无差别

（二）答案及结论

1～5：BACBB；6～10：ABAAB；11～15：BCBAB；16～18：BAB。

每题1分，在下面的表格里找出自己的年龄，然后看对应的得分，你就可以知道自己的同理心如何。

同理心评分参考表

14～16岁	17～21岁	22～30岁	31岁以上	同理心
11～18分	14～18分	17～18分	15～18分	非常强
10分	12～13分	15～16分	13～14分	强
8～9分	10～11分	11～14分	9～12分	尚可
6～7分	6～9分	9～10分	7～8分	稍低
0～5分	0～5分	0～8分	0～6分	很弱

同理心非常强，说明你的社会共鸣能力十分出色，能站在他人的立场想象当时的情况和当事人的反应。

同理心强，说明你有较强的社会共鸣能力，对社会状况的判断正确，亦能察觉别人采取的行动。

同理心尚可，说明你的社会共鸣能力处于平均水平。

同理心稍低，说明你不常为他人设身处地地着想，很难正确预见他人的行动。

同理心很弱，说明你很少正确判断社会状况，很少站在他人立场，预测别人采取的行动能力差。你有必要改善你的共鸣能力，多与人交往对你有帮助。社会共鸣力与是否聪明无关，只反映了一个人的情商。自私的人没有共鸣能力，他们不愿费心考虑他人的立场，也不想了解和自己不同的看法与情绪，常以攻击性的语言（如“无聊”“白痴”）轻视别人的想法。

三、说服力测评

1. 在说服他人时你是否经常使用第二人称（您，您的，你们）而避免使用第一人称（我，我的，我们）？

2. 你是否能避免使用那种陈词滥调和缺乏热情的问候而代之以更有说服力的语言？

3. 你是否能避免使用一些陈旧的用语，诸如“无法置信”“令人敬畏”“我们私下里讲”“这是千真万确的”，或者“您理解我的意思吗”？

4. 你是否能避免价值判断的短语和句子，诸如“您应该”“您必须”？

5. 你是否能避免使用那些没有意义的句子，诸如“您今天感觉如何”“您现在怎么样”“天气真好啊”？

6. 你是否能避免冒着中断关系的危险来赢得一次无谓的争论？

7. 在得出结论之前你是否完全领会了对方的意思？

8. 你在说服别人时是否能避免过多谈论关于自己知道的事？

9. 当你在说服别人时你是否能保持足够的耐心？

10. 你是否能避免对那些和蔼和热心的人谈得太多？

评估标准：

0 分：从来不；1 分：偶尔；2 分：经常；3 分：总是。

如果你的分数在 15 分或者 15 分以下，你要彻底改变你和别人的交流方式；如果你的分数在 18 分或者 18 分以上，要注意使用更有力和更富有说服力的语言；如果你的分数在 23 分或者 23 分以上，你做得不错；如果你的分数在 25 分或者 25 分以上，毫无疑问，你是一个非常具有说服力的人，你只需继续保持。

记住，对你得分相对低的问题，请你抄下来贴在桌子上，每天看一看，至少持续 21 天，这样将有助于提高自己，你将意识到自己在哪里需要改进。

第二节　团队合作

有越来越多的公司和非营利组织都在本单位推广以团队形式进行工作的方式，这不是因为“团队”这个词时髦，而是因为采取团队形式工作能给他们带来真真切切的实惠。

一、团队的内涵

（一）团队的概念

斯蒂芬·罗宾斯首次提出了“团队”的概念：为了实现某一目标而由相互协作的个体所组成的正式群体。随后，团队合作的理念风靡全球。

工作团队，是指为了一个共同的目标而在一起工作的人组成的协作单位。团队合作指的是一群有能力、有信念的人在特定的团队中，为了一个共同的目标相互支持合作、奋斗的过程。团队可以调动成员的所有资源和才智，并且会自动地驱除一些不和谐、不公正现象，同时会给予那些诚心、无私的奉献者适当的回报。如果团队合作是出于成员的自觉自愿，它必将产生一股强大而且持久的力量。

团队有明确的目标和任务分配，所以它不同于普通的工作群体，在成员之间没有永远不变的配合形式，成员与成员之间、成员与领导之间的关系也会发生变化，如图 5－1 所示。

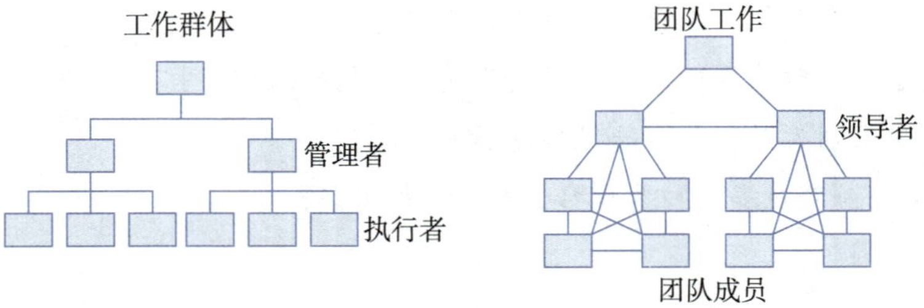

图 5－1　工作群体与团队工作的结构图

（二）团队的意义

1. 创造合作精神

以团队方式展开工作，促进了成员之间的合作并提高了员工士气。团队规范在鼓励其成员努力工作的同时，还促成了工作满意度的提高。

2. 使管理层有时间进行战略思考

采用团队形式，使管理者得以脱身去做更多的战略规划。当工作以个体为基础设计时，管理者往往要花大量的时间监督下属和解决下属出现的问题，他们便成了“救火队长”，而很少有时间进行战略思考。

3. 促进员工队伍多元化

由不同背景、不同经历的个人组成的团队，看问题的广度要比单一性质的群体更大，同时做出的决策也要比单个个体决策更有创意和更具操作性。

4. 提高绩效

团队的工作绩效要明显高于单个个体的工作绩效。与传统的以个体为中心的工作设计相比，团队工作方式可以减少浪费，避免官僚主义，积极提出工作建议并提高工作效率。

（三）高效团队的特征

高效团队具有的九个特征，如图 5-2 所示。

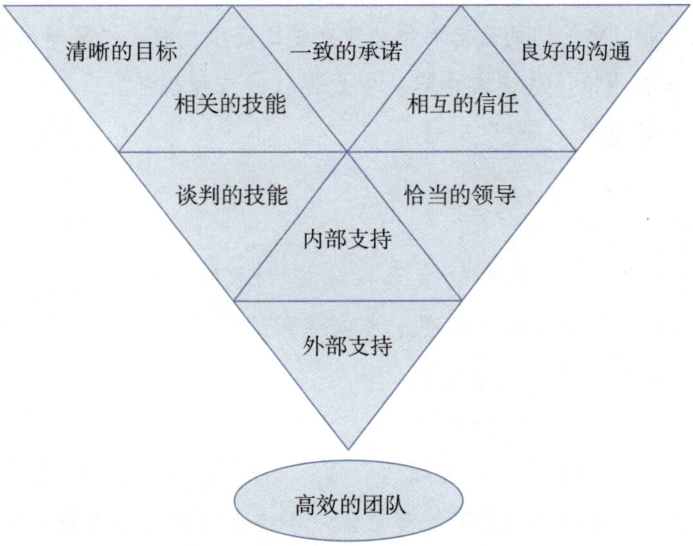

图 5-2 高效团队的特征

案例与评析

一级方程式赛车工作团队

F1，又称为“一级方程式赛车世界锦标赛”，是方程式赛车中的顶级赛事。这项赛事中最令人瞩目的是其团队成员效率非常高。

高效团队中的一个重要特点就是协作能力，在 F1 赛队中，影响成绩的关键就是中途进站加油换胎环节的团队协作效率。在加油换胎中浪费一秒钟，就可能对比赛的胜负有关键的影响。停站时的失误不但会损失时间，也可能引起火灾，这会对比赛的结果产生直接的影响。而比赛时的工作人员熟练的动作都来自平时的练习，车队通常会利用星期四下午和星期天的早上来练习加油换胎。加油换胎是一项危险的工作，所以每一位工作人员都必须穿防火服，并且要戴安全帽。这些工作人员在车队中还有另外的岗位，如技师、卡车司机、物品管理员等，而加油换胎只是他们工作中的一部分。

赛车每一次停站，都需要22位工作人员的共同参与，从以下的分工便可看出其协作的精密程度。

1. 12位技师负责换胎（每个车轮三位，一位负责拿气动扳手拆、锁螺丝，一位负责拆旧轮胎，一位负责装上新轮胎）。

2. 一位负责操作前千斤顶。

3. 一位负责操作后千斤顶。

4. 一位负责在赛车前鼻翼受损必须更换时操作特别千斤顶。

5. 一位负责检查引擎气门的气动回位装置所需的高压气瓶，必要时必须补充高压空气。

6. 一位负责持加油枪，这通常由车队中最强壮的技师担任。

7. 一位协助扶着油管。

8. 一位负责加油机。

9. 一位负责持灭火器待命。

10. 一位被称为“棒棒糖先生”，负责持写有“BRAKES”（刹车）和“GEAR”（入挡）的指示牌，当牌子举起，即表示赛车可以离开维修区了。而他也是这22人中唯一配备了用来与车手通话的无线电话的人。

11. 一位负责擦拭车手的安全帽。

只有这22位技师各司其职，并且通力合作、配合无间，“加油换胎”才能高效，才能让自己车队的赛车再次安全迅速地回到赛道上，不会因为在维修区停留的时间过长而错失领先机会，同时也可以帮助车手反败为胜。“加油换胎”需要22个人的团体协作才能完成，没有一个人是可以省略的，他们在赛车进站维修时都不可或缺。他们的效率高得你不敢相信：换胎4.5秒，加油一般是7～13秒（根据轻重油战术不同而定），再加上前后进站时间，也就是20～23秒。如此高的效率，没有天衣无缝的配合是无法达到的。

评析

团队协作执行作为企业解决问题的一种方式是非常普遍的，这需要各部门人员打破部门界限集合起来，以解决专门课题为目标，这种形式的工作效率相比部门协作形式要高得多。职场新人应对此种工作形式有较充分的准备。

案例与评析

向大雁团队学合作

春天到北方繁殖，冬天到南方过冬，大雁每一次迁徙都要经过1～2个月的时间，途中历尽千辛万苦。不管在何处繁殖、何处过冬，它们总是非常准时地南来北往。要完成这种空间上的跨越，自然就免不了长时间的飞行。每当秋季来临，天空中成群结队南飞的大雁就是值得我们借鉴的团队合作的完美楷模。

每个雁群团队飞行时，由有经验的头雁带领。加速飞行时，队伍排成“人”字形，一旦减速，队伍又由“人”字形变换成“一”字长蛇形，这是为了长途迁徙而采取的有效措施。科学研究表明，雁群组队齐飞要比单独飞行提高22%的速度，“人”字队形可以增加雁群71%的飞行能力。当飞在前面的头雁的翅膀在空中划过时，翅膀尖上就会产生一股微弱的真空吸引力，排在它后面的大雁就可以依次利用这股吸引力，从而节省了体力。但头雁因为没有这股吸引力可资利用，很容易疲劳，所以在长途迁徙的过程中，雁群需要经常地变换队形，更换头雁。当头雁感觉疲倦时，另外的大雁会及时补上，以此保持飞行的速度。在漫长的迁徙过程中，头雁总是领航搏击，这是一份承担、一份责任，一种敢于牺牲的精神。在大雁的组织中，有着明确的分工合作，当队伍中途飞累了停下休息时，它们中有负责觅食、照顾年幼或者老龄的青壮大雁，有负责雁群安全放哨的大雁，有负责安静休息、调整体力的头雁。在雁群进食的时候，巡视放哨的大雁一旦发现有敌人靠近，便会长鸣一声给出警示信号，群雁便整齐地冲向蓝天，列队远去。而那只放哨的大雁，在其他大雁进食的时候自己不吃不喝，这也是一种为团队牺牲的精神。在飞行过程中，领头雁时常会发出叫声，带领雁群相互激励，以此鼓励其他大雁不要掉队，通过共同挥动翅膀形成气流，为后面的队友提供“向上之风”。如果在雁群中有受伤或生病的大雁，雁群中会有两只大雁自发留下来照顾受伤或生病的大雁，直至其恢复或死亡，然后它们再加入新的雁群，继续南飞直至目的地。

评析

大雁团队目标一致、前后呼应、协同作战，团队的力量是雁群飞行成功的关键。大雁的迁徙，就好比团队一步步向成功迈进。所有事业都是团队的事业，所有的成功都是团队的成功。只有拥有了一支具有很强向心力、凝聚力、战斗力的团队，拥有了一批彼此间互相鼓励、支持、学习合作的成员，就如大雁一样，目标一致、群策群力、共同努力，才能促进团队和个人共同达成目标。

二、团队精神

（一）什么是团队精神

所谓团队精神，是团队个体为了团队的整体利益和目标而协同合作的大局意识。它表现出了成员对团队目标的认同，对团队强烈的归属感和团队成员之间紧密合作共为一体的意识。

一个高效团队的灵魂就是团队精神。只有具有团队精神，一个团队才能发挥最大的力量，才能获得最佳效率。

（二）团队精神的内涵

团队精神并不是虚无缥缈的东西，它可以体现为以下几个方面：

1. 协作精神

即个人愿意与他人建立友好关系和相互协作的心理倾向。团队成员在工作中互相支持、密切配合，并建立起相互尊重、相互信赖的协作关系。

2. 全局观念

团队成员对团队忠诚度高，对团队有一种强烈的归属感，不允许有损害团队利益的事情发生，具有团队荣誉感，将个人利益与团队的整体利益联系在一起。

3. 责任意识

即团队成员有着为团队的成长和兴衰而尽忠尽责的意识，忠于团队的目标与利益，恪尽职守地完成任务并遵守团队规章制度等。

4. 互助精神

团队成员有意愿将个人的信息和资源与团队其他成员共享，为了实现团队整体目标与利益互相帮助和互相交流，团队成员之间没有隔阂。

5. 进取精神

团队成员为了实现团队的整体利益努力进取，在团队发展、团队战略和价值实现的过程中努力进取、齐心协力，为一个共同的目标而奋斗。

团队精神并不要求团队成员牺牲自我，相反，发挥个性、表现特长保证了成员可以共同完成任务目标，而明确的协作意愿和协作方式则产生了真正的内在驱动力。

团队精神是组织文化的一部分，团队如果有良好的管理，可以通过合适的组织形态将每个人安排至合适的岗位，充分发挥集体的潜能。一个团队如果没有正确导向的文化，没有良好的从业心态和奉献精神，就不会有团队精神。

（三）团队精神的作用

团队精神是团队中不可缺少的因素，具有非常积极的作用。

1. 它具有聚合团队成员的凝聚功能

团队精神通过对群体意识的培养，通过成员在长期的实践中形成的习惯、信仰、动机、兴趣等文化心理，来沟通思想，引导成员产生共同的使命感、归属感和认同感，产生一种强大的凝聚力。

2. 它具有团结团队成员的亲和功能

培养团队精神，使成员齐心协力，拧成一股绳，朝着一个目标努力，团队要达到的目标即是单个成员自己所努力的方向，团队整体的目标顺势分解成各个小目标，在每个成员身上得到落实。

3. 它具有调整团队成员个体行为的协调功能

群体行为也需要协调。团队精神所产生的协调力是通过团队内部所形成的一种观念的力量、氛围的影响，去约束规范、协调个体行为。协调个体的行为不与团队的整体利益相冲突，以达成团队的目标。

4. 它具有激励团队成员的激励功能

团队精神使成员自觉地要求进步，力争向团队中最优秀的成员看齐，通过成员之间正常的竞争达到相互激励的目的。

案例与评析

蚂蚁军团

蚂蚁可以搬运相当于自己体重100倍的重量，能拉动相当于自己体重1 700倍的物体。可是，我们没有一个人可以举起重量超过自身体重3倍的物体，蚂蚁是动物世界中当之无愧的大力士。但蚂蚁真正的力量不在于个体，而在于它们群体作战。

非洲大草原上流传着这样一首歌谣：“羚羊在奔跑，因为狮子来了；狮子在躲闪，因为大象发怒了；成群的狮子和大象在集体逃命，那是蚂蚁军团来了。”蚂蚁的社会有很完善的社会组织，这就是团队的力量。蚂蚁有科学的分工：蚁后是专门产卵繁殖的；工蚁是专门负责建造、觅食、运输的；雄蚁是负责和蚁后繁殖的；兵蚁是负责抵抗外侵、保卫家园的。它们追求效率：蚂蚁很有灵性，在得到食物后，往往是两只蚂蚁同时出来，走不同的路线，最先到达的蚂蚁，在返回的途中就会分泌出比较多的外激素，散发出一种气味，其他的蚂蚁循着气味就知道这是条捷径，而成为蚂蚁运输粮食的最佳路线。靠分工合作寻求最短的路线，追求效率，这是从蚂蚁身上得到的启示。

蚂蚁善于学习和总结：英国有一个动物学家做了一个实验。第一次，他把一支蚊香放到一个蚁窝里面，蚂蚁看到对它们来说犹如扑天大火的蚊香，不知所措。20分钟以后，所有蚂蚁倾巢而出来扑灭蚊香所带来的火灾，它们喷射身上排出的蚁酸，前仆后继，在一分钟内就把蚊香扑灭了，但死伤也不少。第二次，过了一个多月，这个科学家点了一支小蜡烛，放进同样的蚁窝，蜡烛比蚊香的火势、火力更强了，但这时蚁群并没有惊慌，而是有条不紊、紧张有序地开展了扑火行动，这次同样是一分钟扑灭了火焰，但无一伤亡。

它们凝聚成团队：遇到危急的时候，无论是大火还是洪水肆虐，蚂蚁都会抱成团。像遇到海啸这种情况，蚂蚁会立即抱成团，数以万计的蚂蚁迅速聚集在一起，一团有篮球那么大，然后随波逐流，一直到被海水打到岸上去。外层一部分蚂蚁有可能被洪水打散、打死，但是多数都能够保住性命。这是一种极端的情况，但它也把团队精神推向了极致。

评析

单个蚂蚁可能在瞬间灰飞烟灭，而一旦这些蚂蚁凝结成团队，狮子和大象也会逃之夭夭。因此，蚂蚁精神是团队精神的典范。企业精神的核心其实是一种团队精神，它和蚂蚁精神存在着惊人的相似之处。

三、团队工作态度——执行无借口

执行，就是接受团队决策者的任务安排，决不推脱。一个团队成员必须学会执行任务，必须担负起自己应有的责任，这是构建团队精神的基石。但在工作中，我们经常会听到这样或那样的借口："路上塞车""身体不舒服""家里有点事"，等等。其实在职场上，如果你做不好自己分内的工作，那就不要抱怨你的领导不给你机会。那些总是为自己失败找借口的人，就不要指望能获得成功。没有领导会因为你的借口合理而给你提升和奖励，机会总是留给那些不找借口的人。"找借口"是工作中最大的恶习，是一个人逃避应尽责任的表现。它所带来的不仅是工作业绩的大打折扣，甚至会给单位和社会带来不可想象的损害！

"人是什么？人是一种最会找借口的动物。"这是法国文艺启蒙时期一位思想家的话，生动地反映了职场中的现实情况。"没有任何借口"是职业化最基本也是最重要的素养，这是每个人都需要具备的素养。每个人只有把握了这一点，才能将工作状态调整到最好，挖掘出最大潜能。它不仅能给团队创造最好的业绩，还能让自己得到最好的发展与回报。

执行，首先要认同你的目标，然后热爱你的目标，为实现这个目标而积极努力。优秀的员工就如同优秀的士兵一样，他们具有一些共同的特质，他们是具有责任感、团队精神的典范；他们积极主动，富有创造力；他们懂得执行。在一个团队中，这些人都是最好的任务执行者和实施者，他们会把团队打理得井井有条。这种人的个人价值和自尊是发自内心的，是自动自发、不断地追求完美。团队热烈呼唤这样的成员。

案例与评析

把信送给加西亚

1898年，美国为了夺取西班牙属地古巴、波多黎各和菲律宾而与西班牙爆发了美西战争。战争开始后，古巴盟军将领加西亚就开始带领军队抗击西班牙。他领导的军队在古巴丛林里面，很少有人知道他的确切位置。

战争爆发后，美国总统有一封紧急的书信要交给他，却不知道该怎么办。这时候有人对总统说，有一个名叫罗文的士兵，只有他能找到加西亚，可以让他把信交给加西亚。

总统听了之后，马上就把罗文找来，把信交给他。罗文拿了信，把它装进一个油皮纸的袋子里，封好，吊在自己胸口，然后就出发了。

罗文出发后很久都没有任何消息，3个星期之后，他找到了加西亚，并把信交给了加西亚。这3个星期，罗文经历了别人无法想象的困难，所有的路都是靠自己的双脚徒步走的。

当总统把信交给罗文的时候，其实罗文自己也不知道加西亚藏身的确切地点。但是当他接过这封信的时候，总统并没有问他任何事情，他感受到了一种前所未有的被信任感，正是这种被信任感促使他接受了这个艰巨的任务。他什么也没有说，他所想到的只是如何把信送给加西亚。经过千辛万苦，他终于完成了总统交给的任务。

评析

《把信送给加西亚》是一个弘扬员工执行力的经典案例。我们还可以从罗文身上找到很多现代员工值得学习的地方。罗文身上有一种忠诚、敬业的美德，还倡导一种执行力和执行文化。当罗文接过总统的信时，他不知道加西亚在哪里，他只知道自己唯一要做的事是进入一个危机四伏的国家并找到这个人。他二话没说，也没提任何借口，而是接过信，转过身，立即尽职尽责地执行。他想尽一切办法，用最快的速度去实现目标。深入研究此案例，我们可以发现，如果要让团队凸显工作效率，发挥员工的执行力，必须营造一个以信任为基础的工作环境，即作为一个团队整体，既要信任自己，也要信任别人，只有在互相信任的前提下，成员才能放心大胆地去把工作做好。

案例与评析

没有任何借口

在世界500强企业里，美国西点军校培养出来的董事长有一千多位，副董事长有两千多位，总经理、董事一级的有五千多位。任何商学院都没有培养出这么多的优秀经营管理人才，西点军校因此被誉为首屈一指的培养领导人才的学校。为什么西点军校能培养出这么多商界精英呢？

西点军校有一个广为传颂的优良传统。学员遇到军官问话时，只能有四种回答：

“报告长官，是！”

“报告长官，不是！”

“报告长官，不知道！”

“报告长官，没有任何借口。”

除此以外，不能多说一个字。

“没有任何借口”是美国西点军校奉行的最重要的行为准则，是西点军校传授给每一位新生的第一个理念。它强调的是每一位学员要想尽办法去完成任何一项任务，而不是为没有完成任务去寻找借口，哪怕是看似合理的借口。秉承这一理念，毕业生在人生的各个领域取得了非凡的成就。

评析

千万别找借口！在现实生活中，我们缺少的不是寻找借口的人，而是那种想尽办法去完成任务的人。在他们身上，体现出一种服从、诚实的态度，一种负责、敬业的精神，一种完美的执行能力。

四、团队责任

每一个职场新人都应牢牢记住这句话：“这是你的工作！”不管碰到什么问题，不管遇到什么阻碍，我们都要服从团队的命令，服从是团队责任的具体体现。只有具有团队责任的人才能在竞争激烈的职场中有良好的发展。

既然你选择了这个职业，选择了这个岗位，就必须接受它的全部，而不仅仅是享受它给你带来的益处和快乐，就算是委屈和责骂，也是这个工作的一部分。

对工作，我们又怎能去轻视它、践踏它呢？我们应该怀着感激和敬畏的心情，尽自己的最大努力把它做到完美，当我们试图以种种借口为自己开脱时，让这句话来唤醒你沉睡的意识吧：记住，这是你的工作！

作为团队，责任体现为以效率和效益为中心，创新发展；遵纪守法，做社会公民；爱护成员，使成员健康成长；尊重合作伙伴，平等互利，合作共赢，实现共同成长；爱护团体客户，关注需求，倾心服务，实现价值共享；热心社区公益，奉献爱心，营造和谐，实现共同进步。

作为团队成员，要对自己负责，修身致知，健康成长；要对团队负责，尽心尽力，尽职尽责；要对家庭负责，奉养尊亲，忠诚慈爱；要对社会负责，明礼诚信，爱国守法。

责任是成就事业的可靠途径。责任出勇气，出智慧，出力量。有了责任心，再危险的工作也能减少风险；没有责任心，再安全的岗位也会出现险情。责任心强，再大的困难也可以克服；责任心差，很小的问题也能酿成大祸。

责任也是实现人的全面发展的必由之路。新时代“有理想、有道德、有文化、有纪律”的素质要求，都通过责任相连接，都通过责任来体现和升华。每个人只有在全面承担责任的过程中，才能使自己的潜在能力得到充分挖掘和发挥；每个人只有在推动社会的进步中，才能实现个性的丰富和完美。

天地生人，有一人当有一人之业；人生在世，生一日当尽一日之勤。人，只有承担起自己的责任，实现自我在社会中的价值，才能展现人的意义；一个团队，只有建设好自己的团队文化，培养协作的团队精神，才能持续良性发展。

案例与评析

福克斯父亲拆亭子

查尔斯·詹姆士·福克斯是英国著名政治家，他以“言而有信”获得了政界较高的赞誉。

当福克斯还是一个孩子时，有一次，他父亲打算把花园里的小亭子拆掉，再另行建造一座大一点的亭子。小福克斯对拆亭子这件事情非常好奇，想亲眼看看工人们是怎样将亭子拆掉的，他要求父亲拆亭子的时候一定要叫他。小福克斯刚巧要离家几天，他再三央求父亲等他回来后再拆亭子，父亲敷衍地说了一句：“好吧！等你回来再拆亭子。”

过了几天，等小福克斯回到家中，却发现亭子早已被拆掉了，小福克斯心里很难过。吃早饭的时候，小福克斯小声地对父亲说：“你说话不算数!”父亲听了觉得很奇怪，说：“不算数？什么不算数?”原来父亲早已把自己几天前说过的话忘得一干二净。老福克斯听到儿子的话后，前思后想，决定向儿子认错。他认真地对小福克斯说：“爸爸错了！我应该对自己说过的话负责!”于是，老福克斯再次找来工人，让工人们在旧亭子的位置上，重新盖起一座和旧亭子一模一样的亭子，然后当着小福克斯的面，把“旧亭子”拆掉，让小福克斯看看工人们是怎样拆亭子的。

后来，老福克斯总是说：“言而有信，对自己的言语负责，这一点比万贯家财来得更为珍贵!”

评析

父母对自己的言行是否负责，会直接影响孩子的人品和性格。团队中的责任也是一样的道理。不要轻易对别人许诺，一旦许下诺言，就是你的责任，就要尽可能照此执行。所以，承诺要谨慎，付出要积极。实在做不到，也应解释清楚，有条件的话，尽快将此补上。这看起来像是小事，如果不能实现自己的诺言，团队成员就不会再听信你的话，因为他们会觉得你在欺骗他们。

小案例

80年的责任

武汉市鄱阳街有一座建于1917年的6层楼房，该楼的设计者是英国的一家建筑设计事务所。20世纪末，这座叫作“景明大楼”的楼宇在漫漫岁月中度过了80个春秋后的某一天，它的设计者远隔万里，给这一大楼的业主寄来一份函件。函件告知：景明大楼为本事务所在1917年所设计，设计年限为80年，现已超期服役，敬请业主注意。

80年前盖的楼房，至今竟然还有人为它的安危操心！操这份心的，竟然是它的最初设计者，一个异国的建筑设计事务所经过两次世界大战，还能把客户的资料保存得这样好，能有这样一份责任心的企业全球恐怕不多见，也只有这样有责任心的企业才能真正成为百年老店。

课堂活动

勇于承担责任

（一）规则和程序

1. 每队4个人，两人相向站着，另外两人相向蹲着，一个站着和蹲着的人是一边。

2. 站着的两个人进行猜拳，猜拳后，则由猜拳胜者一边蹲着的人去刮对方一边蹲着的人的鼻子。

3. 输方轮换位置，即站着的人蹲下，蹲着的人站起来，继续开始下一局。

（二）相关讨论

1. 如何看待责任？

2. 当别人失败的时候，你有没有抱怨？

3. 两个人有没有同心协力对付外界的压力？

（三）总结

如果团队中的每个成员都有为整个团队考虑的责任感，那么这个团队就会在互敬互爱中不断提高、不断发展。

你是一个有责任感的人吗？

（一）情景描述

1. 与人约会，你通常准时赴约吗？
2. 你认为自己可靠吗？
3. 你会因未雨绸缪而储蓄吗？
4. 发现朋友犯法，你会通知警察吗？
5. 出外旅行，找不到垃圾桶时，你会把垃圾带走吗？
6. 你经常运动以保持健康吗？
7. 你忌吃垃圾食物、脂肪过高和其他有害健康的食物吗？
8. 你永远将正事列为优先，然后再做其他休闲活动吗？
9. 你从来没有错过任何选举权利吗？
10. 收到别人的信，你总会在一两天内就回信吗？
11. “既然决定做一件事情，那么就要把它做好。”你相信这句话吗？
12. 与人相约，你从来不会耽误，即使自己生病时也不例外吗？
13. 在上学时，你经常拖延交作业吗？
14. 小时候，你经常帮忙做家务吗？

（二）评估标准及结果分析

选择“是”得1分，选择“否”得0分。

9～14分：你是个非常有责任感的人，你行事谨慎，懂礼貌，为人可靠，并且相当诚实。

3～8分：大多数情况下你都很有责任感，只是偶尔有些率性而为，没有考虑得很周到。

2分以下：你是个完全不负责任的人，你一次又一次地逃避责任，每份工作都干不长，手上的钱也总是不够用。

第三节 时间管理

一、时间管理的定义

时间管理是在日常事务中执着并有目标地应用可靠的工作技巧，引导并安排管理自己的工作和生活，合理有效地利用可以支配的时间。

时间管理的目的就是将时间投入与你的目标相关的工作，达到“三效”，即效果、效率、效能。效果，是确定的期待结果；效率，是用最小的代价或花费所获得的结果；效能，是用最小的代价或花费所获得最佳的期待结果。

二、管理时间=管理自己

很多人抱怨他们的时间不够，抱怨他们的事情做不完，而对每一个有成就的人来说，时间管理是他们生活中很重要的一环。时间是一种不可再生资源，一分钟、一秒钟过去了，不可能再回头，问题是如何有效地利用每个人每一天的 24 小时。

课堂活动

自我检视

找一张 A4 纸做日历，把每天划成 3 个 8 小时区域（见下表），在一周内随时把你所做的事情记录在你的日历中，连续做一周之后检查你的日历，你就可以发现，由于拖延和管理不当你浪费了多少宝贵的光阴。当你了解到你是如何使用你的时间后，再做一次实验，这一次多用点心来计划你的时间，把需要做的以及想做的事情仔细地安排，再看看你的效率会不会提高。

时间管理训练表

时间	事项	计划用时	实际用时	浪费	原因
0:00—8:00					
8:00—16:00					
16:00—24:00					

管理时间就是对时间做好控制。怎么去处理你的事情？怎么在有限的时间内去完成更多的事情呢？因为没有人比你自己更了解你想做及要做的事情，只有你自己知道你要做和想做的事情，所以没有人可以比你自己更有效率地管理时间，管理时间等于管理你自己。每个人都是自己的时间管理大师。

小案例

先放最大的鹅卵石

一天，一位时间管理专家为一群商学院的学生讲课。他现场做了一个演示，给学生们留下了深刻的印象。

专家在桌子上放了一个罐子和一些刚好可以从罐口放进罐子里的鹅卵石，当专家把鹅卵石放完后对学生问道："你们说这罐子是不是满的？"

"是。"所有的学生异口同声地回答说。

"真的吗？"专家笑着问，然后他拿出一袋碎石子，把碎石子从罐口倒进去，摇一摇，又加一些，再问学生："你们说，这罐子现在是不是满的？"

这回学生不敢回答得太快，有位学生怯生生地回答道："也许没满。"

"很好！"专家说完后，又拿出一袋沙子，慢慢地倒进罐子里。倒完后，再问班上的学生："现在你们再告诉我，这个罐子是不是满的呢？"

"没有满。"全班同学很有信心地回答。

"好极了！"专家称赞这些学生孺子可教，然后又拿出一大瓶水，把水倒进看起来已经被鹅卵石、碎石子、沙子填满了的罐子。当这些事都做完之后，专家问学生："你们从这件事中得到什么启示？"

教室里一阵沉默，然后一名学生回答说："无论我们多忙、行程排得多满，只要逼一下，还是可以多做些事的。"这位学生回答完后心中很得意地想："原来今天这节课讲的是时间管理啊！"

专家听后点了点头，微笑道："答案不错，但并不是我要告诉你们的最重要的信息。我想告诉各位最重要的信息是，如果你不先将大的鹅卵石放进罐子里去，你也许以后永远都没机会把它们放进去了。"

三、时间管理的方法

时间管理的关键就是对事件的控制，即把每一件事情都能控制得很好。简单地讲，就是能合理有效地利用可以支配的时间完成各种事务。时间管理的方法有很多，这里我们来分享四种影响力较大的方法及一些具体方法。

（一）帕累托原则

帕累托原则是由 19 世纪意大利经济学家维弗雷多·帕累托提出的。其核心内容是生活中 80%的结果几乎源于 20%的活动。比如，是那 20%的客户给你带来了 80%的业绩，创造了 80%的利润；世界上 80%的财富是被 20%的人掌握着，世界上 80%的人只分享了 20%的财富。因此，要把注意力放在 20%的关键事情上。

根据这一原则，我们应当对要做的事情分清轻重缓急，进行如下的排序：

A. 重要且紧急（比如救火、抢险等）——必须立刻做。

B. 重要但不紧急（比如学习、做计划、与人谈心、体检等）——只要是没有前一类事的压力，应该当成紧急的事去做，而不是拖延。

C. 不重要但紧急（比如有人突然打电话请你吃饭）——在优先考虑了重要的事情后，再来考虑这类事。人们常犯的毛病是把“紧急”当成优先原则。其实，许多看似很紧急的事，拖一拖，甚至不办，也无关大局。

D. 既不重要也不紧急（比如娱乐、消遣等）——有闲工夫再说。

以上内容可归纳为如图 5－3 所示的时间管理矩阵。

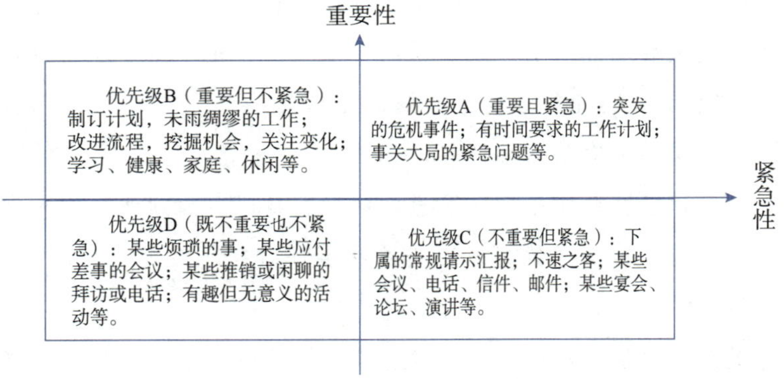

图 5－3　时间管理矩阵

时间管理的核心就是要分清事情的轻重缓急，排列出优先顺序。确定轻重缓急是时间管理者的基本技能。你不但要对每天或每周要做的事心中有数，而且应分清主次，清楚知道哪些事情必须优先处理。

在实际工作中，有些事情特别紧急，需要马上处理，而有些事情不太紧急或不紧急，可以往后放一放；有些事情非常重要，需要花费较多时间和精力去完成，而有些事情不太重要或不重要，只需花费较少的时间就可以。

（二）六点优先工作制

该方法是效率大师艾维利在向美国一家钢铁公司提供咨询时提出的，它使这家公司用了 5 年的时间，从濒临破产一跃成为当时全美最大的私营钢铁企业，艾维利因此获得了 2.5 万美元咨询费，故管理界将该方法称为“价值 2.5 万美元的时间管理方法”。

这一方法要求把每天所要做的事情按重要性排序，从“1”到“6”标出 6 件最重要的事情。每天，先全力以赴做好标号为“1”的事情，直到它被完成或被完全准备好，然后再全力以赴地做标号为“2”的事，依此类推。

艾维利认为，一般情况下，如果一个人每天都能全力以赴地完成 6 件最重要的大事，那么，他一定是一位高效率人士。

（三）30 秒电梯理论

麦肯锡公司曾经得到过一次沉痛的教训。该公司曾经为一家重要的大客户做咨询，咨询结束的时候，麦肯锡的项目负责人在电梯间里遇见了对方的董事长，董事长问麦肯锡的项目负责人："你能不能说一下现在的结果呢?"由于该项目负责人没有准备，而且即使有准备，也无法在电梯从30层到1层的30秒钟内把结果说清楚。最终，麦肯锡失去了这一重要客户。从此，麦肯锡公司要求员工凡事都要在最短的时间内把结果表达清楚，凡事都要直奔主题、直奔结果。麦肯锡认为，一般情况下人们最多记得住一二三，记不住四五六，所以凡事要归纳在三条以内。这就是如今在商界流传甚广的"30秒电梯理论"，或称"电梯演讲"。

（四）莫法特休息法

詹姆斯·莫法特的书房里有三张桌子：第一张桌子上摆着他正在翻译的译稿；第二张桌子上摆的是他的一篇论文的原稿；第三张桌子上摆的是他正在写的一篇侦探小说。莫法特的休息方法就是从一张书桌移到另一张书桌，继续工作。莫法特休息法就是避免长时间做同一种工作，经常交换工作内容，以保持精神上的兴奋点。

"间作套种"是农业上常用的一种科学种田的方法。人们在实践中发现，连续几季都种相同的作物，土壤的肥力就会下降很多，因为同一种作物吸收的是同一类养分，长此以往，土壤肥力就会枯竭。人的脑力和体力也是这样，如果每隔一段时间就变换不同的工作内容，就会产生新的优势兴奋灶，而原来的兴奋灶则得到抑制，这样人的脑力和体力就可以得到有效的调剂和放松。

（五）具体方法

（1）有计划地使用时间。不会计划时间的人，等于计划失败。

（2）目标明确。目标要具体，具有可实现性。

（3）将要做的事情根据优先程度分先后顺序。80%的事情只需要20%的努力，而20%的事情是值得做的，应当享有优先权，因此要善于区分这20%的有价值的事情，然后根据价值大小来分配时间。

（4）将一天从早到晚要做的事情进行罗列。

（5）要具有灵活性。一般来说，只将50%的时间计划好，其余的50%应当属于灵活时间，用来应对各种打扰和无法预期的事情。

（6）遵循你的生物钟。你办事效率最佳的时间是什么时候？将优先办的事情放在最佳时间里。

（7）做好的事情要比把事情做好更重要。做好的事情，是有效果；把事情做好仅仅是有效率。首先考虑效果，然后才考虑效率。

（8）区分紧急事务与重要事务。紧急事务往往是短期性的，重要事务往往是长期性的。给所有罗列出来的事务定一个完成期限。

（9）对所有没有意义的事情采取有意忽略。将罗列的事情中没有任何意义的事情删除掉。

（10）不要想成为完美主义者。不要追求完美，而要追求办事效果。

（11）巧妙地拖延。如果一件事情你不想做，可以将这件事情细分为很多很小的部分，只做其中一个小的部分就可以了，或者对其中最主要的部分最多花费 15 分钟时间去做。

（12）学会说“不”。一旦确定了哪些事情是重要的，对那些不重要的事情就应当说“不”。

（13）奖赏自己。即使一个小小的成功，也应该庆祝一下。可以事先给自己许下一个奖赏诺言，事情成功之后一定要履行诺言。

四、时间管理十一大金律

（一）要和你的价值观相吻合

一定要确立个人的价值观，假如价值观不明确，就很难知道什么对你最重要，时间一定分配不好。时间管理的重点不在于管理时间，而在于如何分配时间。你永远没有时间做所有的事，但你永远有时间做对你来说最重要的事。

（二）设立明确的目标

成功等于目标，时间管理的目的是让你在最短时间内实现更多你想要实现的目标。可写出 4～10 个目标，找出一个核心目标，并依次排列其重要性，然后依照你的目标设定一些详细的计划，你的关键就是依照计划进行。

（三）改变你的想法

美国心理学家威廉·詹姆士在时间行为学的研究中发现这样两种对待时间的态度：“这件工作必须完成，它实在讨厌，所以我能拖便尽量拖”和“这不是件令人愉快的工作，但它必须完成，所以我得马上动手，好让自己能早些摆脱它”。当你有了动机，迅速踏出第一步是很重要的。不要想立刻推翻自己的所有习惯，只需强迫自己现在就去做所拖延的某件事。然后，从明早开始，每天都从你的时间表中选出最不想做的事情先做。

（四）遵循二八定律

生活中肯定会有一些突发和迫不及待要解决的问题，如果你发现自己天天都在处理这些事情，那表示你的时间管理并不理想。成功者把最多的时间花在做最重要的事上，而不是最紧急的事情上，然而一般人都是做紧急但不重要的事。

（五）安排“不被干扰”时间

每天至少要有半小时到一小时的“不被干扰”时间。假如你能有一个小时完全不受任何人干扰，把自己关在自己的空间里面思考或者工作，这一个小时可以抵过你一天的工作效率，甚至有时候这一小时比你三天工作的效率还要高。

（六）严格规定完成期限

帕金森在其所著的《帕金森法则》中写下了这段话：“你有多少时间完成工作，工作就会自动变成需要那么多时间。”如果你有一整天的时间可以做某项工作，你就会花一天的时间去做它。而如果你只有一小时的时间可以做这项工作，你就会更迅速有效地在一小时内做完它。

（七）做好时间日志

你花了多少时间在做哪些事情，把它详细地记录下来，早上出门之前（包括洗漱、换衣服、吃早餐等）花了多少时间，坐车花了多少时间，出去拜访客户花了多少时间……把每天花的时间一一记录下来，你会清晰地发现浪费了哪些时间，这和记账是一个道理。当你找到浪费时间的根源，你才有办法改变。

（八）理解时间大于金钱

用你的金钱去换取别人的成功经验，一定要抓住一切机会向顶尖人士学习。仔细选择你接触的对象，因为这会节省你很多时间。假设一个人花了40年时间获得了成功，你跟10个这样的人交往，你岂不是就浓缩了400年的经验？

（九）学会列清单

把自己要做的每一件事情都写下来，这样做首先能让你随时都明确自己手头上的任务。不要轻信自己可以用脑子把每件事情都记住，而当你看到自己长长的清单时，也会产生紧迫感。

（十）同一类事情最好一次做完

假如你在做纸上作业，那段时间就都做纸上作业；假如你在思考，这一段时间内就只做思考；要打电话的话，最好把电话累积到某一时间一次打完。当你重复做一件事情时，你会熟能生巧，效率一定会提高。

（十一）每一秒钟都做最有效率的事情

你必须思考一下做好哪几件事情能使你最有效率地完成一份工作，把它们列出来，分配时间把它们做好。

心理测试

自我时间管理倾向测试

（1）星期一上学的时候，老师通知你周五下午有一次重要的考试，你会（　　）。

A. 取消放学后的休息，马上投入复习中

B. 主要整理以往的笔记，辅助以新的同步练习

C. 从周一到周四都在考虑这件事情，周五早上开始抽空复习

D. 在自己情绪好的时候复习

E. 想复习，但总是因为各种原因被打断

（2）你的记事本里写了（　　）。

A. 下周的详细日程安排

B. 要去的地方和要做的事情

C. 自己的涂鸦和喜欢去的地方

D. 用醒目的大字写着一些重要的事情

E. 将每天要做的事情列出长长的单子，标出优先要做的

（3）你约的朋友迟到了接近一个小时，你会觉得（　　）。

A. 不高兴——你是个很守时的人

B. 没关系，你宁愿多看几本杂志也不想马上就回家

C. 心情不好，一整天都会为此感到别扭

D. 很焦虑，觉得耽误了自己的学习时间

E. 很庆幸自己出发前打了电话，知道他（她）还没到，你也推迟时间

（4）你的抽屉（　　）。

A. 尽管像个垃圾堆，但你用起来效率很高

B. 从来没有装满，里面的东西经常会丢失

C. 堆满了没看完的复习资料

D. 装了很多东西，当你想找某样东西时，需要把整个抽屉翻个底朝天

E. 堆得很满，是为了证明你的作业真的很多

（5）你的好朋友全家旅行，把他（她）的小狗托付给你照顾两天，你会说（　　）。

A. 让我问问爸爸妈妈，明天再答复你

B. 这礼拜我也可能要出去，但我会尽量挤出时间来

C. 交给我好了，保证完成任务

D. 没问题（即使你有很多的事情要做，真的到了交接的时候，你会迟到一个小时，然后解释你迟到的原因）

E. 先同意，然后让他（她）写清楚详细的时间安排，并请他（她）逐一解释

(6) 你做事延误了时间，是因为你（　　）。

A. 担心做的事不够完美

B. 沉浸在空想里

C. 在进行下一步前，需要时间来把自己可能的选择一一澄清

D. 感到不知所措

E. 总是觉得时间充裕

(7) 你要招待 4 个朋友，你会（　　）。

A. 自己很快地做一些简单的饭菜来节约时间

B. 为了精益求精地做一道你的拿手菜，耽误了开饭时间

C. 胡萝卜用完了，让第一个来的客人去买

D. 忘记煮米饭了，只好出去买面食

E. 力求面面俱到，诚意邀请朋友，准备好饭菜，还准备鲜花、蜡烛营造气氛，但结果都不太令人满意

(8) 对你而言，生活就像（　　）。

A. 变戏法

B. 马拉松

C. 海滩

D. 做游戏

E. 一场战斗

(9) 你要写一篇文章，可总是觉得没有一点灵感，你会（　　）。

A. 先写别的作业

B. 看看别人的文章

C. 希望有人能够帮助自己完成这个作业

D. 觉得厌烦，昏昏欲睡

E. 把它放在一边，先玩一会儿

(10) 下面哪种情况最令你恼火？（　　）

A. 平庸

B. 不注意小节

C. 把记事本放错地方

D. 烧坏东西

E. 缓慢、沉闷、毫无新意的日子

计分方法：按照下表，根据你每题所选择的答案，计算对应每题的得分。

自我时间管理倾向测试得分表

题目序号	(1)	(2)	(3)	(4)	(5)	(6)	(7)	(8)	(9)	(10)
A	5	5	3	5	5	3	5	1	5	3
B	3	1	2	3	1	2	3	5	3	2
C	2	2	1	2	2	5	2	2	2	5
D	4	4	4	4	4	1	4	4	4	1
E	1	3	5	1	3	4	1	3	1	4

把你得到的 1 分、2 分、3 分、4 分、5 分的次数分别相加，看得最多次数的是几分，然后对照下面的结论找到自己对应的类型。

得 1 分最多的人：忙碌型。

建议：留出更多的令自己心平气和的时间，做做运动或每天安排几次沉思冥想、外出散步、深呼吸等活动，会令你效率倍增。

得 2 分最多的人：白日梦型。你宁可迟到也不愿做时间的奴隶，从来搞不清小事要花多少时间，经常不能有始有终地完成计划。

建议：买两本日历，一本用于学习，另一本用于日常生活。将日历放在显眼处，给每件事情定个最后期限，在日历上标明，每完成一件事，就在日历上将其划掉。

得 3 分最多的人：完美主义者。追求尽善尽美，没有时间观念，把大量的时间花在细枝末节上。

建议：按照每件事的重要性分配你的时间和精力。记住，专注于做重要的事是你节省时间的关键所在。

得 4 分最多的人：紧张、刺激型。

建议：做每件事情都比计划提前一点开始行动，从容应对。

得 5 分最多的人：把握时间型。

建议：工作之余尽情放松自己，不要苛求别人同自己一样高效率。

课堂活动

对任务进行合理安排

假如现在是星期一的晚上，你要计划未来 5 天的日程，下面是这 5 天要做的事情，请运用时间管理矩阵把这些任务划分为不同的优先级，并进行时间安排，填写在时间安排表中：

（1）星期六是一个好朋友的生日，你还没有给他买礼物和生日卡。

（2）你已有好几个月没有回家，也没有写信或打电话给父母，你打算本周回家一次。

（3）有一份夜间兼职不错，你必须在星期二或星期三晚上去面试（19:00 以前），估计要花 1 小时。

（4）星期二晚上 8:00 有个时长为 1 小时的电视节目，与你的工作有密切关系。

（5）你从昨天早晨就开始牙疼，想去看医生。

（6）你在图书馆借的书星期二到期。

（7）星期二晚上有一场演唱会，你很想去听。

（8）外地一个朋友邀请你周末去玩，你需要整理行李。

（9）星期二下午 2:00—4:00 有一个会议。

（10）你欠某人 600 元钱，她星期二下午也将参加那个会议。

（11）星期二上午 9:00—11:00 要听一场讲座。

（12）你的上级留下一张便条，要你尽快与他见面。

（13）你没有干净的衣服可穿，一大堆脏衣服没有洗。

（14）你想好好洗个澡。

（15）你要在周五交计划书之前把它打印并复印一份。

（16）你负责的项目小组将在星期二下午 6:00 开会，预计 1 小时。

（17）你身上只有 20 元钱，需要去银行取钱。

（18）星期二晚上有一个聚餐。

（19）你错过了星期一的例会，要在下星期一之前复印一份会议记录。

（20）这个星期有些材料没有整理完，要在下星期一之前整理好，约需 2 小时。

（21）星期天早上要出一次简报，预计准备简报要花费 15 个小时，而且只能用业余时间。

（22）你邀请女朋友星期三晚上来你家吃烛光晚餐，但家里什么吃的也没有。

（23）下个星期二你要参加一次业务考试。

时间安排表

<table>
<tr><td colspan="5">最近需要处理的事情</td></tr>
<tr><td colspan="5">1.
2.
3.</td></tr>
<tr><td>工作类型</td><td>待处理工作</td><td>处理日期</td><td>处理时间</td><td>备注</td></tr>
<tr><td>重要且紧急</td><td></td><td></td><td></td><td></td></tr>
<tr><td>重要但不紧急</td><td></td><td></td><td></td><td></td></tr>
<tr><td>不重要但紧急</td><td></td><td></td><td></td><td></td></tr>
<tr><td>既不重要也不紧急</td><td></td><td></td><td></td><td></td></tr>
</table>

思考：

1. 哪些事情可放弃不做？为什么？

2. 哪件事情有最高的优先级？为什么？

3. 你会高兴地执行这个计划吗？

第四节　情绪管理

一、情绪管理的定义

情绪是多种感觉、思想和行为综合产生的心理和生理状态，包括喜、怒、忧、悲、恐、惊等。情绪通过行为反映出来，如喜表现为手舞足蹈、怒表现为咬牙切齿、忧表现为茶饭不思、悲表现为痛心疾首等。简单地说，情绪就是人对事物的态度的体验。

情绪管理，即以最恰当的方式来表达情绪，要适时适所，对适当的对象恰如其分地表达情绪。

肖汉仕教授认为情绪管理是指用心理科学的方法有意识地调适、缓解、激发情绪，以保持适当的情绪体验与行为反应，避免或缓解不当情绪与行为反应的实践活动。情绪管理包括认知调适、合理宣泄、积极防御、理智控制、及时求助等方式。

小案例

管理好你的情绪

有一个男孩脾气很坏，于是他的父亲就给了他一袋钉子，并且告诉他，当他想发脾气的时候，就在后院的围篱上钉一枚钉子。第一天，这个男孩钉下了 40 枚钉子。慢慢地，男孩可以控制他的情绪，不再乱发脾气，每天钉下的钉子也跟着减少了，他发现控制自己的脾气比钉下那些钉子更容易一些。后来，父亲告诉他，从现在开始，每当他能控制自己的脾气的时候，就拔出一枚钉子。一天天过去了，有一天，男孩告诉父亲，他终于把所有的钉子都拔出来了。于是，父亲牵着他的手来到后院的围篱前，对他说："孩子，你做得很好。但看看那围篱上的坑坑洞洞，这些围篱将永远不能恢复从前的样子了，你生气时的言行就像这些钉子一样，会留下很难弥补的疤痕。"从此，男孩就懂得管理情绪的重要性了。

你现在的心情如何，是欢乐、烦恼、生气、担心、害怕、难过、失望还是平静呢？还是你根本不懂自己的心情？一早起来，也许你看到阳光普照而心情愉快，也可能因为细雨绵绵而心情低落；你也许因为逃课没被点到名而高兴，然而考试即将来临又让你担心；谈恋爱的你心花怒放，失恋的你却又垂头丧气。我们拥有许多不同的情绪，而它们似乎也为我们的生活增添了许多色彩。然而，有情绪好不好呢？一个成功的人应不应该流露情绪？

你是否害怕被人说太情绪化而宁愿不要有情绪？其实真正的问题并不在于情绪本身，而在情绪的表达方式，如果能以适当的方式在适当的情境中表达适度的情绪，就是健康的情绪管理之道。

二、情绪 ABC 理论

20 世纪 60 年代初，美国心理学家阿尔伯特·艾里斯（Albert Elis）提出了“情绪 ABC 理论”。该理论的宗旨是：以理性的思维方式和观念，代替不合理的思维方式，进而改善由非理性观念带来的情绪问题。

小故事

有两个秀才一起去赶考，路上他们遇到了一支出殡的队伍。看到那一口黑乎乎的棺材，其中一个秀才心里立即“咯噔”一下，凉了半截，心想：“完了，真触霉头！赶考的日子居然碰到这个倒霉的棺材。”于是，他心情一落千丈，走进考场，那个“黑乎乎的棺材”一直在心里挥之不去，结果，文思枯竭，名落孙山。

另一个秀才也看到了，他一开始心里也“咯噔”了一下，但转念一想：“棺材，棺材，噢！那不就是有‘官’又有‘财’吗？好兆头！看来今天我要红运当头了，一定高中。”于是，他十分兴奋，情绪高涨，走进考场，文思如泉涌，果然一举高中。

回到家里，两人都对家人说：“那‘棺材’真的好灵。”

艾里斯的“情绪 ABC 理论”认为，人的情绪主要根源于自己的信念以及对生活情境的评价与解释的不同。即事情的前因，透过当事者对该事情的评价与解释，以及对该事情的信念这个桥梁，最终才决定产生什么样的结果。

小故事中的第一个秀才之所以落得个名落孙山的结果（C1），是因为他在考场上文思枯竭，而文思枯竭是因为情绪不好，情绪不好又是因为他看到令他感到“触霉头”（B1）的棺材（A）。

另一个秀才之所以金榜题名（C2），是因为他在考场上文思泉涌，而文思泉涌是因为情绪高涨，情绪高涨又是因为看到令他感到是“好兆头”（B2）的棺材（A）。

现实生活中，有人会因为失败而自暴自弃，也有人会因为战胜失败而成就一番更大的事业；有人会因为对手强大而畏惧，也有人会因为挑战巨人而使自己快速成为巨人；有人会因为产品卖不出去而抱怨产品、抱怨公司、抱怨顾客，也有人因为产品卖不出去而创新出大受市场欢迎的新产品与新服务；有人会因为受不了上司的严厉而跳槽走人，也有人会因为“严师出高徒”而使自己能胜任更复杂的工作，从而不断获得晋升。

情绪 ABC 理论提醒我们，在碰到棘手的事情、情绪非常糟糕时，一定要适时问自己：“我对这件事的理解是否正确、是否客观、是否全面？”相信你一旦进行理性分析，即可走出情绪的困境。

三、情绪管理的方法

（一）6H4AS 法

6H4AS 法是增加快乐、减少烦恼，保持合理的认知、适当的情绪、理智的意志与行为的一种方法。

一方面，用智慧去打开六种快乐的资源，即 6H（Happy），以便增加快乐、优化情绪。

（1）奋斗求乐。

（2）化有为乐。

（3）化苦为乐。

（4）知足常乐。

（5）助人为乐。

（6）自得其乐。

另一方面，当陷于苦恼、生气等负性情绪，行为冲动时，使用 4AS 技术来管理情绪、改变情绪。A（Ask）即反问、反思，S（Step）即步骤。

（1）值得吗？自我控制！

（2）为什么？自我澄清！

（3）合理吗？自我修正！

（4）该怎样？自我调适！

（二）心理暗示法

从心理学角度讲，心理暗示法就是个人通过语言、形象、想象等方式，对自身施加影响的心理过程。这个概念最初由法国医生埃米尔·库埃于 1920 年提出，他的名言是："我每天在各方面都变得越来越好。"自我暗示分消极的自我暗示与积极的自我暗示。积极的自我暗示在不知不觉之中对自己的意志、心理以至生理状态产生影响，令我们保持好的心情、乐观的情绪、自信心，从而调动我们的内在因素，使我们发挥主观能动性。心理学上所讲的"皮格马利翁效应"，也称期望效应，讲的就是积极的自我暗示。而消极的自我暗示会强化我们个性中的弱点，唤醒我们潜藏在心灵深处的自卑、怯懦、嫉妒等，从而影响情绪。

与此同时，我们可以利用语言的指导和暗示作用，来调适和放松心理的紧张状态，使不良情绪得到缓解。心理学的实验表明，当一个人静坐时，默默地说"勃然大怒""暴跳如雷""气死我了"等语句时心跳会加剧，呼吸也会加快，仿佛真的发起怒来。相反，如果默念"喜笑颜开""兴高采烈""把人乐坏了"之类的语句，那么他的心里面也会产生一种乐滋滋的体验。由此可见，言语活动既能唤起人们愉快的体验，也能唤起不愉快的体验；既能引起某种情绪反应，也能抑制某种情绪反应。因此，当我们在生活中遇到情绪问题时，应当充分利用语言的功能，对自身进行暗示，缓解不良情绪，保持心理平衡。比如默想或用笔在纸上写出下列词语："冷静""三思而后行""制怒""镇定"等。实践证明，这种暗示对人的不良情绪和行为有奇妙的影响和调控作用，既可以松弛过分紧张的情绪，又可激励自己。

（三）注意力转移法

注意力转移法，就是把注意力从引起不良情绪反应的刺激情境转移到其他事物上去，或从事其他活动的自我调节方法。当出现情绪不佳的情况时，要把注意力转移到使自己感兴趣的事上去，如外出散步，看看电影、电视，读读书，打打球，下盘棋，找朋友聊天，换个环境等，有助于使情绪平静下来，在活动中寻找到新的快乐。这种方法一方面阻止了不良刺激源的作用，防止不良情绪的泛化、蔓延；另一方面，通过参与新的活动，特别是自己感兴趣的活动而达到增进积极的情绪体验的目的。

（四）适度宣泄法

过分压抑只会使情绪困扰加重，而适度宣泄则可以把不良情绪释放出来，从而使紧张情绪得以缓解、放松。因此，遇有不良情绪时，最简单的办法就是"宣泄"。宣泄一般是在知心朋友中进行的。采取的形式可以是用过激的言辞抨击、抱怨恼怒的对象，或是尽情地向至亲好友倾诉自己认为的不平和委屈等，一旦发泄完毕，情绪也就随之平静下来；还可以通过体育运动、劳动等方式来尽情发泄，或是到空旷的山林原野，对着一个假定目标大声叫喊，发泄胸中怨气。必须指出，在采取宣泄法来调节自己的不良情绪时，必须增强自制力，不要随便发泄不满或者不愉快的情绪，要采取正确的方式，选择适当的场合和对象，以免引起意想不到的不良后果。

（五）自我安慰法

当一个人遇到不幸或挫折时，为了避免精神上的痛苦或不安，可以找出一种合乎内心需要的理由来说明或辩解。如为失败找一个冠冕堂皇的理由，用以安慰自己，或寻找理由强调自己所有的东西都是好的，以此冲淡内心的不安与痛苦。这种方法对帮助人们在大的挫折面前接受现实、保护自己、避免精神崩溃是很有益处的。因此，当人们遇到情绪问题时，经常用"胜败乃兵家常事""塞翁失马，焉知非福""坏事变好事"等来进行自我安慰，可以摆脱烦恼，缓解矛盾冲突，消除焦虑、抑郁和失望，达到自我激励、总结经验、吸取教训的目的，有助于保持情绪的安宁和稳定。

（六）交往调节法

某些不良情绪常常是由人际关系矛盾和人际交往障碍引起的。因此，当我们遇到不顺心、不如意的事，有了烦恼时，主动地找亲朋好友交往、谈心，比一个人独处、胡思乱想、自怨自艾要好得多。在情绪不稳定的时候，找人谈一谈，具有缓和、抚慰、稳定情绪的作用。人际交往还有助于交流思想、沟通情感，增强自己战胜不良情绪的信心和勇气，能更理智地去对待不良情绪。

（七）情绪升华法

情绪升华法是改变不为社会所接受的动机和欲望，而使之符合社会规范和时代要求，是对消极情绪的一种高水平的宣泄，是将消极情感引导到对人、对己、对社会都有利的方向去。如某同学因失恋而痛苦万分，但他没有因此而消沉，而是把注意力转移到学习上，立志做生活的强者，证明自己的能力。

若上述方法都无效，仍不要灰心，在有条件的情况下，去找心理医生进行咨询、倾诉，在心理医生的指导、帮助下，克服不良情绪。

小贴士

控制情绪能力的“软糖实验”

实验人员把一组4岁儿童领入一个大房间，房间内的一张桌子上放着软糖。实验人员告诉孩子，允许他们在走出房间之前吃掉这块软糖，但如果能坚持在走出房间之前不吃这块糖，就会有奖励，能再得到一块软糖。结果当然是两种情况都有。专家们把坚持下来得到第二块软糖的孩子归为一组，没有坚持下来只吃到一块软糖的孩子归为另一组，并对这两组孩子进行了14年的追踪研究。结果发现，那些向往未来而能克制眼前诱惑的孩子，在学业、品质、行为、操守方面，与另一组相比有显著优越的表现。这说明，决定人生成功的因素并非只有传统智商理论所认定的那些东西，非智力因素，特别是情绪智力对个人的成功有着极为重要的影响。

人的自控能力大小跟人生成功与否有着密切的关系。心理学家经过长期研究认为：人与人之间的智商并没有明显的差别，但有的人之所以成功，有的人之所以未能成功，与各自的情商有密切关系。情商的要素之一就是人的自控能力，从某种意义上讲，情商是人们通过控制自己的情绪来提高生活品质的能力，即激发自己的潜能、克制自己的情绪冲动、使自己始终对未来充满希望的能力等。

心理测试

情商（Emotional Quotient，EQ）就是一个人掌控自己和他人情绪的能力。以下是一组欧洲流行的测试题，可口可乐、麦当劳等众多世界500强企业都曾以此作为员工EQ测试的模板，帮助员工了解自己的EQ状况。本测试共33题，测试时间25分钟，满分为174分。假如你已经准备就绪，请开始计时。

第1～9题：请从下面的选项中，选择一个和自己最切合的答案。

1. 我有能力克服各种困难。（　　）

A. 是的　　B. 不一定　　C. 不是的

2. 如果我能到一个新的环境，我要把生活安排得（　　）。

A. 和从前相仿　　B. 不一定　　C. 和从前不一样

3. 我觉得自己一生中能达到我所预想的目标。（　　）

A. 是的　　B. 不一定　　C. 不是的

4. 不知为什么，有些人总是回避我或对我很冷淡。（　　）

A. 是的　　B. 不一定　　C. 不是的

5. 在大街上，我常常避开我不愿打招呼的人。（　　）

A. 从未如此　　B. 偶尔如此　　C. 有时如此

6. 当我集中精力工作时，假使有人在旁边高谈阔论，（　　）。

A. 我仍能用心工作　　B. 介于A、C之间　　C. 我不能专心且感到愤怒

7. 我不论到什么地方，都能清晰地辨别方向。（　　）

A. 是的　　B. 不一定　　C. 不是的

8. 我热爱所学的专业和所从事的工作。（　　）

A. 是的　　B. 不一定　　C. 不是的

9. 气候的变化不会影响我的情绪。（　　）

A. 是的　　B. 介于A、C之间　　C. 不是的

第10～16题：请如实回答下列问题。

10. 我从不因流言蜚语而气愤。（　　）

A. 是的　　B. 介于A、C之间　　C. 不是的

11. 我善于控制自己的面部表情。（　　）

A. 是的　　B. 不太确定　　C. 不是的

12. 在就寝时，我常常（　　）。

A. 极易入睡　　B. 介于A、C之间　　C. 不易入睡

13. 有人侵扰我时，我（　　）。

A. 不露声色　　B. 介于A、C之间　　C. 大声抗议，以泄己愤

14. 在和人争辩或工作出现失误后，我常常感到战栗，精疲力竭，不能继续安心工

作。（　　）

A. 不是的　　B. 介于 A、C 之间　　C. 是的

15. 我常常被一些无谓的小事困扰。（　　）

A. 不是的　　B. 介于 A、C 之间　　C. 是的

16. 我宁愿住在僻静的郊区，也不愿住在嘈杂的市区。（　　）

A. 不是的　　B. 不太确定　　C. 是的

第 17～25 题：请从下面的选项中，选择一个和自己最切合的答案。

17. 我被朋友、同事起过绰号、讥讽过。（　　）

A. 从来没有　　B. 偶尔有过　　C. 这是常有的事

18. 有一种食物使我吃后呕吐。（　　）

A. 没有　　B. 记不清　　C. 有

19. 除去看见的世界外，我的心中没有另外的世界。（　　）

A. 没有　　B. 记不清　　C. 有

20. 我会想到若干年后有什么使自己极为不安的事。（　　）

A. 从来没有想过　　B. 偶尔想到过　　C. 经常想到

21. 我常常觉得家人对我不好，但是我又确切地知道他们的确对我好。（　　）

A. 否　　B. 说不清楚　　C. 是

22. 我每天一回家就马上把门关上。（　　）

A. 否　　B. 不清楚　　C. 是

23. 我坐在小房间里把门关上，但我仍觉得心里不安。（　　）

A. 否　　B. 偶尔　　C. 是

24. 当一件事需要我做决定时，我常觉得很难。（　　）

A. 否　　B. 偶尔　　C. 是

25. 我常常用抛硬币、翻纸、抽签之类的游戏来测凶吉。（　　）

A. 否　　B. 偶尔　　C. 是

第 26～29 题：请按实际情况如实回答下面各题，仅须回答“是”或“否”即可，在你选择的答案下打“√”。

26. 为了工作我早出晚归，早晨起床我常常感到疲劳不堪。

是　　否

27. 在某种心境下我会因为困惑陷入空想，将工作搁置下来。

是　　否

28. 我的神经脆弱，稍有刺激就会使我战栗。

是　　否

29. 睡觉时我常常被噩梦惊醒。

是　　否

第30～33题：本组测试共4题，每题有5种答案，请选择与自己最切合的答案，在你选择的答案下打“√”。答案标准如下：1——从不；2——几乎不；3——一半时间是；4——大多数时间是；5——总是。

30. 工作中我愿意挑战艰巨的任务。1　2　3　4　5

31. 我常发现别人好的意愿。1　2　3　4　5

32. 我能听取不同的意见，包括对自己的批评。1　2　3　4　5

33. 我时常鼓励自己，对未来充满希望。1　2　3　4　5

计分方法：

请按照计分标准，先算出各部分得分，最后将几部分得分相加，得到的分值即为你的最终得分。

第1～9题，每回答一个A得6分，每回答一个B得3分，每回答一个C得0分。计__________分。

第10～16题，每回答一个A得5分，每回答一个B得2分，每回答一个C得0分。计__________分。

第17～25题，每回答一个A得5分，每回答一个B得2分，每回答一个C得0分。计__________分。

第26～29题，每回答一个“是”得0分，每回答一个“否”得5分。计__________分。

第30～33题，从左至右分数分别为1分、2分、3分、4分、5分。计__________分。

总计为__________分。

参考答案：

90分以下：你的EQ较低，你常常不能控制自己，你极易被自己的情绪所影响。你容易被激怒、发脾气，这是非常危险的信号——你的事业可能会毁于你的暴躁，对此最好的解决办法是能够给不好的事情一个好的解释，保持头脑冷静，使自己心情开朗。

90～129分：你的EQ一般，对于一件事你在不同时候的反应可能不一样，这与你的意识有关。因此你需要多加注意、时时提醒自己。

130～149分：你的EQ较高，你是一个快乐的人，不易担忧。对于工作，你热情投入、敢于负责，你为人正直、富有同情心，这是你的长处，应该努力保持。

150 分以上：你是个 EQ 高手，你的情绪不是你事业的阻碍，而是你事业有成的一个重要前提条件。

第五节　压力管理

一、压力管理的定义

在心理学上，压力是个体在察觉“需求”与“满足需求”之间产生的能力不平衡感。美国著名应激心理学家拉扎鲁斯（Lazarus）认为，心理压力是个人感受到的要求与资源的不平衡感。

心理学家说，压力是人对加诸身上的需求所做的单一的、非特定的反应；作家说，压力是你每天面对的压迫、强制、改变、需求和挑战的副产物；企业管理者说，压力就是每天应对的面子、金钱、地位、信任、高期望、知识、经验、能力、人际关系等；职场新手说，压力其实就是突发的事件超出了通常预期，如果处理不好，往往让人措手不及，顾此失彼，并且遭受更大的压力。

压力管理（Stress Management）就是个体用有效的方法应对在压力情况下的生理、心理唤起。

二、压力的类型及来源

（一）压力的类型

1. 预期的压力

预期的压力是由对未来的忧虑所引起的。

2. 情境的压力

情境的压力是现在的压力，是一种立即的威胁、挑战或骚动，需要马上留意。

3. 慢性的压力

这种压力在每个人的身上表现不一样，在职场里工作时间越长，这种慢性的压力或者叫慢性的心理疾病会越来越严重。

4. 残留的压力

残留的压力是过去的压力，表现为不能或者不愿将过去的伤痛或不好的记忆抹去。

（二）压力的来源

学习、工作、人际关系、生活中的重大事件以及每天的琐事都会带来问题。识别好压力的来源并很好地控制它们，可以防止焦虑产生并转化为压力。

1. 大学中的压力来源

大学中的压力主要源自四个方面，见表 5－1。

表 5－1　大学中的压力来源

（1）学习本身	（2）未来发展
学习基础差、学习难度高 学习单调、缺乏动力 学习氛围不好 教师上课难以接受、听不懂 惧怕考试不及格、拿不到文凭	就业的压力 对职业生涯选择感到迷茫 担心不能适应社会 担心自己学历太低 担心学校不好
（3）同学关系、师生关系	（4）社会、家庭环境
同学间相互竞争 与某些同学难以相处 看到有些同学家庭富裕而心理不平衡 成绩优异却没有得到褒奖 恋爱问题	物质诱惑太多 学校的规章制度限制过严 对城市文化、校园文化不适应 家庭矛盾 家庭经济压力

2. 职场中的压力来源

职场中的压力主要源自四个方面，见表 5－2。

表 5－2　职场中的压力来源

（1）工作本身	（2）职业发展
工作环境条件差 不能或极少参与决策 工作效率低 单调、缺乏变化 客户难以应对 不必要的形式或程序	得不到提拔/提拔过高 工作缺乏安定感 职位晋升、薪酬提高等前景渺茫 缺乏业绩评估程序
（3）工作中的关系	（4）组织的氛围
缺乏同事或社会支持 工作职责难以向下分配 与下属有矛盾 圆满完成工作却不能得到褒奖	变化太快、太多 缺乏有效的咨询支持决策行为 有很多限制、条框 市场竞争激烈 频繁出差

三、压力管理的方法

压力，每天都存在于生活中，有压力才有动力，但面临的压力过大、过多会损害身体健康。现代医学证明，心理压力会削弱人体免疫系统，从而使外界致病因素引起人体患病，导致心理失衡，引起抑郁、焦虑等心理疾病。现代生活的压力，像空气一样无时无刻不在挤压着我们。

那么，怎样才能摆脱压力呢？据研究，下列 20 种心理调节措施是行之有效的减压方法。

（一）一吐为快

假如你正为某事所困扰，千万不要闷在心里，把苦恼讲给你信任的、头脑冷静的人听，以获得解脱、支持和指正。

（二）开怀大笑

开怀大笑是消除压力的最好方法，也是一种愉快的发泄方法。“笑一笑，十年少”，忧愁和压力自然就和你无缘了。

（三）听听音乐

轻松的音乐有助于缓解压力。如果你会弹钢琴、吉他或其他乐器，不妨以此来对付心绪不宁。

（四）阅读书报

读书是非常简单、轻松的消遣方式，不仅有助于缓解压力，还可使人获得知识与乐趣。

（五）重新评价

如果真做错了事，要想到谁都有可能犯错误，并重新进行自我评价，才能不钻牛角尖，继续正常地工作。

（六）大喊大叫

在僻静处大声喊叫或放声大哭，哭并不可耻，流泪可使悲哀的感情得到发泄，也是减轻压力的一种方法。

（七）与人为善

遇事千万别怀恨在心（即使自己是对的）。怀恨在心付出的代价是使自己的情绪紧张，用别人的错误惩罚自己。

（八）不要挑剔

不要对他人期望过高，应看到别人的优点，不应过于挑剔他人行为。世上没有完美，也可能缺少公正，要告诉自己：我努力了，能好最好，好不了也不是自己的错。

（九）留有余地

不要企图处处争先，不要强求自己时刻都以一个完美形象出现，你给别人留有余地，自己也往往更加从容。

（十）学会躲避

从一些不必要的、纷繁复杂的活动中和一些人为制造的杂乱和疲劳中摆脱出来。在没有必要说话时最好保持沉默，听别人说话同样可以减轻心理压力。

（十一）免当超人

不要总认为什么事都应做得很出色，应明白哪些事你可以稳操胜券，然后集中精力做这些事。淡泊为怀，知足常乐，可以减轻心理压力。

（十二）做些让步

即使你完全正确，做些让步也不会降低你的身份。俗话说“退一步海阔天空”，何况一些事也许冷处理更好，退一步会有更多余地。

（十三）遇事沉着

遇事是否沉着是判断一个人是否成熟的标志之一。沉着冷静地处理各种复杂问题，有助于舒缓压力。

（十四）逐一解决

紧张忙乱会使人一筹莫展，这时可先挑出一两件当前重要紧急的事，一件一件地处理，解决了关键问题，其余的事便迎刃而解。

（十五）熄灭怒火

遇事切莫发火，学会克制自己，暂熄怒火。待怒气平息后，你会更有把握地、理智地处理问题。

（十六）做点好事

你如果一直为自己的事苦恼，不妨帮助别人，做点好事，这样可缓解你的烦恼，给你增添助人为乐的快意。

（十七）眺望远方

烦躁不安时，可眺望远方，看看天边会有什么奇特的景象。告诉自己既然昨天和以前的日子都过得去，那么今天和往后的日子也一定会安然度过。

（十八）换个环境

适当地改变环境可以减轻心理压力，并非是消极的回避，“跳槽”可另谋新的岗位，也可自我反省，吸取教训。

（十九）外出旅游

思想压力过大时，不妨在家人、朋友的陪同下，做短期外出旅游。秀丽的祖国山河定会使你心醉，你的一切忧愁和烦恼就会飞到九霄云外了。

（二十）放慢节奏

当局面一团糟无法控制时，不妨放慢节奏，不要把无关紧要的事安排在日程表中，可对它们进行“冷处理”。

小案例

一杯水的重量

心理健康课堂上，一位老师端起一杯水，问学生们：“各位认为这杯水有多重？”

有的学生说 40 克，有的说 500 克。

老师则说：“这杯水的重量并不重要，重要的是你能端住它多久。端一分钟，大家一定觉得没问题；端一个小时，可能会觉得手酸；端一天，可能需要叫救护车了。其实，这杯水的重量始终是一样的，但是你端得越久，就会觉得越沉重。这就像我们承担的压力一样，如果我们一直把压力放在身上，时间越长，我们会觉得压力越来越沉重而无法承担。我们需要放下这杯水，休息一会儿之后再将它端起来，这样我们才能够端得更久。所以，各位应该将承担的压力适当放下，并且好好休息一下，然后再拾起来，这样才能够承担很长时间。我们在职场上也应如此，我们应该将工作中的压力在下班时放下，不要带回家，回家后应该好好休息，第二天再拾起这些压力，这样我们就不会觉得压力沉重了。”

训练与评估

测测你的心理抗压能力：也许你很久没骑自行车了，不妨想一想，你喜欢或者正在使用的自行车是哪一款？

A. 轻便型自行车

B. 电动自行车

C. 变速越野自行车

测试解析：

选择 A：压力承受能力 50%。轻便型自行车最大的特点就是无论什么路面，骑起来都比较轻巧，对骑车的人来说自然省力不少。选择 A 的人，通常来说无法承受过大的压力，不过这并不代表你丝毫不能承受压力。有时候压力反而能够成为你的动力，让你发奋实现目标。

选择 B：压力承受能力 20%。电动自行车只要有足够的电力，骑车的人就可以毫不费力。选择B的人对压力非常敏感。在现实生活中，你绝对不允许也不会让自己承受过大的压力，一旦超过自己的承受范围，立即放弃是你不二的选择。不过，有时压力可以帮助你完成不少事情，不妨试一试让压力变成自己的动力。

选择C：压力承受能力80%。变速越野自行车能够随时随地变速，骑车的人可以在不同的路面选择不同的方式让自己轻松通过。正如这款车的特点一样，你有着良好的压力调节能力，你会非常理智地判断出何种程度的压力对自己是有利的。当压力过大时，你会调整自己的心态或是做些事情使外来的压力减轻。有时，调节压力对你来说反倒是一种表现自我的途径。

好书荐读

书名：《卓有成效的管理者》

作者：[美] 彼得·德鲁克

译者：许是祥

出版社：机械工业出版社

内容简介：

《卓有成效的管理者》告诉我们：一群平凡的人也完全可以做出不平凡的事业，只要组织中的每一个人都能做到卓有成效，而卓有成效也是可以学会的。

卓有成效是管理者必须做到的事，管理者的成效往往是决定组织工作成效的最关键因素，并不是只有高级管理人员才是管理者，所有负责行动和决策而又有助于提高机构工作效能的人，都应该像管理者一样工作和思考。

影视荐赏

片名：《中国合伙人》

导演：陈可辛

剧情简介：

成东青，两次高考落败，眼看就要屈服于当农民的命运，他最后一搏，第三次高考，终于考上燕京大学。孟晓骏，精英知识分子，非常自信，内心认定自己永远是最优秀的那个。王阳，是个浪漫派，相貌俊朗，热爱文学，梦想当个诗人。这样三个风格迥异的人在燕京大学相遇，戏剧性地建立了友谊。

三人跟二十世纪八十年代的学子一样，都想出国深造。申请签证失败的成东青留在燕京大学任教，却因在外私自授课被校方发现而除名，成了一个“失败者”。

申请签证成功的孟晓骏如愿来到美国，他本想一展抱负，却未料堂堂燕大高才生，在美国根本找不着工作，只得在餐馆当侍应助理。

成东青办英语补习班，其独特的自嘲教学法渐渐吸引了不少学生。他从没想过，被拒签这个人生的挫折，亦是成就他人生的契机。

成东青请王阳和孟晓骏加入一起办补习班，正式开办“新梦想”英语培训学校。成东青的自嘲式幽默教学法，孟晓骏的美国经验和申请签证技巧，以及王阳的创新电影教学法，让“新梦想”空前成功。“新梦想”规模不断扩大，成东青被媒体塑造为“失败者”成功逆袭，引起孟晓骏心理不平衡，二人渐渐貌合神离，王阳夹在二人之间左右为难，三人的友情面临重重考验。“新梦想”陷入困境，三人再次凝聚起来，联手开启了“中国式梦想”的新征途。

第六章 创　业

知识目标

1. 了解大学生创业的主要模式及形式。
2. 掌握创业项目选择的原则和方法。
3. 了解创业计划书的内容及编写步骤。
4. 掌握创业的筹备内容。
5. 了解创业的相关法规。

能力目标

1. 能够根据创业项目选择的原则和方法选择创业项目。
2. 能够撰写简略的创业计划书。
3. 能够做好创业前的相关准备。
4. 能够根据相关创业法规解决创业中的问题。

价值目标

1. 培养敢闯新路、艰苦奋斗的创新创业精神。
2. 践行强国有我、勇担责任的奉献精神。
3. 培育精益求精的工匠精神。
4. 树立守法用法的法制观念和法治意识。
5. 树立服务社会的责任意识。
6. 提升创新意识。

第一节　创业模式

一、创业的概念和意义

（一）创业的概念

广义的创业，是指人类的创举活动，或带有开拓、创新精神，并具有积极意义的社会活动。只要是人们以前没有做过，对社会又有积极影响的事业，都可以叫创业。其内容很广，包括政治、经济、文化、科学、教育、军事等各方面。狭义的创业，即个人或小规模的群体所从事的，具有创新或创造性的、以增加财富为目的的活动过程。简言之，就是创办新的企业，创设新的职业。这种活动也许早已有之，但对创业者而言尚属首次，如个人或创业小群体开办餐馆、花店等。本书探讨的创业是狭义的创业。

经济学意义上的创业是指通过利用各种资源，包括人力和资本来创造价值，以产品或服务的形式提供给消费者，同时自身获取利润并取得发展的过程。

创业首先是一个过程，它强调各种要素和各个环节的有效集成。创业需要相关资源，资源是创业的基础。创业的直接结果是产出，产出的可以是产品也可以是服务，但都必须是有用的或者说是有使用价值的。创业的直接目的是增值，如果没有增值过程，则创业就没有意义。创业具有发展特性。

（二）创业的意义

随着高等教育从“精英教育”向“大众教育”迈进，高校毕业生就业形势日益严峻。有专家指出，在今后很长时期内，大学生将面临更为严峻的就业形势。因此，大学毕业生创业具有十分重要的意义。

1. 有利于缓解大学生就业压力

大学生创业有利于解决大学生就业难的问题。创业能力是一个人在创业实践活动中的自我生存、自我发展的能力。一个创业能力很强的大学毕业生不但不会成为社会的就业压力，相反还能通过自主创业活动来增加就业岗位，缓解社会的就业压力。

2. 有利于大学生谋求生存与实现自我价值

大学毕业生通过自主创业，可以把自己的兴趣与职业紧密结合，做自己最感兴趣、最愿意做和自己认为最值得做的事情，在五彩缤纷的社会舞台中大显身手，最大限度地发挥自己的才能。创业并非人人都能成功，既然如此，为什么还有众多的人选择了创业这条路呢？谋求生存乃至实现自我价值是创业最主要的原动力。

3. 有利于大学生实现致富梦想

大学生开创自己的事业是最有希望实现致富目标的。当前，大学生的就业观念正在发生改变，一个鼓励创业、保护创业的大环境正在逐步形成。并且，产业结构调整带来了巨大创业机会，国家出台了“创业带动就业”的优惠政策，鼓励大学生创业，大学生通过自主创业将实现致富梦想。

4. 有利于促进中小企业的快速发展

从国际经验来看，等量资金投资于小企业，它所创造的就业机会是大企业的 4 倍。目前我国小企业相对较少，因此，鼓励大学生自主创业有利于我国中小企业的快速发展。

5. 有利于培养大学生艰苦奋斗的作风

大学生自主创业的过程中，困难、挫折，甚至失败都在所难免，这就要求自主创业的大学毕业生具备顽强的意志和良好的品格，勇于承担风险，自立自强，艰苦拼搏。通过创业培养自立自强意识、风险意识，形成拼搏精神和艰苦奋斗的作风。

6. 有利于培养大学生的创新精神

创新是一个民族的灵魂，是一个国家兴旺发达的不竭动力。党的二十大报告指出：必须坚持科技是第一生产力、人才是第一资源、创新是第一动力。大学生作为中国最具活力的群体，如果失去了创造的冲动和欲望，那么中华民族最终将失去发展的不竭动力。大学生的创业活动有利于培养勇于开拓创新的精神，把就业压力转化为创业动力，培养出越来越多的各行各业的创新人才。

7. 有利于促进乡村振兴

乡村振兴战略是习近平总书记在党的十九大报告中提出的，要求实现中国农村“产业兴旺、生态宜居、乡风文明、治理有效、生活富裕”。党的二十大报告指出，全面推进乡村振兴。坚持农业农村优先发展，加快建设农业强国，扎实推动乡村产业、人才、文化、生态、组织振兴。国家出台一系列政策支持人才返乡创业，意味着我国的乡村将成为大学生创业的热土，等待着创业者落地扎根，大展宏图。

二、大学生创业的主要模式

（一）个人独资或合伙制

这是最为常见的大学生创业模式，主要是指大学生个人或者几个人创办的“工作室型”小企业。大学生选择这种创业模式的比例很高，占所有创业模式的 90%以上。这种模式对创业者的要求不高，多集中在科技含量较低的服务业。

选择此模式的大学生创业者主要有以下几种情况：

（1）立足于校园以及周边市场，为广大的学生消费群体服务。这些创业者来源于学生，服务于学生，基于自身对学生消费需求的了解，能更好地挖掘学生这个特殊的消费市场。

（2）迫于生计，勤工俭学。部分经济困难的大学生单靠学校的补助及有限的勤工助学岗位难以解决他们所面临的经济困难，因而有些大学生通过这种创业模式获得更多的经济来源。

（3）由于受资金、时间、学业压力、心理压力等限制，这种低投入、低风险的创业模式更容易为大学生创业者所接受。

这种创业模式具有以下特点：

（1）涉及行业很多，选择自由灵活。创业者可以抓住学生消费群体的特点来确定行业，在各个领域进行创业。

（2）启动资金少，大大降低了大学生的创业风险。

（3）需要投入较多的精力。创业者需要花大量的时间来经营店面，对于在读的大学生而言有可能影响学业。

（二）法人股份制公司

这是指大学生以股份形式合资从事的创业活动，多数由家长、亲戚提供资金支持作为后盾。这种创业模式广泛存在于大学里高年级或者刚刚毕业的大学生创业团队中。这些创业团队往往选择科技含量较高的行业开展业务，更多走的是IT、高科技的路子。例如，温州超越公司是一家以互联网网络技术服务为核心的高新技术企业，其创业团队来自超越网第一批成员。创业者依托温州师范学院，凭借当时学校的超越网，与家人和同学合资创办公司，以“来源于教育，服务于教育”为理念开发了一系列学科教育网站。公司核心成员毕业进入社会后，凭借自身技术闯出了一片天地。

这种创业模式的特点有：

（1）企业组织等模式相对稳定。

（2）资金投入较多，风险较大，直接面对市场的机遇和挑战。

（3）技术人员少，能力有限，产品技术含量较低，多数还属于低层次竞争。

（4）信息流通慢，辨别能力差，对市场上的情况较难做出迅速反应。

（5）研发资金投资周期长，不利于初创型企业发展。

（三）高新技术创业

这是一种利用国家的优惠政策，凭借自身专业技术或完善的创业计划在国家兴建的创业园区进行创业的方式。

自2015年起由教育部与政府、各高校共同主办的中国“互联网＋”大学生创新创业大赛已经成为大学生参与最广泛的创业比赛。2021年第七届大赛吸引了来自国内外121个国家和地区4 347所院校的956万人报名参赛。大赛旨在深化高等教育综合改革，激发大学生的创造力，以创新引领创业、创业带动就业，推动高校毕业生更高质量创业就业。国家关于大学生创业的优惠政策不断出台，各地的创业园区相继兴建，大学生创业得到了政府和社会各界前所未有的关注、认可和支持。这有利于大学生创业者发挥自己的专业特长，凭借自己的兴趣和技术创业，通过详细的商业计划书吸引投资。不少大学生创业者利用这一创业模式已经迈出了成功的第一步，例如温州大学生创业园、温州高新技术产业园区创业服务中心、鹿城创业服务中心等创业园中都不乏大学生创业的成功案例。

这一创业模式通常呈现出以下特点：

（1）得到政府政策的支持和创业园区的各项帮助。

（2）风险小，但各个细节要考虑周密。

（3）凭借专业创业，使理论联系实际，加速知识向生产力转化。

（4）信息来源好，流通快。

（四）依托公司的客户关系网进行创业

这种模式主要是把一些公司的客源当作自己创业企业的客户，从而扩大自身业务量，建立协作关系，拓展自身市场。一些成功的民营企业将自己的创业经验、管理方法等传授给大学生创业者，帮扶其创业，就属于这种创业模式的范畴。这种创业模式是合作竞争、快者生存的新经济时代的必然产物。随着经济的发展，这一模式已经成为一种最具潜力的创业模式，也是新时代主流的创业模式。

例如，华拓网络是一家以系统集成、软件开发等业务为核心的高新技术公司，为企业提供全面的信息系统建设解决方案。公司在技术方面依托网络与信息系统研究所，原始资金投入来自一家民营企业，其运营模式与那家民营企业类似，但客户对象不同。凭借技术、销售网络等优势，华拓网络这家新型的高新技术公司正在蓬勃发展，收益也十分可观。

这种创业模式具有以下特点：

（1）创业效率以及创业成功率高。

（2）企业成长周期短。

（3）创业者需要具有良好的知识、技术和素质。

（4）创业者个人风险小。

（5）销售网络通畅，资金回笼快。

（五）SOHO 模式

SOHO 是英文 Small Office/Home Office 的缩写，即小型办公室、家庭办公室的意思。这种模式在 20 世纪 80 年代中后期起源于美国，随后迅速风靡全球经济发达地区。SOHO 一族选择的工作以出售创意为主，且多集中于一些新兴领域，例如商务代理、销售代表、平面设计、影视娱乐、自由撰稿、网站制作、广告设计、市场策划等。SOHO 的发展空间几乎是无限的，因为互联网上可供整合的信息资源几乎是无限的，而 SOHO 一族正是借助自己的创意将这些信息资源进行整合，并以此来创造属于自己的自由和财富。

未来 SOHO 一族将不断壮大，SOHO 将不仅作为一种工作趋势不断发展，而且将成为一种主流职业为社会所接受，并成为城市中青年人群自由创业的最有效跳板。这种创业模式具有以下特点：

（1）工作空间和范围更加广阔，且受到的限制更少。

（2）创业者本身须具有一定的技能。

（3）工作时间弹性较大。

（4）个人能力得到完全体现。

（5）对创业者的自制力要求较高。

（6）收入可能会不稳定。

三、大学生创业的形式

（一）互联网创业

互联网的出现开启了一个崭新的信息时代，这个时代在改变我们的生活与行为方式的同时，也提供了一种全新的创业方式。互联网创业不同于传统的创业模式，它不需要雄厚的资金支持，也未必需要丰富的创业经验，而是创业者凭借对互联网的由衷热爱、扎实的专业技术就可利用现成的网络资源创造一个创业神话。对于拥有专业知识而缺乏足够资金与创业经验的大学生而言，互联网创业具有难以抵挡的吸引力。

目前的互联网创业主要有两种形式：

（1）网上开店，即在网上注册成立网络商店。

（2）网上加盟，即以某个电子商务网站门店的形式经营，利用母体网站的货源和销售渠道。

这种创业模式主要有以下优点：门槛低，成本少，风险低，方式灵活，特别适合初涉商海的创业者。像淘宝、阿里巴巴等知名网站，拥有较为完善的交易系统、交易规则、支付方式和成熟稳定的客户群，入驻这些网站，成功的概率较高。此外，网络创业还得到了政府的重视和支持，在政策和服务上给予诸多的优惠和帮助。例如，上海已经在普陀区、静安区建立了电子商务创业园，为创业者提供优质的创业环境和服务。

对初次尝试网络创业的大学生而言，互联网创业事先要进行多方调研，选择既适合自己产品特点又具较高访问量的电子商务平台。相比较来说，网上加盟的方式可能更为适合，这样能以较少的投入启动创业，可以边熟悉交易规则边依托成熟的电子商务平台发展壮大。

（二）加盟创业

加盟创业以其分享品牌、分享经营、分享资源等诸多优势，逐渐成为备受青睐的创业方式。目前，加盟有直营、委托加盟、特许加盟等形式，投资金额根据商品种类、店铺要求、技术设备的不同从几千元至几万元不等，可满足不同需求的创业者。

加盟创业的最大特点是利益共享，风险共担。创业者只需支付一定的加盟费，就能借用加盟商的品牌优势，利用现成的商品和市场资源，长期得到专业指导和配套服务，获得总部提供的支持、培训、管理、广告、促销等，从而大大降低了创业风险。

加盟创业要经过以下步骤：

（1）选准行业。

（2）找对品牌。

（3）查看直营店业绩。

（4）查看是否具有完善的加盟机制。

（5）查看是否具有健全的培训体系。

（6）对总部与加盟店进行实地考察。

（7）仔细阅读合同文本。

（8）提升创业能力。

选择这种创业模式时应注意以下三点：

（1）选择行业门槛低但回报高的行业。

（2）选择新兴产品，一旦竞争产品增多，营业额下降时，应立即转向。

（3）整体投资不宜过大，尽量寻找利润高、投入少的产品加盟，没有经验的人切忌盲目加盟大的连锁项目。

（三）概念创业

对具有强烈的创新意识而又缺乏资源的创业者来说，概念创业无疑是一条实现梦想的捷径。弗雷德·史密斯的“隔夜传递”的想法成就了全球最大的快递运输公司——联邦快递；贝利把旧报纸当作礼品，出售给生日日期与报纸出版日期相同者，从而改变了旧报纸的命运；大卫·H. 克罗克的“会飞的邮件”的离奇想法成就了人们现在普遍利用的电子邮件；网络书店、搜索引擎网站、拍卖网站……不断刷新了人们的思维和视野，于是很多人开始相信：灵光一闪的奇思妙想也可以成为创业梦想开始的地方！

但需要注意的是，创业需要创意，然而创意绝不等同于创业，概念创业要求点子必须标新立异，但这些超常规的想法还必须具有可操作性。此外，创业还需要在创意的基础上融合技术、资金、人才、市场经验、管理等各种因素，如果仅凭着点子盲目行动，创业成功就无异于痴人说梦。一个点子固然能够成就一项事业，但要实现概念创业的成功，还要注意以下三点：

（1）科学分析。当产生了创业灵感之后，创业者应对创业点子进行冷静而细致的分析，了解自己的创意是否独具匠心、是否具有广阔的市场需求、是否具有可操作性、在推行过程中有无防止“克隆”的保护措施等，在此基础上选择最有发展前途并且风险相对较小的创业方案。

（2）多方咨询。创业者除了要对自己的创业灵感自我审视之外，还应在行动前多听听各方面的意见和建议，如成功的创业者、风险投资家、创业咨询机构等。他们提供的宝贵经验和专业指导，可以避免个人意见可能导致的片面性。

（3）积极行动。一个新颖别致而又切实可行的创业想法只有落实在一些具体的实践活动中才有获得成功的可能性，通过实际行动获取技术、资金、人才、市场经验、管理方法等各种资源是必不可少的。

（四）工作室创业

当前，一种新的创业形式——工作室创业，正在全国各地悄然兴起。“录音工作室”“形象设计室”“摄影工作室”“服装设计室”等如雨后春笋般不断涌现。工作室创业正在引发新一轮创业热潮，而大学生以其观念新、魄力大、技术强的优势，成为工作室创业的主力军。

工作室创业的好处是手续简便，也无须办公场地等费用支出，在家即可投入“生产”。由于工作室几乎没有其他成本，因而其服务价格具有相当强的竞争力。

工作室创业要求个人拥有较新的创意或较强的专业技能，因为大部分工作室都是以创意或技术为产品，性价比是在市场上制胜的关键，但价格便宜也要以高质量产品为支撑才能维持经营。在创业初期必须通过各种关系主动开展业务，积极联系有产品需求的客户。

小案例

在边远地区结出创业硕果

2021 年，在新疆乌鲁木齐“淘宝村”米东区芦草沟乡人民庄子村，28 岁的黄开挺带着三个小伙子开起了工作室。他与广西等地商家联合，销售螺蛳粉和南方水果。老家在广西的黄开挺为什么选择来到人民庄子村创业呢？“作为电商村，这里的物流仓储系统完备，同行也多，关键是乌鲁木齐的政策好。”黄开挺说。

如今，黄开挺的团队将螺蛳粉做到了新疆线上销量第一，还在陕西周至建起猕猴桃种植基地。黄开挺说，团队既享受到了创业社区建设政策，也享受到优化营商环境的政策，才取得了现在的成绩。

人民庄子村2020年入选“淘宝村全国百强榜”，在村里30多家电商企业带动下，这里成为年轻人创业的首选地。在芦草沟乡和人民庄子村的支持下，这里有近百个直播团队。

“在村‘两委’和工作队的帮助下，我们找到了仓储厂房，还开起了工作室。”黄开挺说，他们瞅准了“广西特产实现新疆包邮”这个商机，主做螺蛳粉、芒果、猕猴桃等产品。

“刚开始，经验不足，直播七八个小时成交两三单是常有的事。”黄开挺说，他们不气馁，到别的直播间取经、总结直播中失误的经验，并积极参加村里组织的创业培训。

“直播间就设在仓库里，旁边就是我们的货物，四个年轻人吃住在里面，一边播一边学，一边总结经验。”黄开挺说，慢慢地，他们的订单能达到一天100多单。

这时又遇到了难题。“螺蛳粉在新疆很受欢迎，但市场上品牌不统一，口味也不同，我们经销的牌子销量不稳定。”黄开挺说，为了打开销路，在政府帮助下，他们来到广西的螺蛳粉厂，签订了经销协议。

“厂家按我们的要求调整螺蛳粉的口味及里面的配菜种类，而且给最低价。”黄开挺说。有了一手货源，口味也确定后，黄开挺团队的螺蛳粉销量直线上升，但新问题又出现了：“仓储出问题，物流不太顺畅。”随着乌鲁木齐市一系列优化营商环境政策措施出台，2022年3月，在相关部门帮助下，黄开挺在九鼎批发市场租到了一个大型保险仓储，还在陕西周至建了一个猕猴桃种植基地。

“2月20日到3月20日一个月，仅螺蛳粉销量就达到了10万袋，位居新疆螺蛳粉销量第一位。”销量上去后，黄开挺信心更足了：“今年我打算在主做螺蛳粉和猕猴桃的同时，实现榴莲、芒果、山竹新疆包邮。”

黄开挺也开始带动更多年轻人创业。“乌鲁木齐这么好的营商环境，还有创业社区政策支持，年轻人只要有梦想，肯定能实现。”对于未来，黄开挺信心十足。

第二节　创业项目选择

中国招商网的一项调查结果显示：98%的创业失败是因为没有选准合适的项目；80%的创业者在创业前期感到确定创业项目“十分头疼”“很难抉择”；在创业失败的案例中，有60%的人觉得“创业项目不对头”或“创业项目选择失误”；而在创业成功的人群中，70%的人认为“良好的创业项目能成就事业”。由此看来，创业成功与否，创业项目的选择十分重要。

一、创业项目选择的相关因素

创业项目的选择是一项复杂的决策活动，需要综合考虑多种相关因素，主要有以下几个方面。

（一）个人兴趣与特长

一个人只有选择了他喜欢又有能力做的事情，他才会自觉地、全身心地投入工作中，并忘我地工作，才有可能在遇到困难和挫折时百折不挠、勇往直前，千方百计地克服困难，开创性地开展工作，从而实现创业目标。所以，选择自己感兴趣、有特长的项目是创业成功的基础。

（二）对项目的熟悉程度

选择熟悉的行业是一条通行的规则。创业者应该在熟悉的行业里选择创业项目，才能提高创业成功的概率。对某一领域熟悉的途径有多种，建议应届毕业生通过实习或打工，进入某一行业，通过实践了解相关信息。

案例与评析

高职生小刘在一家广告公司工作两年后辞去了工作，组建了一个包括销售、美工和技术在内的十几人的团队，主要从事房地产、大型购物中心设计的媒体推广工作。公司成立半年多以来，小刘的公司凭借高质量、低价格的服务，积累了一批忠实的客户。在介绍创业经验时，小刘说："在那家广告公司工作的两年中，我熟悉了媒体推广的整个流程，锻炼了自己的业务能力，并且在和客户联系的过程中扩大了自己的关系网。辞职的主要原因是收入不高，工作强度却很大，想了想，不如自己创业当老板。"

评析

很多求稳的高职生一般会先工作一两年的时间，获取自己创业所需的技能及信息，在工作中积累人际关系和客户资源，再找准机会投入创业大潮。这是值得借鉴的有关创业的好经验。小刘求稳，没有盲目考虑风险投资、扩大规模，反映了成熟的创业观。其实，并非要做成规模很大的企业才算创业，自己开家小店，做点自己熟悉和喜欢的生意，同样是创业。创业，需要梦想，更要切合实际，要给自己一个准确的定位。

（三）市场机会及盈利能力

对于创业者来说，客观存在的市场机会未必能成为你的创业项目。因为市场机会成为创业项目是有一定条件的。首先，创业者必须具有利用该机会的资源和技术能力。其次，创业者利用该机会足以实现其经营目标，也就是有一定的市场潜力和盈利能力。

案例与评析

胡小平以前一直在南京的农贸市场打工，靠卖榨菜、酸菜等小菜维持生计。渐渐地，他发现无论是城市家庭还是宾馆饭店，对各类小菜的需求量都很大，于是就萌发了用统一的品牌包装各地小菜的想法。在注册了“小菜一碟”商标后，他组建了专业的配送队伍，成立了配送公司，结果年销售额一举突破 1 500 万元。现在，他又组建了大型配送基地，打算将小菜生意做到全国各地。

评析

创业者不应小胜自满、小富即安，而应该立足长远、目标远大。创业者应立足自己的优势，善于观察分析，看准市场，找好目标，及时抓住创业机遇。

案例与评析

上海某玩具厂瞄准国内老年人消费群体，生产专为老年人设计的玩具。随着生活水平的不断提高，老年人不再仅满足于物质生活的富足，而是追求精神生活的充实。这家玩具厂就抓住老年人的这一需求，开发出了“小淘气”“老来娇”“老顽童”等系列老年人玩具，这些产品不仅充实了老年人的精神生活，给老年人带去了返老还童的情趣，同时也给企业带来了丰厚的利润。

评析

上海这家玩具厂顺应老年人人数增多的社会发展趋势，大胆决策，生产适合老年人的玩具，迎合了市场的需求，从而取得了市场竞争的主动，获取了良好的经济收益。当今社会日新月异，人们的需求也在不断变化和萌生，创业者只要是一个有心人，就会发现商机。

（四）风险大小

整个创业过程中，风险无处不在，许多不可控的因素都可能导致创业失败。因此，在选择创业项目之前，无论对创业项目的把握有多大，都必须考虑“未来最大的风险是什么”“最坏的情况发生时，我能不能承受”等问题。

（五）相关政策与法律

进行创业项目选择时还必须考虑国家相关的政策和法律法规因素，主要包括两个方面：一是拟选的项目是否属于国家政策和法律禁止或限制的范畴；二是拟选的项目是否属于国家政策和法律鼓励的范畴。

二、创业项目选择的原则

（一）市场第一原则

市场经济社会里包括企业在内的一切经济活动都要围绕市场进行。创业不但要乘“需”而入，还要尽量能够做到经久不衰，产品的市场支持力、市场容量及自身接受能力对创业者来讲都是至关重要的，所以创业者要通过市场调查和预测考察所选项目是否在目标地域、目标群体的现实消费和潜在消费状况，以及自己是否可以顺利进入市场等，进而选择那些具有广阔市场前景的项目。

（二）知己知彼原则

所谓知己，就是创业者在选择项目之前，应该首先对自己的状况有一个清楚的认识和判断。例如自己可以提供多少创业资金、有哪些从业经验和技能专长、兴趣和爱好是什么、社会关系状况如何、在性格上有哪些优势和弱点、家庭成员是否支持等。从创业者本人的角度看，“知己”越深入、越详尽，就越容易找到扬长避短并适合自己的项目，越能提高创业成功率。

所谓知彼，就是要了解创业所在地的社会经济环境。要认真分析当地的发展政策，包括产业结构政策、金融政策、税收政策、就业政策等；当地的消费环境，例如居民的购买力水平、购买力投向、购买习惯等；当地的自然和人文资源，包括具有市场开发价值的工业原料和农林渔牧产品、传统的生产加工技术、独特的自然和人文景观等；当地市场的竞争强度，包括拟选择项目所在行业的竞争者数量、规模、实力水平等。深入考察创业环境能够帮助创业者开阔视野，敏锐地捕捉到市场机会，提高项目选择的合理性。

（三）自有资源优先原则

创业者在审视了创业环境之后，应该从中甄选出重点利用和开发的资源。甄选应贯彻自有资源优先原则。所谓自有资源，就是创业者本人拥有的或自己可以直接控制的资源，包括专有技术、行业从业经验、经营管理能力、个人社会关系、私有物质资产等。相对于非自有资源，自有资源的取得和使用成本往往较低。同时，这些资源在利用过程中也容易使项目获得标新立异的优势，在将来的市场竞争中占据主动地位。我国许多老字号品牌如“北京烤鸭”“山西老陈醋”，能够历经百年而长盛不衰，与这些品牌商家在最初创业时开发并有效利用自己的专有技术有密切关系。

案例与评析

张士昂大学毕业后决定创业，在杭州选择了几个热门的项目，但由于缺少资金、人脉，不了解市场，都以失败告终。经过一番思考，2017 年他决定离开杭州、返回家乡海南保亭，在自己最熟悉的领域创业。

“你读完大学还要回农村，我坚决反对!”当张世昂向家人宣布回乡创业时，父亲这样对他说。从小跟着家人种菠萝蜜，张世昂想打造海南保亭现代化菠萝蜜产业。他创始的“别惹菠萝蜜”，从 3 个年轻人的团队，发展到如今 58 人，家人从不理解到以他为荣。张世昂引入数字农业、智慧农业技术，搭建海南菠萝蜜的供应链，3 年间销售额翻倍增长，达到 5 000 万元，帮助每位农户增收 1 万元以上。

评析

创业者在选择项目时，首先要问自己：“我干什么最有把握?”热门的领域不一定是自己熟悉的领域，而自己不熟悉的行业往往又会加大创业的难度，不仅自身的优势很难发挥，还有可能使创业陷入困境。来自农村、外出求学的青年，既有深厚的乡土情怀又接受过良好的教育，是连通城乡资源的关键桥梁。他们熟知家乡产业的发展情况，也能把经济发达地区先进的市场观念、资金技术带回家乡，对加速乡村产业振兴、推动地区致富具有积极重要作用。

（四）短平快原则

创业者在创业之前普遍缺乏资金、客户等资源，因此为尽快脱离创业的“初始危险期”，使项目的运作进入良性循环，在同等条件下，应优先考虑那些“短平快”的项目。这样一方面可以迅速收回投资，降低投资风险；另一方面，即便项目后期成长性不好，创业者也可以选择主动退出，利用掘到的“第一桶金”另寻出路。实践中，不少成功创业者目前经营的产业与当初创业时的选择大相径庭就说明了这一点。

（五）顺势而为原则

产业政策往往深刻影响甚至左右一个产业的发展格局，国家和地方都出台了很多鼓励创业的产业政策。例如，国家为了大力扶持高科技产业、文化产业、乡村振兴相关产业，对其给予政策和经济上的诸多优惠政策。如果顺势而为，选择一个符合国家产业导向的领域进行创业，成功的机会将大大提高。

案例与评析

2017 年，大学毕业的王东回到四川仁寿县汤家村，承包村里的 200 多亩荒山，开始了他的创业之路。连续几年的前期投入，让他一度陷入了困境。2020 年 12 月，县人社局了解情况后，当月就为他办理了 20 万元的大学生创业担保贴息贷款，缓解了他的燃眉之急。

近年来，仁寿县大力实施引才回乡工程，通过“优政策、搭平台、强保障”，支持大学生返乡创业。2021 年，该县已为 30 名返乡创业的大学生发放创业担保贴息贷款 1 284.1 万元，引领大学生创新创业 230 人，对毕业五年内处于失业状态创业的 12 名大学生给予创业补贴 12 万元。为全面服务返乡就业创业人员，仁寿县人力资源服务大厅专门设立创业服务窗口，为返乡创业人员就地就近提供创业咨询、项目推介、开业指导、政策申请、社保接续等服务。同时，仁寿县还为返乡创业人员提供低成本、全要素、便利化的创业服务。

评析

大学生创业难免会遇到这样那样的问题。及时了解国家及地方的有关创业扶持政策、积极寻求政策支持，可以让你的创业之路走稳走好。

三、创业项目选择的方法

在以上基本原则的指导下，创业者要开动脑筋、睁大眼睛细致搜索创业项目。当然这种搜索不是盲目的，而是要讲究方法和技巧。

（一）关注政策变化

环境的变化往往可以带来商机。当前在众多的环境要素中，各地发展政策的优化是比较频繁的，这就要求有创业动机的人积极搜集这些方面的信息，很可能在某个时间就会出现适合自己的机会。现在相当一部分成功的民营企业家，就是在我国改革开放初期，借助国家政策的变化，找到了创业机会，顺利起步。随着改革开放的不断深化，涌现出的商机将会越来越多。

（二）搜索市场空白

搜索市场空白可能是最简单、最直接的选择创业项目方法了。有空白就存在着巨大的消费需求。但问题是创业者看到的市场空白别人往往也能看到，即便你先看到，以后也容易被后来者模仿甚至超越。因此这种方法适合用来寻找那些“短平快”项目。在温州有一个创业者，他从开酒楼开始，陆续做过皮革生意、大排档、火锅店，每一次他都开当地行业之先河，而且盈利颇丰，秘诀就在于他能敏锐地发现和抓住市场空白，捷足先登。

（三）发挥技能专长

创业者自身具备的技能是成功创业的有力武器，也是选择创业项目的重要依据。由于技能是创业者在以前工作过程中长期积累形成的，如果创业项目的运作与此项技能的运用密切相关，那么就比较容易形成自己的经营特色，他人难以模仿，而且也有助于实现项目的永续经营，同时经营中的技术问题也便于解决。基于这些优点，选择创业项目时，创业者应尽可能挑选与自身技能密切相关的项目。需要说明的是，这里所说的技能涵盖项目运作过程中使用到的所有技术和能力，既包括生产技术，也包括经营管理技能、创新能力等。

（四）利用自然和社会资源

俗话说，“靠山吃山，靠水吃水”。自然资源是指创业所在地具备的，在现代经济技术条件下能为人类利用的自然条件，例如自然风景、气候、水土、地理位置、能源等。从创业选项的角度讲，这些自然资源应该具有独特性。社会资源内涵更为丰富，包含了除自然资源之外的所有物质，例如民族风俗、传统工艺、人际关系等。当地独特的自然和社会资源不可复制，使得借助这种方式选择的创业项目具有独占性，客观上提高了他人进入和竞争的门槛。

（五）改变经营模式

长期以来，人们总是习惯于一种固有的企业经营模式。这种模式由于屡见不鲜，便使得人们觉得这是最合理、最科学的选择。实际上，只要我们转换一个角度去观察和思考，在我们面前就会出现一个全新的世界。就像切苹果，我们总是竖着切，如果横着切，就会发现结果是如此不同。同样的道理，如果我们把这种思想移植到企业经营领域，对某个产业的经营全过程进行全部或局部的重新整合，就可能产生商业机会，管理学称之为“价值链重构”。顺丰快递就是改变了民营快递企业普遍采用的加盟制，将快递产业的价值链进行了重新设计，以直营模式进行经营，才使顺丰快递能够在众多民营快递企业中崭露头角，占据高端市场。

（六）关注外围经营项目

任何一项具体的产业都是生产某种物质产品和提供某种劳务活动的集合体，其中包括众多的相互关联、相互影响的经营项目，这些经营项目有核心和外围之分。例如运输行业的核心经营项目是交通工具运输，外围经营项目则是零配件供应、燃料供应、交通工具修理等。人们往往看重的是核心经营项目，而对外围经营项目则漠不关心。殊不知，这些不显山不露水的项目借助一荣俱荣的便利，更容易获得成效。例如，有一个创业者，在当地政府决定大力发展养蟹产业的时候，做起了供应蟹苗的生意；大家看到蟹苗生意红火而纷纷进入的时候，他转去做成品蟹的销售生意；别人也卖成品蟹的时候，他又去做成品蟹交易市场。总之，他在成品蟹养殖这个产业核心项目外围打转转，靠着这种方法，他的项目做一个成一个。

（七）理性“跟风”

这种项目选择的思路看上去有些矛盾，因为人们一般把“跟风”和“盲目”联系在一起。其实，“跟风”本身并非完全不好，关键在于应在什么情况下“跟”、怎么“跟”的问题。首先，创业者要分析一下“拟跟项目”，它是否具备发展潜力，项目的生命周期是否长久，是否具备特色经营的可能性。其次，创业者要评估自身的状况，是否具备长期与竞争者抗衡的资金实力，是否拥有将“拟跟项目”做成特色品牌的能力等。当这些条件搞清楚以后，决定“跟风”就不是盲目的，而是理性的。

案例与评析

日本鹿耳岛首屈一指的观光饭店旁，有座光秃秃的土山。饭店老板一直想将秃山种满树，美化环境，以招揽更多的客人。然而绿化工人难雇，工资又高，因此，这一想法迟迟无法实现。

如何才能达到目的呢？饭店老板经过苦思冥想，刊出了如下广告：“亲爱的客人，您如有意留下永久性的纪念，请在我们的山上种植一棵新婚或旅游纪念树！”

平时饱受环境污染之苦的都市人，对于田野自然特别喜爱。利用都市人爱好花草树木的心理，饭店向光顾饭店的客人，特别是向新婚夫妇推出种植纪念树的项目，立即掀起了一股浪潮。不到一年时间，2 万多平方米的秃山已成为万紫千红、花香扑鼻的绿山了。

饭店老板不但使秃山绿化的构想成为现实，而且还收到“纪念树种植费”共 1 000 多万日元，扣除树苗成本后，净赚了 600 多万日元。

客人种植一棵纪念树，饭店收取 300 日元种植费，还赠送木牌让他们写上名字和住址，以示纪念。这种举措对都市人很有吸引力，客人们都想着日后自己亲手种植的纪念树成为一棵参天大树，还可以再来欣赏和回味一番，因此就兴致勃勃地“义务”替饭店种树了。

评析

为了达到某个目的，可以采用五花八门的方法。成功的创业者能够使用出人意料的方法来有效地达到自己的目的。缺少经营资本并不表示无法实现目标，关键在于创业的构思是否能吸引别人，让别人毫无怨言地掏钱给你。都市人都有爱好花草树木的心理，饭店老板正是巧妙地利用了这一心理，在不到一年的时间里，不仅绿化了秃山，而且还大赚了一笔。可见，创意是创业的灵魂。

第三节　创业设计

对自己选择的品牌和行业进行充分细致的分析后，接下来便是进行创业设计。创业设计的一个重要步骤是编写创业计划书，一个好的创业计划书是创业者在创业之前精心设计的细致缜密的创业方案。

一、创业计划书的含义

创业计划书是创业者计划创立的业务的书面摘要。它用以描述与拟创办企业相关的内外部环境条件和要素特点，为业务的发展提供指示图，是衡量业务进展情况的标准。通常创业计划是市场营销、财务、生产、人力资源等职能计划的综合。

写好创业计划书要注意以下几点：

（1）关注产品。

（2）敢于竞争。

（3）了解市场。

（4）表明行动的方针。

（5）展示你的管理队伍。

（6）出色的计划摘要。

二、创业计划书的内容

一般来说，在创业计划书中应该包括创业的种类、资金规划及来源、资金总额的分配比例、阶段目标、财务预估、营销策略、风险评估、创业动机、人员构成等内容。通常一份创业计划书主要由下述几个方面构成。

（一）封面

封面的设计要给人以美感，要具有艺术性，一个好的封面会给阅读者形成良好的第一印象。

（二）计划摘要

计划摘要浓缩了创业计划书内容的精华，它涵盖了计划书的要点，以求一目了然，以便阅读者能在最短的时间内评审计划。

计划摘要一般包括以下内容：

（1）公司介绍。

（2）管理者及组织结构。

（3）主要产品和业务范围。

（4）市场概况。

（5）营销策略。

（6）销售计划。

（7）生产管理计划。

（8）财务计划。

（9）资金需求状况。

计划摘要要尽量简明、生动，特别要说明自身企业的不同之处，以及企业获取成功的市场因素。

（三）企业介绍

进行企业介绍的目的不是描述整个计划，也不是提供另外一个概要，而是重点阐述你的企业发展理念和如何制定企业的战略目标。

（四）行业分析

在行业分析中，应该正确评价所选行业的基本特点、竞争状况以及未来的发展趋势等内容。

关于行业分析的典型问题有：

（1）该行业发展程度如何？现在的发展动态如何？

（2）创新和技术进步在该行业中扮演着一个怎样的角色？

（3）该行业的总销售额有多少？发展趋势如何？

（4）价格走向如何？

（5）经济发展对该行业的影响程度如何？政府是如何影响该行业的？

（6）是什么因素决定着该行业的发展？

（7）竞争的本质是什么？你将采取什么样的战略？

（8）进入该行业的障碍是什么？你将如何克服？该行业的回报率有多少？

（五）产品（服务）介绍

产品（服务）介绍应包括以下内容：

（1）产品（服务）的概念、性能及特性。

（2）主要产品（服务）介绍，产品（服务）的市场竞争力。

（3）产品（服务）的研究和开发过程。

（4）发展新产品（服务）的计划和成本分析。

（5）产品（服务）的市场前景预测。

（6）产品（服务）的品牌和专利等。

在产品（服务）介绍部分，要对产品（服务）做出详细的说明，说明既要准确，也要通俗易懂，使不是专业人员的投资者也能明白。一般来说，产品介绍都要附上产品原型、照片或其他说明材料。

（六）人员及组织结构

在企业的生产活动中，存在着人力资源管理、技术管理、财务管理、作业管理、产品管理等，而人力资源管理是其中很重要的一个环节，人才是企业最宝贵的资源，企业要管理好这种资源，就要遵循科学的原则和方法。

在创业计划书中，必须对主要管理人员加以阐明，介绍他们所具有的能力、在本企业中的职务和责任、详细的经历及背景。此外，还应对公司结构做简要介绍，包括：

（1）公司的组织机构图。

（2）各部门的功能与责任。

（3）各部门的负责人及主要成员。

（4）公司的报酬体系。

（5）公司的股东名单，包括认股权、比例和特权。

（6）公司的董事会成员。

（7）各位董事的背景资料。

经验和过去的成功比学历更有说服力，如果你准备把一个特别重要的位置留给一个没有经验的人，你一定要给出充分的理由。

（七）市场预测

市场预测应包括以下内容：

（1）市场需求预测。

（2）市场现状综述。

（3）竞争厂商概览。

（4）目标顾客和目标市场预测。

（5）本企业产品的市场地位预测。

（八）营销策略

在创业计划书中，营销策略应包括以下内容：

（1）市场机构和营销渠道的选择。

（2）营销队伍及其管理。

（3）促销计划和广告策略。

（4）价格决策。

（九）制造计划

创业计划书中的制造计划应包括以下内容：

（1）产品制造和技术设备现状。

（2）新产品投产计划。

（3）技术提升和设备更新的要求。

（4）质量控制和质量改进计划。

（十）财务规划

财务规划的重点是现金流量表、利润表以及资产负债表的制定。

流动资金是企业的生命线，因此，企业在初创或扩张时，对流动资金需要预先有周详的计划和进行过程中的严格控制。

利润表反映的是企业的盈利状况，即反映企业在经过一段时间的运作后的经营结果。

资产负债表则反映在某一时刻的企业状况，投资者可以利用资产负债表中的数据得到的比率指标来衡量企业的经营状况以及可能的投资回报率。

（十一）风险与风险管理

风险与风险管理涉及的问题有：

（1）你的公司在市场、竞争和技术方面都有哪些基本的风险？你准备怎样应付这些风险？

（2）在你看来，你的公司还有什么附加机会？

（3）在你的资本基础上如何进行扩展？

（4）在最好和最坏的情形下，你的五年计划表现得如何？

如果你的估计不那么准确，应该估计出你的误差范围到底有多大。如果可能的话，对你的关键性参数做最好和最坏的设定。

三、创业计划书的编写步骤

准备创业方案是一个展望项目前景的细致探索。需要注意的是，并非任何创业方案都要完全包括上述大纲中的全部内容。

创业计划书的编写步骤如下：

（1）经验学习。

（2）创业构思。

（3）市场调研。

（4）方案起草。

创业方案全文中包含若干要点，应将所有要点抽出来写成提要，然后按下面的顺序将全套创业方案排列起来：

1）市场机遇与谋略；

2）经营管理；

3）经营团队；

4）财务预算；

5）其他与阅读者有直接关系的信息和材料，如企业创始人、潜在投资人等。

（5）修饰。

首先，根据你的报告，把最主要的内容做成1～2页的摘要放在前面；其次，检查一下文字，千万不要出现错别字之类的错误，否则别人会对你做事是否严谨产生怀疑；最后，设计一个漂亮的封面，编写目录与页码，然后打印、装订成册。

（6）检查。

可以从以下几个方面检查你的创业计划书：

1）是否显示出你具有管理公司的经验。

2）是否显示出你有能力偿还借款。

3）是否显示出你已进行了完备的市场分析。

4）是否容易被投资者所领会。创业计划书应该有索引和目录，以方便投资者查阅各个章节，还应保证目录中的信息流是有逻辑和现实的。

5）是否有计划摘要并放在了最前面。计划摘要相当于公司创业计划书的“脸面”，投资者首先会看到它。为了引起投资者的兴趣，计划摘要应写得引人入胜。

6）是否语法全部正确。

7）是否打消了投资者对产品（服务）的疑虑。

如果需要，你可以准备一件产品模型。

第四节 创业筹备

一、咨询创业顾问

在创业之前，应该先求教于专业的创业咨询机构或顾问。如果不想花钱咨询，也可以选择一些免费的咨询机构，如相关协会及政府机构，可多利用这些免费的咨询资源。

二、撰写创业企划书

对整个创业过程而言，企划书的撰写是非常重要的。这是因为，通过企划书的撰写，不仅可以让自己更清楚地知道计划是否完整周密，同时还可以找人投资入股，这才是重点。如果要申请青年创业贷款，必须附上企划书。

三、筹措资金

如果资金不够，想创业就会很难。当创业者的资金不足时，可以设法寻求政府的相关贷款，包括青年创业贷款、下岗贷款、微型企业创业贷款以及有一定限制条件的身心障碍创业贷款、特殊境遇妇女创业贷款、农村青年创业贷款，还有由部分银行推出的加盟创业贷款。

俗话说，“用钱创造财富”。在众多创业失败的例子中，资金不足经常是最后让创业者黯然落下“英雄泪”的主要原因。因此，信心满满的创业者在公司正式运营前，一定要先把资金募集充足。换言之，创业者必须明白公司在草创期的第一年内可能无法赚到钱，因而要做好充分的准备，以渡过难关。创业者在筹措创业资金时，必须以能支付公司创业第一年内所有的营运开销为目标。

创业者募集创业资金的渠道很多，简单地说，亲戚、朋友、银行、房屋抵押，甚至是信用卡借贷、网络借贷都能派上用场。但是，创业者必须谨记在心的是，一位成功的创业者总是知道如何善用各种渠道去募集充足的资金，不可只从单一渠道取得资金，以免一旦资金紧张找不到后路来救急。

创业必须要有充分的流动资金，并且要能与实际经营运作时所需的开销相平衡，因而草拟一份年度预算表是必要且马虎不得的。要草拟一份精确的年度预算表并不容易，常会出现低估预算的情况，或者会遗漏一些小细节，这些小细节常常是发生在预算表中的杂支及超支项目。另外，有时公司成长太快也会出现这些小问题。在开始编列预算时必须注意，公司草创第一年的年度预算应该包括公司首次营运费用及持续营运的每个月开销。

不管公司状况如何，最好在编列预算时稍微调高所需预算比例，直到公司可以负担营运成本。最好是听听其他同行的意见，并在编列具体的预算评估表时能按照专家建议把最好和最坏的财务评估案例折中试算，然后把预算设定于两者之间，也可以与会计师事务所多沟通，从而对公司的开销、营收及流动资本运作计划更加熟悉和了解。

四、选定行业和产品、品牌或公司名称

各行业的总投资有高有低，先衡量你所拥有的资金能够做哪些行业，再来做进一步的规划。依据你准备的资金，先初步筛选可以投入的行业，然后，再依据行业发展的前景、自己的兴趣和专长、过去相关的工作经历、行业竞争情况等因素，加以评估考虑，看自己适合从事哪种行业，以及从事哪种行业最具有竞争优势。所以，开店做生意，千万不能有既要投资少又要回报快的观念。在选择行业时，一定要先考虑行业的竞争状况，有多少实力做多少事，千万不要以卵击石。

品牌或公司名称要能够充分反映你的产品或服务与众不同的特色。品牌或公司名称要与产品或服务紧密联系。具有创意的品牌或公司名称不仅有助于建立品牌形象，同时也能打动顾客，激发顾客的购买欲。选择品牌或公司名称时应该具有前瞻性，能够迎合消费需求的发展。

此外，别忘了先做注册公司名称调查，确定你所选择的名称未被登记。名称切不能过于冗长，否则消费者不容易记住。

五、决定公司的组织架构

在开始计划营运前，你必须选择一种法定组织架构来配合你的创业大计。简而言之，你必须决定是要自己创业还是合伙创业。如果选择合伙创业，公司的起始资本额要如何分配？合伙创业的模式既可以是有限股份公司制，也可以采取集团公司的模式。因此，必须先了解各种公司组织形态的利弊及运筹方式，再选择最适合的模式来配合你的创业计划。

不同类型的公司在营运架构上有些差异，最需要注意的是：一旦公司营运出现状况，公司内部将由谁负起法律上的财务责任？举例来说，以独资或合伙形式创业，法律规定个人自行负担公司的债务。也就是说，一旦公司因经济纠纷而败诉，则创业者个人财产都会被法院的扣押、拍卖以偿还债务。无论一开始你选择哪一种经营模式，都不代表公司的组织架构是定型不变的，还是可以依据公司的发展做适时的变更。

六、学习经营技术

选定行业之后，接下来的问题就是经营技术了。如果是选择连锁加盟店，有总部成熟的技术当然好办；如果是自行创业，就必须自己想办法学习经营技术。就学习途径而言，可以通过参加各种技艺培训班来获得经营技术。另外，一些职业训练中心也开办有各类职业训练课程。当然，创业者最好自身有该行业的实战经验。所以在创业之前，最好先到相关企业工作，一是学习经营技术及实战经验，二是考察自己是否适合从事这个行业的工作。

七、评估店面商圈

地点的选择对日后店面的营运情况影响很大，所以一定要找一个商圈位置好的店面。一般而言，做商圈评估应包括评估商圈属性、店面大小、楼层、周边设施、附近的竞争店及互补店、租金多寡、合法证照取得难易度、附近是否有大型商场和车站、营业时间、人口（流动、固定）、消费水平及消费动机、马路宽度、发展前景（商圈变化）等因素。评估时，须在不同的时段分别进行，如在白天和晚上、工作日和节假日等不同时段分别考察该地点的商圈情形，做成商圈评估记录表，详细记载评估店面的各项条件，以作为日后评估的参考。

八、选对地址，事半功倍

在决定了自主创业并且选好了项目之后，接下来最重要的就是选址的问题了。选址对办企业到底有多重要？专家的看法是：不论创办何种企业，地点的选择都是决定成败的一大要素，尤其是对以门市为主的零售、餐饮等服务业而言，店面的选择往往是其经营成败的关键。可以说，选址正确等于成功了一半。

尽管在选择经营场地时，各行业的考虑重点不尽相同，但是有两项因素是绝对不可忽略的，即租金和租约。

经营场地租金是固定的营运成本之一，即使休息不营业，这项租金也照样要支出。货品流通速度快、体积小的行业，如精品店、高级时装店、餐厅等，负担得起高房租，可以设于高租金区；而家具店、旧货店等，因为货物需要占用较大的空间，最好在低租金区。租金有固定价格及百分比两种，前者租金固定不变，后者租金较低，但业主会分享总收入中的一定比例，类似以店面来投资作股东。

在找好店面之后，接下来就要与房东签约。这一步的行动不能太早，必须待前面几项步骤都完成后才能进行。因为一旦与房东签约，就须开始支付房租。在与房东签约时，租期最好不要太短，租期订三至四年较为理想。如果只签一年，可能一年后资金才开始回收，结果店面却被房东收回去。如果是选择连锁加盟店，则租期不能短于加盟期限。另外，签约时通常还须支付房东押金，押金的金额一般是月租金的两到三倍，与第一个月的租金一起交付。店面承租下来后，需要一段时间进行装潢，最好与房东协商，扣掉装潢期后再起算租金，以降低租金支出。

九、申请营业证照

在营业之前，必须先办理相关证照申请，否则就是无照经营，要受到法律的惩处。证照的申请分为两种：一种是申请营业执照，由市场监督管理机构核发；另一种是资金额较小的，只需办理营利事业登记，由当地相关管理部门核发。如果想要所挂招牌为自己专用，就必须申请服务标章注册。招牌名称，除了名称文字或图样，可能有自己特殊的设计，这种属于非商品类的文字及图像，被称为服务标章。这些营业证照的申请皆可委托代办公司办理。

在营业之前，还必须完成公司登记及了解各种法律相关条文。在开始营业之前，必须了解所有与公司运营相关的法律法规、执照或许可证申请的细节。注意，各地政府的相关规定可能有所差异，因此，需询问公司所在地有哪些需注意的法律规范条文，通常可以在各地的中小企业协会或商会取得这些信息。同时，还需留意营业执照相关申请规定及办法。

十、店面装潢

店面装潢关系到一家店的经营风格及顾客对其外观的第一印象，因此，装潢公司的选择十分重要。挑选的装潢公司必须要有相关店面的装潢经验，否则，装潢出来的店面在实务操作上未必能完全符合需求。在装潢前要请装潢公司先画图，包括平面图、立体图、侧面图，确定所要用的材料及其颜色、尺寸等。为便于向装潢公司描述清楚自己想要的效果，最好先带装潢公司人员到同类型的店去实地观摩，说清楚自己想要的感觉，这样装潢出来的店面才会比较贴近自己的想法。

十一、准备开店

店面开始装潢之后，就要准备购买店内的各种设备及器具，为免遗漏，必须制作一份开店器材和设备一览表。从大的设备如空调、计算机、冷冻柜、冷藏柜、收款机，到音响、刷卡机，再到圆珠笔、名片、店章等小物件，各项明细应全部列出来，注明每样设备和器具的品名、数量及单价，再将各项的金额加总起来，就知道需要多少资金。要掌握货品的采购来源，最好是货比三家。如果要降低开店成本，有的东西可以买二手货，设备尽量租用。

第五节　创业相关法规

商法和经济法都是我国法律体系中的组成部分，其中商法是调整平等主体之间的商事关系或商事行为的法律，经济法是对社会主义商品经济关系进行整体、系统、全面、综合调整的法律。如想创业成功，对这两类法律必须加以关注。由于商法和经济法十分庞杂，无法一一列举，下面仅介绍最重要、最基本的一些法律。在具体实施过程中，还需要专业法律人士的指点，才能使法律为创业过程保驾护航。

《中华人民共和国个人独资企业法》（节选）

第一条　为了规范个人独资企业的行为，保护个人独资企业投资人和债权人的合法权益，维护社会经济秩序，促进社会主义市场经济的发展，根据宪法，制定本法。

第八条　设立个人独资企业应当具备下列条件：

（一）投资人为一个自然人；

（二）有合法的企业名称；

（三）有投资人申报的出资；

（四）有固定的生产经营场所和必要的生产经营条件；

（五）有必要的从业人员。

第九条　申请设立个人独资企业，应当由投资人或者其委托的代理人向个人独资企业所在地的登记机关提交设立申请书、投资人身份证明、生产经营场所使用证明等文件。委托代理人申请设立登记时，应当出具投资人的委托书和代理人的合法证明。

个人独资企业不得从事法律、行政法规禁止经营的业务；从事法律、行政法规规定须报经有关部门审批的业务，应当在申请设立登记时提交有关部门的批准文件。

第十条　个人独资企业设立申请书应当载明下列事项：

（一）企业的名称和住所；

（二）投资人的姓名和居所；

（三）投资人的出资额和出资方式；

（四）经营范围。

第十一条　个人独资企业的名称应当与其责任形式及从事的营业相符合。

第十二条　登记机关应当在收到设立申请文件之日起十五日内，对符合本法规定条件的，予以登记，发给营业执照；对不符合本法规定条件的，不予登记，并应当给予书面答复，说明理由。

第十三条　个人独资企业的营业执照的签发日期，为个人独资企业成立日期。

在领取个人独资企业营业执照前，投资人不得以个人独资企业名义从事经营活动。

第十四条　个人独资企业设立分支机构，应当由投资人或者其委托的代理人向分支机构所在地的登记机关申请登记，领取营业执照。

分支机构经核准登记后，应将登记情况报该分支机构隶属的个人独资企业的登记机关备案。

分支机构的民事责任由设立该分支机构的个人独资企业承担。

第十五条　个人独资企业存续期间登记事项发生变更的，应当在作出变更决定之日起的十五日内依法向登记机关申请办理变更登记。

第十六条　法律、行政法规禁止从事营利性活动的人，不得作为投资人申请设立个人独资企业。

第十七条　个人独资企业投资人对本企业的财产依法享有所有权，其有关权利可以依法进行转让或继承。

第十八条　个人独资企业投资人在申请企业设立登记时明确以其家庭共有财产作为个人出资的，应当依法以家庭共有财产对企业债务承担无限责任。

第十九条　个人独资企业投资人可以自行管理企业事务，也可以委托或者聘用其他具有民事行为能力的人负责企业的事务管理。

投资人委托或者聘用他人管理个人独资企业事务，应当与受托人或者被聘用的人签订书面合同，明确委托的具体内容和授予的权利范围。

受托人或者被聘用的人员应当履行诚信、勤勉义务，按照与投资人签订的合同负责个人独资企业的事务管理。

投资人对受托人或者被聘用的人员职权的限制，不得对抗善意第三人。

第二十条　投资人委托或者聘用的管理个人独资企业事务的人员不得有下列行为：

（一）利用职务上的便利，索取或者收受贿赂；

（二）利用职务或者工作上的便利侵占企业财产；

（三）挪用企业的资金归个人使用或者借贷给他人；

（四）擅自将企业资金以个人名义或者以他人名义开立账户储存；

（五）擅自以企业财产提供担保；

（六）未经投资人同意，从事与本企业相竞争的业务；

（七）未经投资人同意，同本企业订立合同或者进行交易；

（八）未经投资人同意，擅自将企业商标或者其他知识产权转让给他人使用；

（九）泄露本企业的商业秘密；

（十）法律、行政法规禁止的其他行为。

第二十一条 个人独资企业应当依法设置会计账簿，进行会计核算。

第二十二条 个人独资企业招用职工的，应当依法与职工签订劳动合同，保障职工的劳动安全，按时、足额发放职工工资。

第二十三条 个人独资企业应当按照国家规定参加社会保险，为职工缴纳社会保险费。

第二十四条 个人独资企业可以依法申请贷款、取得土地使用权，并享有法律、行政法规规定的其他权利。

第二十五条 任何单位和个人不得违反法律、行政法规的规定，以任何方式强制个人独资企业提供财力、物力、人力；对于违法强制提供财力、物力、人力的行为，个人独资企业有权拒绝。

第二十六条 个人独资企业有下列情形之一时，应当解散；

（一）投资人决定解散；

（二）投资人死亡或者被宣告死亡，无继承人或者继承人决定放弃继承；

（三）被依法吊销营业执照；

（四）法律、行政法规规定的其他情形。

第二十七条 个人独资企业解散，由投资人自行清算或者由债权人申请人民法院指定清算人进行清算。

投资人自行清算的，应当在清算前十五日内书面通知债权人，无法通知的，应当予以公告。债权人应当在接到通知之日起三十日内，未接到通知的应当在公告之日起六十日内，向投资人申报其债权。

第二十八条 个人独资企业解散后，原投资人对个人独资企业存续期间的债务仍应承担偿还责任，但债权人在五年内未向债务人提出偿债请求的，该责任消灭。

第二十九条 个人独资企业解散的，财产应当按照下列顺序清偿：

（一）所欠职工工资和社会保险费用；

（二）所欠税款；

（三）其他债务。

第三十条 清算期间，个人独资企业不得开展与清算目的无关的经营活动。在按前条规定清偿债务前，投资人不得转移、隐匿财产。

第三十一条 个人独资企业财产不足以清偿债务的，投资人应当以其个人的其他财产予以清偿。

第三十二条　个人独资企业清算结束后，投资人或者人民法院指定的清算人应当编制清算报告，并于十五日内到登记机关办理注销登记。

第三十三条　违反本法规定，提交虚假文件或采取其他欺骗手段，取得企业登记的，责令改正，处以五千元以下的罚款；情节严重的，并处吊销营业执照。

第三十四条　违反本法规定，个人独资企业使用的名称与其在登记机关登记的名称不相符合的，责令限期改正，处以二千元以下的罚款。

第三十五条　涂改、出租、转让营业执照的，责令改正，没收违法所得，处以三千元以下的罚款；情节严重的，吊销营业执照。

伪造营业执照的，责令停业，没收违法所得，处以五千元以下的罚款。构成犯罪的，依法追究刑事责任。

第三十六条　个人独资企业成立后无正当理由超过六个月未开业的，或者开业后自行停业连续六个月以上的，吊销营业执照。

第三十七条　违反本法规定，未领取营业执照，以个人独资企业名义从事经营活动的，责令停止经营活动，处以三千元以下的罚款。

个人独资企业登记事项发生变更时，未按本法规定办理有关变更登记的，责令限期办理变更登记；逾期不办理的，处以二千元以下的罚款。

第三十八条　投资人委托或者聘用的人员管理个人独资企业事务时违反双方订立的合同，给投资人造成损害的，承担民事赔偿责任。

第三十九条　个人独资企业违反本法规定，侵犯职工合法权益，未保障职工劳动安全，不缴纳社会保险费用的，按照有关法律、行政法规予以处罚，并追究有关责任人员的责任。

第四十条　投资人委托或者聘用的人员违反本法第二十条规定，侵犯个人独资企业财产权益的，责令退还侵占的财产；给企业造成损失的，依法承担赔偿责任；有违法所得的，没收违法所得；构成犯罪的，依法追究刑事责任。

第四十一条　违反法律、行政法规的规定强制个人独资企业提供财力、物力、人力的，按照有关法律、行政法规予以处罚，并追究有关责任人员的责任。

第四十二条　个人独资企业及其投资人在清算前或清算期间隐匿或转移财产，逃避债务的，依法追回其财产，并按照有关规定予以处罚；构成犯罪的，依法追究刑事责任。

第四十三条　投资人违反本法规定，应当承担民事赔偿责任和缴纳罚款、罚金，其财产不足以支付的，或者被判处没收财产的，应当先承担民事赔偿责任。

《中华人民共和国商标法》（节选）

第四条 自然人、法人或者其他组织在生产经营活动中，对其商品或者服务需要取得商标专用权的，应当向商标局申请商标注册。不以使用为目的的恶意商标注册申请，应当予以驳回。

本法有关商品商标的规定，适用于服务商标。

第五条 两个以上的自然人、法人或者其他组织可以共同向商标局申请注册同一商标，共同享有和行使该商标专用权。

第六条 法律、行政法规规定必须使用注册商标的商品，必须申请商标注册，未经核准注册的，不得在市场销售。

第十三条 为相关公众所熟知的商标，持有人认为其权利受到侵害时，可以依照本法规定请求驰名商标保护。

就相同或者类似商品申请注册的商标是复制、摹仿或者翻译他人未在中国注册的驰名商标，容易导致混淆的，不予注册并禁止使用。

就不相同或者不相类似商品申请注册的商标是复制、摹仿或者翻译他人已经在中国注册的驰名商标，误导公众，致使该驰名商标注册人的利益可能受到损害的，不予注册并禁止使用。

第十四条 驰名商标应当根据当事人的请求，作为处理涉及商标案件需要认定的事实进行认定。认定驰名商标应当考虑下列因素：

（一）相关公众对该商标的知晓程度；

（二）该商标使用的持续时间；

（三）该商标的任何宣传工作的持续时间、程度和地理范围；

（四）该商标作为驰名商标受保护的记录；

（五）该商标驰名的其他因素。

在商标注册审查、工商行政管理部门查处商标违法案件过程中，当事人依照本法第十三条规定主张权利的，商标局根据审查、处理案件的需要，可以对商标驰名情况作出认定。

在商标争议处理过程中，当事人依照本法第十三条规定主张权利的，商标评审委员会根据处理案件的需要，可以对商标驰名情况作出认定。

在商标民事、行政案件审理过程中，当事人依照本法第十三条规定主张权利的，最高人民法院指定的人民法院根据审理案件的需要，可以对商标驰名情况作出认定。

生产、经营者不得将“驰名商标”字样用于商品、商品包装或者容器上，或者用于广告宣传、展览以及其他商业活动中。

第二十二条　商标注册申请人应当按规定的商品分类表填报使用商标的商品类别和商品名称，提出注册申请。

商标注册申请人可以通过一份申请就多个类别的商品申请注册同一商标。

商标注册申请等有关文件，可以以书面方式或者数据电文方式提出。

第二十三条　注册商标需要在核定使用范围之外的商品上取得商标专用权的，应当另行提出注册申请。

第二十四条　注册商标需要改变其标志的，应当重新提出注册申请。

第二十五条　商标注册申请人自其商标在外国第一次提出商标注册申请之日起六个月内，又在中国就相同商品以同一商标提出商标注册申请的，依照该外国同中国签订的协议或者共同参加的国际条约，或者按照相互承认优先权的原则，可以享有优先权。

依照前款要求优先权的，应当在提出商标注册申请的时候提出书面声明，并且在三个月内提交第一次提出的商标注册申请文件的副本；未提出书面声明或者逾期未提交商标注册申请文件副本的，视为未要求优先权。

第二十六条　商标在中国政府主办的或者承认的国际展览会展出的商品上首次使用的，自该商品展出之日起六个月内，该商标的注册申请人可以享有优先权。

依照前款要求优先权的，应当在提出商标注册申请的时候提出书面声明，并且在三个月内提交展出其商品的展览会名称、在展出商品上使用该商标的证据、展出日期等证明文件；未提出书面声明或者逾期未提交证明文件的，视为未要求优先权。

第二十七条　为申请商标注册所申报的事项和所提供的材料应当真实、准确、完整。

第三十九条　注册商标的有效期为十年，自核准注册之日起计算。

第四十条　注册商标有效期满，需要继续使用的，商标注册人应当在期满前十二个月内按照规定办理续展手续；在此期间未能办理的，可以给予六个月的宽展期。每次续展注册的有效期为十年，自该商标上一届有效期满次日起计算。期满未办理续展手续的，注销其注册商标。

商标局应当对续展注册的商标予以公告。

第四十一条　注册商标需要变更注册人的名义、地址或者其他注册事项的，应当提出变更申请。

第四十二条　转让注册商标的，转让人和受让人应当签订转让协议，并共同向商标局提出申请。受让人应当保证使用该注册商标的商品质量。

转让注册商标的，商标注册人对其在同一种商品上注册的近似的商标，或者在类似商品上注册的相同或者近似的商标，应当一并转让。

对容易导致混淆或者有其他不良影响的转让，商标局不予核准，书面通知申请人并说明理由。

转让注册商标经核准后，予以公告。受让人自公告之日起享有商标专用权。

第四十三条 商标注册人可以通过签订商标使用许可合同，许可他人使用其注册商标。许可人应当监督被许可人使用其注册商标的商品质量。被许可人应当保证使用该注册商标的商品质量。

经许可使用他人注册商标的，必须在使用该注册商标的商品上标明被许可人的名称和商品产地。

许可他人使用其注册商标的，许可人应当将其商标使用许可报商标局备案，由商标局公告。商标使用许可未经备案不得对抗善意第三人。

第五十六条 注册商标的专用权，以核准注册的商标和核定使用的商品为限。

第五十七条 有下列行为之一的，均属侵犯注册商标专用权：

（一）未经商标注册人的许可，在同一种商品上使用与其注册商标相同的商标的；

（二）未经商标注册人的许可，在同一种商品上使用与其注册商标近似的商标，或者在类似商品上使用与其注册商标相同或者近似的商标，容易导致混淆的；

（三）销售侵犯注册商标专用权的商品的；

（四）伪造、擅自制造他人注册商标标识或者销售伪造、擅自制造的注册商标标识的；

（五）未经商标注册人同意，更换其注册商标并将该更换商标的商品又投入市场的；

（六）故意为侵犯他人商标专用权行为提供便利条件，帮助他人实施侵犯商标专用权行为的；

（七）给他人的注册商标专用权造成其他损害的。

第五十八条 将他人注册商标、未注册的驰名商标作为企业名称中的字号使用，误导公众，构成不正当竞争行为的，依照《中华人民共和国反不正当竞争法》处理。

训练与评估

一、简答

1. 创业者要做好哪些相关的准备？

2. 如何选择创业项目？

3. 创业计划书包括哪些内容？评价其优劣的标准是什么？

4. 企业怎样进行登记注册？

二、创业素质测评

创业是一个充满成就感、诱惑力的词语，但并非每一个人都适合走这条路。创业之前请先评估一下自己的创业素质。美国健康维护组织（HMO）设计了一份测评卷，可以让你在做出决策前对自己有一个初步的了解。

（一）情境描述（请在符合你情况的□内打√）

1. 在急需做出决策的时候，你在想："再让我考虑一下吧！"

经常□　　有时□　　很少□　　从不□

2. 你为自己的优柔寡断找借口时说："是得慎重考虑，怎能轻易下结论呢？"

经常□　　有时□　　很少□　　从不□

3. 你为避免冒犯某个或某几个相当有实力的客户而有意回避一些关键性的问题，甚至表现得曲意奉承。

经常□　　有时□　　很少□　　从不□

4. 你已经有了很多写报告用的参考资料，但仍责令下属部门继续提供参考资料。

经常□　　有时□　　很少□　　从不□

5. 你处理往来函件时，读完就扔进文件筐，不采取任何措施。

经常□　　有时□　　很少□　　从不□

6. 你无论遇到什么紧急任务，都先处理琐碎的日常事务。

经常□　　有时□　　很少□　　从不□

7. 你非得在巨大的压力下才肯承担重任。

经常□　　有时□　　很少□　　从不□

8. 你无力抵御或预防妨碍你完成重要任务的干扰与危机。

经常□　　有时□　　很少□　　从不□

9. 你在决定重要的行动计划时常忽视其后果。

经常□　　有时□　　很少□　　从不□

10. 当你需要做出可能不得人心的决策时，会找借口逃避而不敢面对。

经常□　　有时□　　很少□　　从不□

11. 你总是在快下班时才发现有要紧事没办，只好晚上回家加班。

经常□　　有时□　　很少□　　从不□

12. 你因不愿承担艰苦任务而寻找各种借口。

经常□　　有时□　　很少□　　从不□

13. 你常来不及躲避或预防困难情形的发生。

经常□　　有时□　　很少□　　从不□

14. 你总是拐弯抹角地宣布可能得罪他人的决定。

经常□　　有时□　　很少□　　从不□

15. 你喜欢让别人替你做自己不愿做的事。

经常□　　有时□　　很少□　　从不□

（二）评估标准和结果分析

评估标准："经常"得 4 分，"有时"得 3 分，"很少"得 2 分，"从不"得 1 分。

50 分以上：你的个人素质与创业者相差甚远。

40～49 分：你不算勤勉，应彻底改变拖沓、效率低的缺点，否则创业只是一句空话。

30～39 分：你大多数情况下充满自信，但有时犹豫不决，不过没关系，有时候犹豫是成熟、稳重和深思熟虑的表现。

15～29 分：你是一个高效率的决策者和管理者，更是一个成功的创业者，具有良好的心理素质和坚韧不拔的毅力。

三、创业能力测评

（一）情境描述（选择"是"或者"否"）

1. 你是否曾经为了某个理想而制订两年以上的长期计划，并且按计划进行直到完成？（是　否）

2. 在学校和家庭生活中，你能否在没有父母及师长的督促下就可以主动地完成被分派的任务？（是　否）

3. 你是否喜欢独自完成自己的工作，并且做得很好？（是　否）

4. 当你与朋友在一起时，你的朋友是否常寻求你的指导和建议？你是否曾被推举为领导者？（是　否）

5. 在求学时期，你是否有赚钱的经验？你喜欢储蓄吗？（是　否）

6. 你是否能够专注地投入个人兴趣连续 10 个小时以上？（是　否）

7. 你是否有习惯保存重要资料，并能将其整理得井井有条，以备需要时可以随时提取查阅？（是　否）

8. 在平时生活中，你是否热衷于社会服务工作？你是否关心别人的需要？（是　否）

9. 你是否喜欢音乐、艺术、体育以及各种活动课程？（是　否）

10. 在求学期间，你是否曾经带动同学完成一项由你领导的大型活动，比如运动会、歌唱比赛等？（是　否）

11. 你是否喜欢在竞争中生存？（是　否）

12. 当你为别人工作时，发现其管理方式不当，你是否会想出适当的管理方式并建议

改进?（是　否）

13. 当你需要别人帮助时，是否能充满自信地提出要求，并且能说服别人来帮助你?（是　否）

14. 你在募款或义卖时是否充满自信而不害羞?（是　否）

15. 当你要完成一项重要工作时，是否总是给自己足够的时间认真完成，而绝不会让时间虚度，在匆忙中草率完成?（是　否）

16. 参加重要聚会时，你是否会准时赴约?（是　否）

17. 你是否有能力安排一个恰当的环境，使你在工作时能不受干扰，有效地专心工作?（是　否）

18. 你交往的朋友中，是否有许多有成就、有智慧、有眼光、有远见、成熟稳重的人?（是　否）

19. 你在工作或学习团体中被认为是受欢迎的人吗?（是　否）

20. 你认为自己是一个理财高手吗?（是　否）

21. 你是否可以为了赚钱而牺牲个人娱乐?（是　否）

22. 你是否总是独自挑起责任的担子，彻底了解工作目标并认真完成工作?（是　否）

23. 在工作时你是否有足够的耐心与耐力?（是　否）

24. 你是否能在很短时间内结交许多朋友?（是　否）

（二）评估标准和结果分析

评估标准：答“是”得1分，答“否”不得分。

0～5分：目前不适合自己创业，应当训练自己为别人工作，并学习技术和专业。

6～10分：需要在他人指导下创业，才有创业成功的机会。

11～15分：非常适合自己创业，必须从回答“否”的答案中分析自己的问题所在并加以纠正。

16～20分：你个性中的特质足以使你从小事业慢慢开始，最终成为成功的创业者。

21～24分：你有无限的潜能，只要懂得把握时机，未来就能成为商业巨子。

好书荐读

杂志名：《中国企业家》

主办单位：经济日报报业集团

内容简介：

《中国企业家》杂志是中国第一本以“企业家”命名的杂志。杂志定位于“一个阶层的生意与生活”，秉承“国力的较量在于企业，企业的较量在于企业家”的核心理念，立足企业家立场，弘扬企业家精神。

影视荐赏

1. 片名：《一点就到家》

导演：许宏宇（陈可辛监制）

内容简介：

魏晋北、彭秀兵、李绍群三个性格迥异的年轻人从大城市回到云南千年古寨，机缘巧合下合伙做电商。三个年轻人在走了一段弯路后明白了电商下乡不仅仅是把城里的东西卖到农村来，也要把农村的东西卖出去。与古寨“格格不入”的他们用真诚改变了所有人，开启了一段纯真且积极的创业旅程。

2. 片名：《郭明义》

导演：陈国星、王竞

剧情简介：

影片展现了郭明义的平凡生活、崇高境界。郭明义参加工作三十三年，爱岗敬业三十三年。从部队到地方，从矿山汽车司机到党委干事，从外国专家的工作翻译到风里来雨里去的公路管理员，他对待每项工作都兢兢业业、尽职尽责，做得有声有色，问他为什么，他的回答是：“组织上让干啥就干呗。”他用高度的责任感和敬业精神，查出了进口电动轮汽车的质量问题，让享有国际盛誉的外国公司服输，为国家追回了十万美元的损失，并博得了外国专家的高度赞赏，说他是中国最“轴”的人。为了保证公路畅通，十四年来，他每天坚持早出工两小时，晚收工两小时，十年完成了十五年的工作量。郭明义用“润物细无声”的春雨境界，感动着每一个人。郭明义爱心团队不断壮大，活跃在鞍山，活跃在全国，他的精神像一缕强劲的春风，用奉献播撒人间真情。

参考文献

[1] 亓静，单奕. 大学生就业与创业指导. 长春：吉林大学出版社，2010.

[2] 李莹，钟会亮，卜显平，等. 赢在校园：职业生涯规划与就业指导. 北京：北京航空航天大学出版社，2012.

[3] 祁金利，李家华. 大学生就业与创业指导教程：建筑院校版. 北京：中国传媒大学出版社，2009.

[4] 马杰，钟云跃. 大学生涯规划与职业发展. 北京：中国时代经济出版社，2014.

[5] 钟谷兰，杨开. 大学生职业生涯发展与规划. 2 版. 上海：华东师范大学出版社，2016.

[6] 武洪明，许湘岳. 职业沟通教程. 北京：人民出版社，2011.

[7] 许湘岳，徐金寿. 团队合作教程. 北京：人民出版社，2011.

[8] 许湘岳，吴强. 自我管理教程. 北京：人民出版社，2011.

[9] 陈浩，王宏凯. 职业精神. 北京：中华工商联合出版社，2010.

[10] 张福仁，孟延军，杨彬. 大学生就业指导. 北京：人民邮电出版社，2021.

附　录

霍兰德职业兴趣测试

利用霍兰德职业兴趣测试，来测试一下自己适合做什么，即分析自己的职业性向。

本测验量表将帮助您发现和确定自己的职业兴趣和能力特长，从而更好地做出求职择业的决策。如果您已经考虑好或者选择好了自己的职业，本测验将使您的这种考虑或选择具有理论基础，或向您展示其他合适的职业；如果您至今尚未确定职业方向，本测验将帮助您根据自己的情况选择一个恰当的职业目标。

本测验共有七个部分，每部分测验都没有时间限制，但请您尽快按要求完成。

第一部分　您心目中的理想职业（专业）

对于未来的职业（或升学进修的专业），您也许早有考虑，它可能很抽象、很模糊，也可能很具体、很清晰。不论是哪种情况，现在都请您把自己最想干的三种工作或最想读的三种专业按顺序写下来。

1. ____________　2. ____________　3. ____________

第二部分　您所感兴趣的活动

下面列举了 6 种类型的活动，每种类型有 10 个选项，请选择您感兴趣的选项，每个选项计 1 分。请回答全部问题并统计得分。

R：实际型活动　　统计得分（　　）

1. 装配和修理电器或玩具
2. 修理自行车
3. 用木头做东西
4. 开汽车或摩托车
5. 用机器做东西
6. 参加木工技术学习班
7. 参加制图描图学习班
8. 驾驶卡车或拖拉机

9. 参加机械和电器学习班
10. 装配和修理机器

A：艺术型活动　　统计得分（　　）

1. 素描/制图或绘画
2. 参加话剧/戏剧
3. 设计家具/室内布置
4. 练习乐器/参加乐队
5. 欣赏音乐或戏剧
6. 看小说/读剧本
7. 从事摄影创作
8. 写诗或吟诗
9. 参加艺术（美术/音乐）培训班
10. 练习书法

I：调研型活动　　统计得分（　　）

1. 读科技图书或杂志
2. 在实验室工作
3. 改良水果品种，培育新水果
4. 研究土和金属等物质的成分
5. 研究自己选择的特殊问题
6. 解算术题或玩数学游戏
7. 物理课
8. 化学课
9. 几何课
10. 生物课

S：社会型活动　　统计得分（　　）

1. 学校或单位组织的正式活动
2. 参加某个社会团体或俱乐部活动
3. 帮助别人解决困难
4. 照顾儿童
5. 出席晚会、联欢会、茶话会
6. 和大家一起出去郊游
7. 获得关于心理方面的知识
8. 参加讲座或辩论会
9. 观看或参加体育比赛
10. 结交新朋友

E：事业型活动　　统计得分（　　）

1. 说服鼓动他人
2. 卖东西
3. 谈论政治
4. 制订计划、参加会议
5. 以自己的意志影响别人的行为
6. 在社会团体中担任职务
7. 检查与评价别人的工作
8. 结交名流
9. 指导有某种目标的团体
10. 参与政治活动

C：常规型活动　　统计得分（　　）

1. 整理桌面或房间
2. 抄写文件或信件
3. 为领导写报告或公务信函
4. 检查个人收支情况
5. 参加打字培训班
6. 参加算盘、文秘等实务培训
7. 参加商业会计培训班
8. 参加情报处理培训班
9. 整理信件、报告、记录等
10. 写商业贸易信

第三部分　您所擅长的活动

R：实际型能力　　统计得分（　　）

1. 能使用电钻或锉刀等木工工具
2. 知道万用表的使用方法
3. 能修理自行车或其他机械
4. 能使用电钻床、磨床或缝纫机
5. 能给家具或木制品刷漆
6. 能看懂建筑设计图
7. 能修理简单的电器
8. 能修理家具
9. 能修理收音机
10. 能简单地修理水管

A：艺术型能力　　统计得分（　　）

1. 能演奏乐器
2. 能参加二部或四部合唱
3. 能独唱或独奏
4. 能扮演剧中角色
5. 能创作简单的乐曲
6. 会跳舞
7. 会绘画或书法
8. 会雕刻、剪纸或泥塑
9. 能设计板报、服装或家具
10. 写得一手好文章

I：调研型能力　　统计得分（　　）

1. 知道真空管或晶体管的作用
2. 能列举三种蛋白质含量丰富的食品
3. 能理解铀的裂变
4. 能用计算尺、计算器、对数表
5. 会使用显微镜
6. 能找到三个星座
7. 能独立进行调查研究
8. 能解释简单的化学反应
9. 能理解人造卫星为什么不落地
10. 经常参加学术会议

S：社会型能力　　统计得分（　　）

1. 有向各种人进行说明解释的能力
2. 常参加社会福利活动
3. 能和大家一起友好相处并工作
4. 善于与年长者相处
5. 会邀请人、招待人
6. 能妥当地教育儿童
7. 能安排会议等活动顺序
8. 善于体察人心和帮助他人
9. 能帮助护理病人和伤员
10. 能安排社团组织的各种事务

E：事业型能力　　统计得分（　　）

1. 担任过学生干部并且干得不错
2. 工作上能指导和监督他人
3. 做事充满活力和热情
4. 有效利用自身的做法调动他人
5. 销售能力强
6. 曾作为俱乐部或社团的负责人
7. 能向领导提出建议或反映意见
8. 有开创事业的能力
9. 知道怎样成为一个优秀的领导者
10. 健谈、善辩

C：常规型能力　　统计得分（　　）

1. 能熟练地打字
2. 会用复印机
3. 能快速记笔记或抄写文章
4. 善于整理保管文件和资料
5. 善于从事事务性工作
6. 会用算盘
7. 能在短时间内处理大量文件
8. 能使用计算机
9. 能搜集数据
10. 善于为自己或集体做财务预算表

第四部分　您所喜欢的职业

R：实际型职业　　统计得分（　　）

1. 飞机机械师
2. 野生动物专家
3. 汽车维修工
4. 木匠
5. 测量工程师
6. 无线电报务员
7. 园艺师
8. 长途公共汽车司机
9. 火车司机
10. 电工

S：社会型职业　　统计得分（　　）

1. 街道、工会或妇联干部
2. 小学、中学教师
3. 精神病医生
4. 婚姻介绍所工作人员
5. 体育教练
6. 福利机构工作者
7. 心理咨询员
8. 共青团干部
9. 导游
10. 国家机关工作人员

I：调研型职业　　统计得分（　）

1. 气象学家或天文学家
2. 生物学家
3. 医学实验室的技术人员
4. 人类学家
5. 动物学家
6. 化学家
7. 数学家
8. 科学报刊编辑
9. 物理学家
10. 地质学家

E：事业型职业　　统计得分（　　）

1. 厂长
2. 电视节目制片人
3. 公司经理
4. 销售员
5. 不动产推销员
6. 广告部部长
7. 体育活动主办者
8. 销售部部长
9. 个体工商业者
10. 企业管理咨询人员

A：艺术型职业　　统计得分（　　）

1. 乐队指挥
2. 演奏家
3. 作家
4. 摄影师
5. 记者
6. 画家、书法家
7. 歌唱家
8. 作曲家
9. 演员
10. 电视节目主持人

C：常规型职业　　统计得分（　　）

1. 会计师　　2. 银行出纳员　　3. 税收管理员
4. 计算机操作员　　5. 秘书　　6. 成本核算员
7. 档案管理员　　8. 打字员　　9. 法庭书记员
10. 人口普查登记员

第五部分　您的能力类型简评

下表是您在 6 种职业能力方面的自我评定表。您可以先与同龄者比较自己在每一方面的能力，经斟酌后对自己的能力做评估。某一能力类型的得分越高，表示您这一类型的能力越强。

能力评估表

能力类型		得分	总分
R 型	机械操作能力	1　2　3　4　5　6　7	
I 型	科学研究能力	1　2　3　4　5　6　7	
S 型	解释表达能力	1　2　3　4　5　6　7	
A 型	艺术创作能力	1　2　3　4　5　6　7	
E 型	商业洽谈能力	1　2　3　4　5　6　7	
C 型	事务执行能力	1　2　3　4　5　6　7	

第六部分　统计和确定您的职业倾向

请将第二部分至第五部分的全部测试得分填入下表，并做纵向累加。

霍兰德职业兴趣测试得分统计表

部分	R 型	I 型	S 型	A 型	E 型	C 型
二						
三						
四						
五						
总分						

请将上表中的 6 种职业倾向总分按从高到低顺序依次排列，写出您得分最高的三种职业倾向：

1. ____________　2. ____________　3. ____________

职业兴趣代号与其相应的职业如下：

R 型（实际型）：木匠、农民、工程师、飞机机械师、野生动物专家、自动化技师、机械工（车工、钳工等）、电工、火车司机、长途公共汽车司机、机械制图员、修理机器人员、电器师。

I 型（调研型）：气象学家、生物学家、天文学家、药剂师、动物学家、化学家、科学报刊编辑、地质学家、植物学家、物理学家、数学家、实验员、科研人员。

A 型（艺术型）：室内装饰设计师、图书管理员、摄影师、音乐家、作家、演员、记者、诗人、作曲家、编剧、雕刻家、画家。

S 型（社会型）：社会学家、导游、福利机构工作者、咨询人员、社会工作者、社会学科教师、学校领导、精神病医生、保健护士。

E 型（事业型）：推销员、采购员、商品批发员、饭店经理、广告宣传员、调度员、律师、政治家、零售商。

C 型（常规型）：记账员、会计师、银行出纳员、法庭书记员、成本估算员、税务管理员、成本核算员、打字员、办公室职员、统计员、计算机操作员、秘书。

第七部分　您所看重的东西——职业价值观

这部分测验列出了人们在选择工作时通常会考虑的因素，现在请您在其中选出您认为最重要的 3～5 个因素，并将其填入横线处。

职业价值观：

人际关系（归属感）、团队合作、物质保障（高收入）、稳定、安全、创造性、多样性（变化性）、乐趣、自由独立、被认可、受尊重、能帮助他人、能发挥自己的才能、成就感、成功、地位、名誉、有学习的机会、权力、挑战性、冒险性、竞争、工作环境、工作地点、工作与生活的平衡、健康、家庭、朋友、亲情、幸福、和谐、平等……

我的职业价值观：______________________________